ReNew

新視野・新觀點・新活力

ReNew

新視野・新觀點・新活力

亞當的肚臍

關於人類外貌的趣味隨想

Adam's Navel:

A Natural and Cultural History of the Human Form

第二部 身負重任

引言：完全的整體

有機結構，從頭到腳，是我頌唱的對象，
單純的外貌或才智，都不足以獲得繆思的禮讚，
我說，完全的整體價值更高，
不論女男，我同聲頌唱。

——惠特曼

尼安德塔人也打呵欠

尼安德塔人累了會打呵欠，圖坦卡門傷心會哭泣，亞奎丹的埃莉諾❶吃飽也會打嗝。紫式部想必會梳頭，穆罕默德一世必定也喜歡墊腳，路易十五的侍從一樣會想坐下休息。孟特儒❷手下

❶ 譯註：法王路易七世和英王亨利二世的王后，也是英格蘭獅心王理查一世的母親。

的將士也有踢到腳的時候，平常一樣會搔頭眨眼，吃飯也是大口咀嚼；他們受傷也會流血，呵癢也會發笑。這些人最大的快樂與最深的痛楚，都是肉體帶來的感受。自古以來，有多少愛侶互相撫觸，又有多少戰爭傷患在痛苦中扭動身軀？這些人和我們一樣，最害怕的都是肉體所可能受到的各種傷害，甚至因此身死人亡。他們的神話和我們一樣，都是有關肉體復生的傳說。因為，脫離肉體的意識，對我們而言實在無法想像。

世界上雖然有各式各樣的文化，每個人的一生卻都是前人的翻版，我們都以肉體的形式誕生人世，也一樣帶著這個肉體走向人生終點。在大都會的街道上，我們可以在周圍看到各種模樣的人，男男女女，老老少少，大小胖瘦，黑黃紅白——不但膚色臉形各不相同，眼睛形狀與毛髮質地也彼此互異。每個人都有一尊軀體，而且每個人的文化背景也都會告訴他該怎麼對待這尊軀體。這樣的一群人當中，可能有在敬神活動裡服用迷幻藥的佩奧特教徒❸，也有剃了光頭的陸戰隊員；有直髮的非裔人士，也有捲髮的歐裔人士，有人裝假指甲、塗趾甲油，有人為鬍子造型、在肚臍上穿孔，有人裝假牙、拉皮，有人刮腿毛、不刮腋毛，有人拔眉毛、上胭脂，有人隆胸、縮鼻，有人穿高跟鞋而小腿緊繃，也有人戴耳墜而拉長了耳垂。

❷譯註：阿茲特克王朝的國王。

❸譯註：北美印第安人一種揉合基督教與土著信仰的宗教，在敬拜儀式裡使用「佩奧特掌」（Peyote）這種提取自仙人掌、具有迷幻效力的藥物。

由這種種擺佈身體的方式，可見我們看待身體的態度一方面矛盾複雜，另一方面卻又充滿創意。在《慾望之翼》一片中，德國導演溫德斯確切捕捉到肉體所帶來的煩惱和喜悅。片中的天使沒有形體，對自己只能永遠窺視人類的生活深感厭煩，而渴望能夠獲得在肉體內生活的經驗。這部影片的靈感，來自於里爾克的詩與導演本身對柏林分裂狀態的感想，劇本由溫德斯與漢克共同撰寫，內容傳達出對於「觸摸」的渴望。一般人覺得平淡無奇的觸摸，卻是片中天使難以企求的感受。他們渴望用手握筆、撫摸耳朵、伸展腳趾、餵食貓咪，甚至渴望體驗手指沾上報紙油墨的感受。其中一名天使說道：「我不要永遠盤旋在天空，我想要感受自己的重量……我要拋棄永生，繫屬於人世。我希望自己每踏出一步，每感受到一陣風，都能夠說：『就是這一刻！』」首次和女人做愛之後，他說：「我現在知道了其他天使無法體會的感受。」

我們每天都浸淫在豐美的感官經驗裡，生活在天使所渴求不得的狀態中。人類的身體經由感官察知周遭的世界，也只有經由觸摸才能產生感受。世界經由你的身體和你相觸。食物的分子撫觸舌頭，你就嚐到了巧克力和香檳的味道；聲波拂動耳膜，你就聽到了音樂；氣味粒子在空氣中漂浮，碰觸到鼻子裡的感受器，你就聞到了咖啡香；光子進入眼睛，你才能看到樹葉在陽光照射下的顏色。另外，還有我們稱為觸覺的感官，能夠讓你察覺羊毛外套與棉布襯衫的不同，辨別行李箱的質感，並且感受到陽光照射在眼瞼上的溫熱。

經過長久緩慢的演化過程，現代智人這種目前所知唯一能夠自我省思的動物，才終於發展成現在這樣的身體。這段演化過程，是個非常精采的故事，身體上的每個部位都足以證明長久以來的緩慢變化。自然科學當中一種有如禪理的副作用，就是衍生出生物時間這種全面性的觀點。我們緊張兮兮地隨著一時的風潮或危機盲目亂轉，卻忘記自己和黏菌以及渡渡鳥一樣，都受制於自然的法則。就連宗教基本教義派人士也承認，我們和其他動物一樣選擇伴侶，並且複製彼此的特徵——不論是爸爸的身高與眉毛，還是媽媽的骨架與膚色。同樣的，我們的孩子也會選擇伴侶，繼續繁殖，進一步增加身體形態的變化。他們所不願意承認的是，這項過程已經持續極久，久得難以考究。我們不同於我們的祖先，而且仍在繼續改變。

一旦習於這種想法，就會以不同的眼光看待周遭人的身體。身體在你眼前開始模糊變化，面容有如電腦影像般互相融合在一起。於是，你會發現人體具有極大的可塑性。早在美容外科把人體當做未完成的作品而任意改動之前，大自然早就不斷對人體削整雕塑，以應各種環境的需求。大自然永無休止的創造力，可見於身體的每個部位上。我們有突出的鼻子與渾圓的臀部；我們以兩腿直立；兩耳的分布，是為了接收聲音以及定位聲音來源；至於肚臍，則顯示我們是胎盤動物。和其他多毛的動物近親相較之下，我們的身體看似赤裸無毛，但其實還是有許多毛髮，而且都叢聚在適當的部位以蓄集氣味。

不過，無論這樣的事實有多麼令人訝異，我們仍然不能滿足於這類事實的描述。聖修伯理指出：「事物的意義不存在於自身當中，而是存在於我們看待這些事物的態度裡。」人類心智慣以象徵方式看待世界，而且從來不會停止運用想像力。於是，文化當中的許多觀念都是虛幻的想像，為自然的事物賦予象徵上的重要性。其中最好的例子，就是人類的身體，又稱為生活的機器、靈魂的殿堂，以及俗世的煩惱。人體的每個部位與每一種功能，都各自扮演了不同的象徵角色。在伊斯蘭教中，手掌張開後的五根指頭就代表五大戒律。火燄的變幻莫測，就由沒有腳的火神代表。剪頭髮、打噴嚏、甚至修指甲，都可能代表生命力的削減。我們依照自己的形象創造神祇，因此神祇的形態也就套用了人體的特徵。擎天神阿特拉斯把世界扛在肩上，力大無窮的斯垂努妸則以她強壯的臂膀協助人類。聖經裡大力士參孫的頭髮也不只是頭皮上的毛囊所製造而成的蛋白質物質，而是上帝賦予凡人神力的管道。

人體的自然發展史就像油畫底下的素描草稿，引導著我們過往的神話以及目前的思慮。不論我們屬於社會裡的哪個社群，也不論我們效忠於什麼樣的團體，我們仍然是靈長類、哺乳類，以及脊椎動物。不過，在理性取得對現象的解釋權之前，迷信早已為身體的每個部位賦予了種種假設性的「解釋」，甚至連畸形、美貌、疾病，以及醜陋等條件也都不例外，結果就此形成我們許多的共同文化。藉由神話與藝術，以及近代以來的科學，我們試圖透過身體回答高更曾經引為畫作標題的三個問題：我們來自何處？我們是什麼？我們去向何方？

可見事物之謎

本書內容寫的雖然不是我的個人經驗，但靈感卻來自我的一段親身經歷。我和大多數身體健全的人一樣，都把各種身體動作視為理所當然，例如抬頭或指尖的觸感。應該說，以前這些動作對我來說從來不是問題。不過，我在幾年前由於椎間盤脫位而導致頸背持續疼痛，後來更因為左臂突然癱瘓而接受椎間盤切除手術。我的神經外科醫師指出，在他動過手術的上千名椎間盤突出病患當中，我是最嚴重的一個病例。儘管我對自己的與眾不同頗感「自豪」，但在接下來必須平躺著度過的兩個星期當中，身上的疼痛還是一點都沒有減少。醫師吩咐我盡可能不要抬頭，並且用了個鮮明的比喻強化這項醫囑的說服力。他說，人類頭顱的大小與重量相當於一顆保齡球，而脊椎就像一根向日葵莖般柔弱，卻必須承載如此沈重的負擔。由於不想讓自己身上這根負荷過重的莖桿再次斷折，我只好乖乖遵照醫師的吩咐，躺在病床上，兩眼盯著天花板。

百無聊賴之下，為了讓自己的頭腦有些活動機會，我於是開始思考人類的身體。我發現自己可以把筆記本擺在胸口，眼睛不盯著看就開始寫字，只要偶爾把筆記本直立起來，看看字跡是否足以辨識即可。在這段養病期間，我打發時間的方法就是先設定一個標題，例如「耳朵」、「肚臍」，或者「腳趾」，然後記下各種自由聯想的結果，紙張就這樣在我床邊一頁頁堆疊了起來。普里尼提到伊庇魯斯國王皮洛士那具有治療功效的大拇趾，使我回憶起瑪格麗特・福克斯以及美國精神主義的創立。胡迪尼對其助手所打的暗號，則讓我聯想到耳朵邊緣的「達爾文點」。一想到阿姆斯壯精心拍下的登月靴印，就不禁想起瑪麗・李基在利特裡所挖掘到的遠古足印。每次我想抬頭，就會跟著想到科學家總是把背痛歸咎於我們笨拙的兩足行走方式——原本水平的哺乳動物脊椎，硬生生給扳成直立狀態，以便撐起野心勃勃的頭顱、解放貪婪的雙手，導致脊椎神經和外表的防護層全部擠成一團。

不久以後，我便明瞭到這些想法可以彙集成我的下一本書。等到我可以坐起來之後，我就立即埋首鑽研人類的身體。每一項資料來源都讓我獲得新的發現，於是我也開始向專家討教。由於我對文化與自然都具有濃厚的興趣，因此也就不免注意到許多有關人體的傳說，其實都是我們面對人體的自然發展史而發揮想像力的結果。在這兩個領域交接之處所產生的許多奇特混種產物，最能夠激發我的想像力，所以《亞當的肚臍》一書本身也算是融合各種領域的成果。

人體的研究有許多種方式。醫學專家鑽研人體的控制體系，這套體系負責管控身體的各個部門，包括骨骼、肌肉、神經、消化、呼吸、心血管、內分泌，以及淋巴系統。古生物學家不斷找尋我們演化來源的確切證據；社會學、心理學，以及反射學等領域的專家，則是各自採取不同的基調來看待人體。運動員把自己的身體雕塑成藝術品，各類書籍則分別探討自我形象、外貌的美醜、性能力的高低、營養吸收、運動保健、肉體逸樂的罪衍，以及輪迴轉世的問題——我們雖然把全副心思都放在自己的身體上，但是我們的靈魂卻可能在不同的身體裡居留過。

上述這些探討方式都不符合我的興趣，因此，我在本書便自行採取另一種寫作途徑——從「頭」到「腳」，一次探討人體上的一個部位，男女皆包括在內。我寫作本書所仿傚的對象，是法國十六世紀中葉一種體裁奇特的詩歌。當時，在馬侯這位流放詩人的提倡之下，一群著名的文人開始創作「人體頌詞」——也就是一種頌讚女性身體個別部位的詩歌。這種歌頌身體部位的作品早有先例，包括佩脫拉克在一三〇〇年代所寫的讚歌，頌讚他所鍾愛的蘿拉那雙美麗的眼睛，以及後來沙梭斐拉托歌頌乳房的淫穢詩作。至於那些法國詩人的創新之處，則是在於他們不侷限於讚頌靈魂之窗或養育生命的胸脯，而把範圍擴大到其他比較不那麼具有象徵意義的部位，於是，他們也因此遭遇到反對的聲音。歷史學家維克斯寫道：「吟詩頌讚蘿拉那雙表情豐富、觸動人心的眼睛，原本是正經感人的文學作品，可是一旦拿來歌頌隨便一顆牙齒或者一根腳趾，就讓人覺得荒謬可笑了。」此外，這種頌詞通常都直接以該身體部位為稱呼對象，所以如果詩人直接對著手肘講話，自然不免顯得頗為愚蠢。不過，維克斯也指出，馬侯當初如果遵循傳統，僅歌頌女人全身，就不可能開啟這麼一個豐碩而且極富爭議性的詩派。不久之後，便出現了各種「頌詞」與「反頌詞」，其中表達的態度從仰慕到厭惡等不一而足。

就某方面而言，本書也是一種新版的頌詞暨反頌詞，內容主要（但不限於）探討人體的文化演進史如何反映出人體的自然發展過程。儘管我對人體頌詞作家恣意使用的那種擬人化手法頗感排斥，但我還是要探討我們對於身體的矛盾情感。這個軀體終生承載著我們充滿抱負的意識，兼含滑稽與悲劇性的成分，也兼具聖潔與凡俗的面向。我們看待身體的態度，涵蓋了從讚揚到唾罵等各種不同情緒；我們一旦採取像人體頌詞那樣的觀點，詳細檢視身體上各個分別存在而又相互依賴的部位，便可清楚看出我們對身體這種褒貶互見的態度。我喜歡《考利歐雷諾斯》劇中那位叛變的公民對各個身體部位的描述方式：

那戴王冠的頭，那警覺的眼睛，
那足智多謀的心，那給我們做衛兵的胳膊，

給我們當馬騎的腿，給我們吹號手的舌頭……

實際上，我在書中沒有納入詩人口中那「足智多謀的心」。我把注意力集中在身體的外表。王爾德曾以詼諧的說法指出：「世界上最大的謎，不是不可見的事物，而是可見的事物。」與其探究隱藏體內的肺部、心臟，以及骨骼，我選擇探討我們每天都看得到的身體部位，包括臉龐的形狀、嘴耳眼鼻、肩臂與雙手、胸部與乳房、腰腹與肚臍、生殖器、臀部，還有雙腿與雙足。這些部位恰可分為三大區塊：頭顱和臉龐，手臂和軀幹，生殖器和雙腿，每個區塊都反映出我們演化過程中的不同面向。這不是為了方便而任意劃分的結果，而是代表了我從各種不同領域所蒐集得到的證據，包括現代人的解剖結構與生理運作，現代人和靈長類祖先的相互比較，以及我們早已絕跡的祖先遺留下來的化石遺骸。身體的這三個區塊，都各自以不同的方式體現過去的發展歷程，也各自激起不同的文化反應。本書以三個部分個別探討這三個區塊：「群龍之首」、「身負重任」，以及「立定腳跟」。這三個標題分別代表了三個區塊的自然演進過程，以及由此衍生出的強烈寓意。

我選擇從「頭」談到「腳」的寫作順序，有兩個原因。首先，我覺得這樣的敘述方式比較像說故事，感覺上像是一場旅程，而不是一套系統。後來我又想到，人類的發育其實也一樣是依照這種順序。在新生兒剛成形的身體上，嬰兒所能夠控制的第一個部位就是眼部肌肉，接著才逐漸察覺並學會控制臉部肌肉，而終於達到自主微笑的第一個里程碑。接下來，他也開始懂得控制頸部肌肉，於是頭顱不再總是偏垂著面向側邊。然後，他又發現軀幹也是自己全身上下的一部分。最後，雙臂與雙腿終於也加入身體其他部位的行列，從原本笨拙的附加物以及吸吮用的玩具，轉而成動作精確的雙手以及謹慎踩踏的雙腳。

只可惜篇幅有限，許多主題無法納入本書。簡單舉幾個例子，我略過不談的主題包括了牙齒、隆乳、鬍鬚、體重的增減、手肘與膝蓋，以及種族歧視與膚色差異這項龐大的議題。不過，在這場縱覽人體的旅程中，有些地標卻絕對不可省略，譬如機警的雙眼就是一個例子。我經常發現自己寫這本書的方式就像我旅行的方式一樣，只要看到有趣的東西就停下來賞玩一番。我在書中簡短談及人類腳趾絕妙的古怪形態，以及我頌讚眉毛的篇章，目的都是為了讓讀者明白，即便是最微不足道的主題，其中的奇妙之處仍然像黑洞的質量一樣密集繁多、講述不盡。不論是在文化還是自然的演進歷程上，我們身體的每個部位絕對不乏趣味橫生的故事。

自然與文明的分野是否就在想像力？

——戴文波特

智力與社會習俗對於人類雖然無比重要，但我們也絕不可低估人體結構的重要性。

——達爾文

我們的存有似乎不在於細胞與肌肉，而是我們的思想與行動在空氣上所刻下的痕跡。

——厄普代克

衣索比亞人說他們的神祇有塌鼻子與黑皮膚，色雷斯人則說他們的神祇有淡藍色眼珠和紅色的頭髮。

——色諾芬尼

序曲：薄薄的皮膚

若說靈魂能夠觀看，身體能夠觸摸，
何者才是比較有福的呢？
——葉慈

我們身體的各個部位，只靠一層用途廣泛的薄膜就包裹成為惠特曼筆下的「完全的整體」。皮膚可以視為最大的器官。我們經常忽略皮膚對身體的保護，但以下這一則古老的故事，恰可讓我們明瞭皮膚如何包裝、裹覆我們的身體。

希臘神話裡關於馬西亞斯這個人物的故事有兩種版本，其中一個版本說他發明了雙簧管，另一個版本則說他把雅典娜發明之後又丟棄的雙簧管撿起來據為己有。但是不論哪個版本，反正他後來都能吹奏出極為優美的音樂，並且因此興起向阿波羅挑戰的念頭——用他的管樂器和阿波羅的里拉琴一較高低。阿波羅接受了他的挑戰，但條件是贏家能夠決定輸家該受什麼懲罰。馬西亞斯完全陶醉在自己美妙的音樂中，就傻傻地答應了阿波羅的條件。在第一回合的比賽中，兩人的音樂難分軒輊，最後只好宣告平手。虛榮自負的阿波羅於是採取作弊的手法，他用倒著彈里拉琴這種毫無意義的比賽方式，要求馬西亞斯也得倒著吹笛。馬西亞斯因此敗下陣來。結果，如同希臘諸神許多瘋狂殘忍的舉動一般，阿波羅把落敗的對手綁在樹上，活生生剝掉他身上的皮膚。

教人困惑的是，這個駭人的場景在希臘化藝術裡卻頗為盛行，然後在十六、十七世紀的古典復興時期又再度出現。後來義大利畫家達內迪為這項傳說畫了一幅幾乎可說是充滿抒情意味的圖畫；但是提香卻以血腥為樂，描繪出馬西亞斯被倒掛在樹上，即將遭到阿波羅剝皮的情景。然而，真正讓人深刻體會到這個場景的恐怖，則是科拉迪尼那尊形貌高雅，以大理石雕塑而成的新古典風格雕像。這是一尊位於皇家花園的雕刻，和他的另一件作品《西風與芙蘿拉》並置陳列。這兩尊雕像目前都展示在倫敦維多利亞與亞伯特博物館的圓頂大廳中。雕像裡英俊清秀、頭戴桂冠的阿波羅，手中若無其事地拿著一把骨柄刀，食指搭在刀背，推著刀刃向前削割。他削割的是馬西亞斯右大腿的皮膚，刀刃前方掀起的一塊皮膚還清晰可見。

科拉迪尼用雪白平滑的大理石所雕塑而成的這幅血腥景象，奧維德曾經在西元前一世紀以栩栩如生的筆觸描寫出來：

他一面哀嚎，
阿波羅一面剝除他的皮膚；他的全身
即是一個巨大傷口，鮮血四處湧冒，

> 肌腱暴露於外，血管灼然可見，顫抖
> 跳動。光線透過他的肋骨，把抽動的腸道
> 與生理組織，全都照得歷歷在目。

為何我對這幅恐怖的景象念念不忘？因為這景象讓我們確切了解到皮膚的功能。再舉一個例子：馮・哈根斯採取樹脂浸泡保存屍體的塑化技術，曾經製作過一具著名的人體標本，也就是把一具屍體的外皮像削蘋果皮一樣剝成一大片，再讓這具屍身筆直站立，手裡拿著自己的皮膚。十八世紀也曾有人製作為了展露皮下組織而剝除皮膚的雕像，稱為「斯哥提科蒂」，而馮・哈根斯的標本堪稱是斯哥提科蒂的再版。這具塑化的人體和落敗的馬西亞斯一樣失去了皮膚的包覆，肌腱、韌帶、雙臂與雙腿上的條狀肌肉、懸垂著的睪丸與陰莖、如瓶蓋般的肚臍——全部暴露在眼前。粉紅色的身體組織，看來古怪卻又自然，猶如荷蘭靜物畫裡對著盛宴露齒而笑的骷髏頭，足以讓人省覺生命的真諦。其中最駭人卻又最具啟發性的是，這具標本把自己的皮膚拿在手上，就像一件米黃色的外套。瓦萊里曾經寫道：「人只有在表面上才是人。掀起皮膚，加以解剖：接著見到的便只剩下機器結構，一堆讓人難以勘透的物質，與你所知的一切截然相異，卻又是人的精要本質。」要明白一件事物的價值，通常必須在想像中先移除這件事物，從而檢驗失去它的後果；我們需要馬西亞斯的悲慘故事以及剝除皮膚的人體標本，才能面對我們感到陌生的人體本質。

既然我們已經了解沒有皮膚的後果，接著且來看看這層包覆膜有什麼功能。我們的體重約有

百分之十六是皮膚的重量，身體的新陳代謝也有百分之五到八是用於維持皮膚的健康。由此可知，皮膚非常重要。每當我們注視赤裸的人體，不論是孩子的臉龐，還是愛人的身軀，我們看到的都是皮膚的高低起伏。皮膚決定我們的外貌，也保護我們的身體。皮膚樣態豐富多變，手掌部位緊繃，腳跟部位粗厚，眼瞼部位柔軟。皮膚有平滑與凹陷之處，也有皺褶與緊實之處。有關皮膚的譬喻多不勝數：皮膚是地層上的表土，是坐墊外圍的裝飾布，也是水果的外皮。皮膚細胞和其他細胞一樣，內部都帶有指令，規定其在特定時點停止生長，如此一來，皮膚就界定了人體的外圍界線。想想看：如果沒有這種細胞，我們的身體就會不斷成長，永遠無法形成固定的形體。在皮膚的界定之下，我們才能成為獨立的個體，在世界上生存。

不過，皮膚不是太空衣，我們的內部無法與外界完全隔絕。懷德海曾說：「我們身在世界裡，世界也存在我們體內。」世界上的一切，不論是養分還是病毒，都會進入身體，成為身體的一部分。身體吸收空氣，攝食花椰菜與牛排，再把這些外來物質轉化為肺部與大腦細胞所需的養分，以某種神秘的提煉方式，把植物與動物轉化為我們自己的血肉。想想看，不論是外來的紫外線，還是體內排出的汗水，光是從皮膚進進出出的物質，就不知有多少。皮膚是一道界線，不是一道牆。

由於黑色素濃度的差異，皮膚顏色也就與身高體形一樣變化多端，有像北美的印紐特人如此蒼白的人種，也有像東非的馬賽人如此黝黑的民族。許多研究顯示，膚色不僅因種族而異，即便是同一種族的成員也有膚色深淺的不同。因此，有些膚色較白或較黑的人，由於膚色特徵不明顯，便可隱瞞其種族背景，從而跨越社會藩籬，深入融合於其他種族。黑色素的濃度主要由基因決定。不過，任何人暴露在陽光的紫外線下所導致的曬黑程度都一樣，只是在黑皮膚的人身上比較不容易察覺這種燒傷現象而已。

皮膚曬黑自然是一種燒傷的情形。現在許多人如此著迷於一定程度的曬傷，也是我們對身體自然現象的另一種奇特而又極富想像力的反應。皮膚曬黑是一種警告訊息。太陽散發出來的紅外線雖然溫度很高，卻不會像燒紅的煤炭一樣對我們造成灼傷。曬傷其實是一種中毒反應，由陽光裡的紫外線輻射所引起。由於紫外線的波長比可見光短，因此並非人類用肉眼可見，但是強度卻因此增加。紫外線可破壞ＤＮＡ，曝曬時間一久，更會促使人體產生特定的酶與蛋白質，導致發炎細胞數目增加以及血管擴張，從而造成皮膚灼熱的感受。曬傷的皮膚之所以剝落，原因是陽光對ＤＮＡ的傷害會導致皮膚細胞死亡，於是身體就將其蛻除。除非曬傷情形太嚴重，否則身體也會立即展開修補工作。不過，細胞裡的ＤＮＡ如果受到嚴重傷害，則有突變為皮膚癌之虞。好的防曬乳液需具備兩項功能：其中的無機分子要能夠對紫外線造成反射及散射效果，有機分子則要能夠加以吸收。

想想看，全世界在過去五十年來花費了千百億美元，為的就是說服民眾認為蒼白的肌膚代表乏味封閉的生活。隨著暴露身體的限制在二次大戰後逐漸放鬆，「太陽崇拜」於是愈來愈趨盛行；直到二十世紀晚期研究發現過度曝曬可能導致皮膚癌之後，這股熱潮才稍見緩和。為了描述兩截式泳裝對男性所產生的吸引力，這種泳衣於是以美國在一九四六年試爆核彈的地點「比基尼環礁」命名。一時之間，海灘休閒突然成了一種性感的行為，人們不再需要像維多利亞時代的人士那樣包得密不透風，還得在有一半輪軸泡在水裡的更衣車中換裝。曬黑的皮膚於是成為魅力、熱帶，以及性感的代表。厄普代克寫道：「少數的日曬族群，獲得的是以前為新教倫理所貶抑的性感評價。」皮膚蒼白的歐洲人與歐裔美國人都堅決採信這項迷思，努力證明他們有足夠的金錢與時間躺臥在海灘上，然後帶著美好人生的標誌回家。早在一九五一年，法國詩人考克多就曾在日記裡寫道：「美國人真奇怪，他們雖然鄙視『有色人種』，卻樂於讓太陽把皮膚烘烤得愈黑愈好。」現在已經確知曬太陽會增加罹患皮膚癌的機會，尤其是在臭氧層愈來愈薄的今天，而太陽燈與日光浴床又比曬太陽更加危險。不過，在今天這種時代，不論居住在哪種氣候區，最好還是塗抹防曬乳液以確保安全。

既然談到皮膚顏色的問題，可別忘了大多數人身上都散布著雀斑和痣。美國作家帕克寫過一首詩，聲稱有四件事物是她寧可不要的，其中包括愛情、好奇心、疑慮，還有雀斑。不過，這種黑色素的沉澱卻可為面容與身體帶來迷人的點綴。在辛蒂・克勞馥這類名人身上，甚至還可突顯成為招牌特徵。想想看「美人痣」這種說法就知道了。如此一來，痣或者其他斑點就搖身一變成為一種個人資產，使臉上更添姿色，算是一種突顯美貌的缺陷。文藝復興時代有些女士會在自己白淨的臉龐畫上美人痣。普魯斯特《追憶似水年華》一書中的敘事者提到自己和阿爾貝蒂娜初遇的情景：「實際上，我一看到她就注意到她臉上有顆美人痣，可是我卻總是記不得那顆美人痣的位置，有時候記成在這裡，有時候又記成在那裡。」就像是美國導演布魯克所執導的《新科學怪人》一片當中，駝背伊果背上那團不斷變換位置的隆肉。一般而言，我們無法接受各式各樣的皮膚樣態。一位名為席勒森的整形醫師曾經指出，有一名滿臉雀斑的護士要求整形，原因是她自覺在黯淡的燈光下看起來「像黑白混血兒」。色素斑點竟可承載如此繁多的意義。

我們很容易把皮膚的保護功能視為理所當然，也常常只會想到皮膚所帶來的愉悅感受。動物的表皮裡面之所以會發展出神經網絡，目的是因應物質世界的需要，不是為了討好主人。透過身體感官經驗世界上的各種樂趣，這種能力顯然不是人類所獨有，但是大概只有人類把這種感受發揮到極致，達到其他動物近親所不曾探索過的境界。這是我們的幸運。這個世界為我們的手腳和口腔提供了各種感官享受，我們怎麼可能不樂在其中呢？

像皮膚這麼重要而且隨處可見的東西，自然具有高度的象徵意義。在薩滿教和其他神秘教派的思想當中，披戴獸皮可讓人獲得該種野獸的獨有特徵以及先天智慧。由於蛇在成長過程中會蛻皮，因此許多原始文化也就在成年禮或者標示其他人生階段的儀式裡，使用真實或象徵性的皮膚——各種再生的組織都會成為不斷更生的象徵，因此皮膚也就讓人聯想到復活和永生。有些民族在身上披戴不同顏色的獸皮，以代表人性的兩種面向，甚至代表有形和無形兩種概念。這類原始的聯想不太容易消失。在二十一世紀初始，美國就重新掀起一股獸皮花色的時尚潮流——例如設計師在設計皮包時採用美洲豹的豹紋，或者地毯使用斑馬條紋的花樣。

由於皮膚無處不在，因此這塊二平方公尺左右大小的組織，也就比身體其他部位更容易遭受命運的作弄。皮膚經常因為我們的笨手笨腳而受傷，也必須和地心引力奮力抵抗，不時還得承受我們的刻意毀損。儘管迭遭磨損、擦傷，甚至切割，皮膚還是努力把各種組織包覆在內，並且維持外表的完整。帶給我們各種愉悅感受的敏銳觸感來自於一片由神經末梢與特別細胞所組成的複雜網絡，這片網絡同時也是身體的警報系統。痛楚無疑是生命中的壞消息。從我們的觀點來看，人體有一項悲慘又諷刺的現象，就是修復機制對於所收到的警報，不一定都有加以修補的能力。我們這套極端脆弱的盔甲，一旦遭到猛獸的利爪、士兵的子彈，或者黑莓上的小刺所傷害，身體就會立即派遣醫療人員前去診治。只要受傷不是太嚴重，這些微型醫生都能夠把破裂的組織縫補起來。修補完成之後，痛楚就會消失，等到身體其他部位受傷，才會再發出新的警報。

我們體外的包覆層如此缺乏防護能力，乍看之下似乎是種設計上的缺失。我們為什麼沒有足以保護自己的盔甲，從而把「肉體承受的萬千驚擾」❶減少到也許只剩兩百種驚擾就好呢？原因是皮膚除了擔任防護牆之外，還有其他許多任務。水分、空氣、養分──連同有害物質、病毒，以及寄生蟲──都會透過皮膚上的孔洞進入身體。皮膚上滿布各種進出門戶，相互之間差異極大：嘴巴開口寬廣，需要隨時照顧，而且總是超時工作，又是養分處理器，又是毒物偵測器，又是麥克風；如同相機快門一樣的肛門隱藏在身體的另一端，以排出為主，只有在少數親密關係的例外情況下，才會出現進入的情形──這兩者都是皮膚上的孔洞。耳朵也是一個孔洞，周邊圍著一片圓盤；兩個鼻孔負責吸入必要的空氣，貪婪地吸取懸浮在我們身邊的眾多原子。當然，這些

❶譯註：哈姆雷特之語。

肉眼可見的大型孔洞，數量遠少於肉眼難以察覺的小洞，例如毛細孔。

且讓我們來談談一種經由皮膚進入身體的物質，以及另外一種經由同樣管道從身體排出的物質。在〇〇七電影《金手指》當中，大反派奧瑞克金手指命令奧德賈伯這名頭戴鋼帽的嘍囉殺害另一名背叛組織的黨羽，方法是用金漆塗滿她全身，使她窒息而死。數十年來，我們一直認為這種殺人方式只是幻想而已，儘管兩棲動物確實透過皮膚呼吸，不過近來的研究指出，皮膚從空氣中所獲得的氧氣量，比科學家先前所認為的還多。德國皮膚病學家馬可思•史杜克與同事一起在二〇〇二年發表報告指出，空氣中的氧氣穿透皮膚的深度，幾乎是以前所估計的十倍，可深入皮膚表面以下四分之一至二分之一公厘處。由此可知，我們全身上下的表皮，還有滿布毛囊與汗腺的部分真皮，所需的氧氣大都來自於外在的空氣，而不是血液。不過，不論年齡大小，皮膚吸收氧氣的管道被阻塞都不至於對內臟造成影響。所以說，金手指這種殺人手段還是不合常理。

在真皮裡的髮根周圍，汗腺則是忙著執行排汗的任務。有些研究人員猜測認為，人類身體之所以演化成目前這種無毛狀態，就是為了因應汗腺的發展。實驗病理學家拉普在《身體邊界》這部探討皮膚的著作當中寫道：「密集分布於皮膚表面的汗腺，是一種非常有效率的散熱機制，可藉由揮發水分讓身體核心快速降溫——但是，水分的揮發必須不受濃密毛髮的阻礙。」拉普更指出，熱帶地區居民的汗腺密度高於溫帶或寒帶地區的居民。

當然，即便是汗水也有本身的歷史文化。一般而言，美國人只在海灘上允許汗水的存在，平常則是用盡方法，不但要消除汗水的氣味，甚至連看也不想看到。羅蘭•巴特早期的作品《神話學》，是他探討日常符號的第一部著作。他在書中提到基維克於一九五三年改編莎翁劇作的電影《凱撒大帝》，並且分析了片中的兩個面向。巴特指出，這部影片採用了兩種主要的身體象徵，一項是樣式一致的羅馬髮型，另外一項則是除了陰謀的受害者以外，所有人的臉上都汗水淋漓。他甚至還藉機稍微數落了英國人一頓：「流汗代表思考——這種想法的基礎顯然是把思考視為一種猛烈激劇的行為，而流汗只是這種行為最溫和的表徵。對於一個全是商人的國家而言，這樣的觀點自是適切不過。」

後來巴特又寫道：「在整部電影當中，只有一個人沒有流汗，臉上光滑潔淨，神色平和，滴汗不出：這個人就是凱撒。」滴汗不出，這可不是好事。我們身上孔洞密布，絕非密閉不通。我們和地球一樣，身體主要由水所組成，而且必須把體內的水和外界的水區隔開來，直到我們告別人世，身上所有的原子又再度四散回到世界上為止。這個意象讓人回想起本文開頭那位命運悲慘的神話人物。有些傳說指出，希臘諸神以其一貫慢半拍的反應，最後把馬西亞斯化為一條河流；奧維德則說是馬西亞斯的哀悼者垂淚不止，而形成這條河流。無論如何，現在的馬西亞斯河總之是注入原本的弗里吉亞曲流。今天還是有許多人把身體浸泡在馬西亞斯河的河水裡——而包覆保護他們身體的，正是當初馬西亞斯因為敗在神祇手下而慘遭剝奪的皮膚。

I　群龍之首

1 身披短毛的裸猿

男人根本就是禽獸！不但愚蠢、自大、傲慢，而且全身都是毛。

——柏格曼《夏夜微笑》中的夏綠蒂女伯爵

先知的髮型

就連上帝也知道一頭時髦的髮型有多麼重要——至少上帝在好萊塢的代理人知道這一點。迪米爾在一九五六年重拍自己的舊片《十誡》時，在這部片裡一方面超越了《霸王妖姬》那種極端庸俗的拍攝手法，另一方面卻也重新回歸該片的毛髮象徵。卻爾登・希斯頓飾演的摩西登上西奈山與上帝對話之前，原本留著一撮褐色短鬚，並身披一件蓋住頭髮的斗篷。等到這名先知帶著十誡回來與眾人見面，卻一時之間變得衰老許多。他的鬍鬚變長，還有兩道灰白色的條紋，頭上的遮風帽也不知去向，露出一頭引人矚目的長髮——又灰又白，由額頭往後梳整，蓋住兩旁的耳朵。他那頭猶如以吹風機吹過的髮型，令人聯想到米開朗基羅在西斯汀教堂天花板上所畫的上帝，還有安格爾那幅莊嚴富麗的《賽提絲乞求朱彼得》畫中那位諸神之王。下山之後的摩西看來有如一名年高德邵的族長，讓人覺得他上山似乎是去和造型顧問見面，而不是去和一棵喋喋不休的樹叢❶說話。摩西一回到自己的營帳，飾演他忠妻西坡拉的狄卡羅便代表觀眾道出了心中的疑問，說道：「摩西，你的頭髮……」

野獸的表徵

迪米爾在影片中呈現摩西的方式，讓我們看到了頭髮的高度象徵性。人類文化以各種不同方式看待我們身體上這個極為醒目，而且易於變化的部位，最原始的想法是認為頭髮具有神奇魔力，而政治性的觀點則是把髮型視為社會階級與宣誓效忠的表徵。人類大腦總是忙著為各種事物安上象徵意義。大腦看到我們的生理特徵，就把這些特徵提升到象徵的地位。哺乳類動物的祖先在我們身上所留下的殘跡，大腦也在許久以前就已為其賦予象徵意義。

英國生物學家莫里斯在一九六七年的著作《裸猿》中寫道：「現存的猴類與猿類共有一百九十三種，其中一百九十二種身上都長滿了毛髮，唯一的例外就是一種自稱現代智人的裸猿。」實際上，這種自詡智慧的物種並不是完全赤裸無毛。大多數人身上仍長滿了毛髮，只有嘴唇、乳

❶譯註：根據聖經記載，耶和華曾經透過一棵樹叢向摩西說話。

頭、手掌、腳底，以及外生殖器的某些部位除外。只不過，我們身上大多數的毛髮不是極為細緻，就是頗為稀疏，甚至兩者兼具。和其他毛髮濃密的近親動物比較起來，我們看起來確實有如赤裸無毛。

演化生物學家對人體每個特徵的詳細分析，自然也沒有忽略毛髮。只要看看其他哺乳類動物，就不禁讓人產生疑問。舉例來說，今天大象的體表上也幾乎沒有毛髮。這種現象對牠們並不構成問題，也不至於讓牠們感到不好意思，因為牠們畢竟棲息於熱帶地區。大象和人類一樣，在這樣的環境裡赤身活動完全不會有彆扭難過的感覺。然而，大象有些祖先也是毛髮又密又長，而且棲息地遠在北極圈內。一八七一年，達爾文在《人類原始論》一書裡指出，即便是印度象，其中棲息在較高地區的象隻，體毛也比低地象隻來得多。他問道：「我們可否由此推測，人類也是因為源出於熱帶地區，才會褪去身上的毛髮？」一如往常，達爾文隨即檢驗了自己的臆測所可能引來的反對意見。我們的猿猴近親大多數也都生活在熱帶地區，卻沒有因此褪去身上的毛髮。只有人類，像莫里斯所說的，成為裸猿。在本書序曲當中提到的一項推測，認為我們體表毛髮的減少可能是因應汗腺發展的結果。達爾文的同僚華萊士，就把人類體表這種毛髮稀少的現象，當成他反對天擇理論的理由。他認為，就算我們生活在熱帶地區的祖先確實褪去了身上的毛髮，但在後來人科動物四散遷往寒涼地區之後，應該也會再重新長出毛髮才對。他因此斷言指出：「人類赤裸無毛的皮膚，一定不是天擇的結果。」華萊士總是想要從人類的演化成果當中，找出證據顯示神的力量在其中所扮演的角色。最後，他認為大腦的複雜構造就是證據所在。

達爾文指出，動物毛髮在人類身上的殘跡，以「四肢與軀幹相接之處」最為濃密，在男性身上則另外包括了胸部和臉部。在我們的祖先開始直立起來用兩足行走之前，這些部位應該都不會受到陽光照射。不過，這時又令人不免想到另外一項反對說法：「頭頂是個奇特的例外。不論在哪個時期，頭頂一定都是最容易受到陽光照射的部位，偏偏卻又長滿了毛髮。」

不只成人不是完全體表無毛，我們打從娘胎起就已經長有毛髮了。母體受孕約四個月之後，子宮內的人類胚胎就開始長出鬍鬚，上唇與眉部都有細毛冒出。在接下來幾個星期之間，這些細毛會逐漸覆蓋整個身體；到了第五個月結束之際，胚胎就已經全身是毛。這層毛髮會存在好幾個星期，生物學家稱之為「lanugo」（胎毛），源自拉丁文，意為「絨羽」或「羊毛」。我們的胎毛期通常在出生前即告結束，但偶爾也有例外。在懷孕的最後幾個星期，胎兒會吞下脫落的胎毛。這些細毛和黏液、膽汁，以及其他物質混合而成胎糞，形成嬰兒出生後的首次排便。

有時候，一如人體的其他面向，我們體毛的遺傳指令也有可能出錯，而且這種情形甚至也會出現在胎毛上。有一種罕見的遺傳疾病，稱為先天性胎毛過多，又名全身性先天性多毛症，在醫學記載上只曾經出現於四十個家族當中，但是分布地點極為廣泛，東自東南亞，西至中美洲。這種疾病的導因為染色體異常，以致嬰兒出生後仍保有比正常情況還長的胎毛。一項極早期的病例出現在十六世紀中葉的加納利群島上，當時一個名叫鞏薩雷斯的嬰兒，出生的時候竟然全身蓋滿了又長又軟的毛髮。在《特殊案例：自然界的異常現象與歷史上的畸形怪物》一書裡，作者普塞爾如此描述當時的情景：鞏薩雷斯「在周遭人士的敬畏注視之下，進入文藝復興時代的上流社會……成為社會矚目的焦點。他一方面是有教養的人，同時卻又不是人」。他後來娶了一位容貌姣好的荷蘭太太，只可惜他們生下的小孩也是全身毛茸茸的模樣，比較像爸爸，而不是媽媽。不少畫家都畫過翟薩雷斯夫婦的畫像，女方毫無異樣，男方則如狼般滿身是毛；有時候畫裡也會包括他們滿臉是毛的幾名女兒。在這些畫作當中，他們全家人都穿著宮廷般的華貴服飾，野獸般的臉上睜著兩隻神情平和的人眼。一看這些畫像，就會知道瑪萊斯在一九四六年為《美女與野獸》當中的野獸所化的妝之靈感從何而來。墨西哥西部所謂的掘食族印第安人當中，有一位名叫帕斯特拉納的女子，顯然也是罹患了多毛症的一種。她堪稱象人的先驅，在十九世紀中葉成為美國與歐洲社會著名的玩物。在這個案例中，不論是嚴肅的醫學評論家還是怪胎表演秀的主辦人，一看到這個全身長滿毛髮的人——尤其還是個女人——都不禁表達出他們強烈的驚恐與好奇。

多毛的模樣向來是種獸性象徵，代表自然力量失去控制的後果。十六世紀的內科醫生帕雷，在《怪物與奇觀》這部著作當中，記載了一名一出生就「像熊一樣全身長滿毛髮」的嬰兒，原因是他的母親在受孕那一刻剛好看著一幅多毛人的畫像。在古老的巴比倫史詩《眼見深底之人》裡，戰士國王吉爾伽美什以高壓手段統治烏魯克地區的人民。不久之後，女神阿露露聽見人民的求救呼聲，於是用土塊做出恩奇杜這個與吉爾伽美什勢均力敵的對手，讓他沒有精力再去折磨凡人。這兩個頭腦簡單的大塊頭後來成了好朋友。由野獸撫養長大的恩奇杜深具野性，而且這種野性從他「全身覆蓋長毛，猶如野獸之神」的外表上就明顯可見。

從搖滾樂的符號學到「美女與野獸」這則歷久不衰的寓言，毛髮至今仍然象徵了我們不潔的本性。基地組織領導人阿塔是二〇〇一年九一一事件的主謀，警方在他的行李當中搜查到的物品，有一份長達四頁的文件，內容指示攻擊前夕必須準備的事項。文中除了提醒成員發誓必死之外，還要求他們記得「剃除身上多餘的毛髮」。他們認為只要剃除獸性的表徵，就能同時去除內心不潔的獸性成分。

我們對於自己和其他動物明顯可見的近親關係深感不安。我們一面聲稱自己擁有一半神性，同時也深怕自己具備一半獸性。至於我們和野狼、老鼠，以及駱駝一樣身上有毛，更是讓人難以釋懷。哺乳類動物身上不同部位長著不同種類的毛髮，人類也不例外。大多數人在出生之際只有頭皮、眉部，以及眼瞼邊緣長有毛髮。這種毛髮和體毛不同。嬰兒出生之後不久長出的細毛稱為「毫毛」。到了青春期以後，體表的毫毛就會受到顏色比較深、也比較粗的「終毛」所取代。頭髮、睫毛，以及眉毛在青春期變化不大，但是我們都知道這些部位在老年時期會呈現出鮮明的年齡徵象（由於本書的敘述順序按照身體部位而不是主題，因此陰毛的各種獨特面向將於第十一章深入探討）。

一九四一年十一月號的《生活》雜誌，曾經讚揚萊可這名年輕女星引人矚目的髮型。該篇報導的作者熱切不已，甚至寫出了如同用顯微鏡觀察般的細節：「萊可女士頭上約有十五萬根頭髮，每根直徑約為〇・〇〇二四吋。」接著，作者又對萊可那頭目前已成經典的半遮面髮型進行各種測量，並且加上這道讓人難忘的細節：「她抽菸的時候，頭髮經常映出火光。」萊可的頭髮之所以耀眼奪目，原因其實並不在於髮量或粗細；作者在文中提到的髮絲數目和直徑都與常人無異。儘管褐髮、紅髮，以及金髮人士的髮絲數量稍有不同，但每個人身上平均都有五百萬根毛髮，其中十萬至十五萬根位於頭上。不過，頭髮經常是誇大描述的對象。在《第二性》一書裡，波娃一面抨擊社會上的女性特質觀念是人為塑造以及理想化的結果，同時也嘲諷顧爾蒙這位才華洋溢的法國文人暨象徵主義的鼓吹者，說他「要求女人讓頭髮自然垂落，呈現猶如溪水與青草般的曲線起伏；不過，真要撫摸到如同水波與草原般凹凸有致的秀髮，只有在萊可那樣的髮型上才有可能。一頭真正任其自然生長的蓬鬆亂髮，是不可能達到這種效果的」。

早已死亡的蛋白質

要了解毛髮的優點，最好的方法就是比較哺乳類動物和其他動物的異同。舉例來說，爬蟲類與兩棲類的體溫都無法自體調節，因此牠們調節體溫的方式，就是接近或迴避外界的熱源，有時候只是單純地尋求陽光曝曬或者陰影遮蔽。一旦無法採用這種方式，牠們就進入休眠狀態。哺乳類動物則有毛髮的保護，而無需受到氣候與季節的支配——至少不像其他動物受到那麼大的影響（毛皮溫暖又柔軟，我們早自遠古以前就學會偷取其他哺乳動物的毛皮供自己使用）。溫度耐受性的極限——也就是體內恆溫器所能夠抵禦外在溫度變化的範圍——在各種哺乳動物身上差異極大，而且前述這種概括性的說法也不是完全沒有例外，有些原始哺乳動物的體溫就會隨著外界溫度變化，例如針鼴的體溫就會依據外在環境的變化而在攝氏二十二度至三十六度之間變動。

不是所有哺乳類動物成年之後都會全身長滿毛髮。成鯨只在嘴巴附近有幾根硬毛，或根本完全沒毛。毛髮在乾燥的情況下能夠阻擋空氣外流，但在水裡卻是比沒有作用還要糟糕。因此，水棲哺乳動物便逐漸演化成目前這種無毛狀態，並且在皮下發展出一層隔熱脂肪以取代體表的毛髮。不過，即便是水棲哺乳動物，在胚胎期間也還是長有毛髮。令人意外的是，瑞典分類學家林奈對於他自己所歸屬其中的這一目，卻不是選擇毛髮為其特徵；哺乳目之得名，乃是因為這類動物身上的乳腺。

毛髮和指甲與皮膚一樣，主要由角蛋白構成。實際上，鳥類的羽毛和動物的角也是如此，例如犀牛角就是——不過，犀牛角也許因為含有催乳激素，以致盛傳為春藥，造成犀牛目前瀕臨絕種的命運。實際上，英文的「keratin」（角蛋白）一詞源自希臘文的「keras」，意為「角」。這是一種複合物，能夠抗拒溶解蛋白質的酵素；而這項特徵也能夠解釋毛髮為何會堵住水槽和浴缸的排水口：因為角蛋白不溶於水。從土裡挖掘出來的人類屍體，其內臟通常都已腐化消失，但毛髮與大部分的皮膚仍舊存在，也是這種韌性所造成的結果。有許多人認為人死後頭髮仍會繼續生長，但這其實是因為屍體僵直導致豎毛肌收縮所造成的錯覺。豎毛肌是一種微小肌肉，能夠造成毛髮直豎；我們的祖先以毛髮直豎代表恐懼或憤怒，而這項特徵至今仍然遺留在我們身上。因此，頭髮豎直再加上肉體腐爛萎縮，便給人頭髮仍然持續生長的印象。

毛髮由一團表皮細胞生長而出，這些表皮細胞位於毛囊的圓錐凹陷處，就像沉落在井底一樣。毛囊由皮膚表面延伸入真皮層，有時候甚至還可達到皮下層。在毛囊底部的真皮層當中，結締組織負責輸送血液以提供毛髮生長所需的養分。毛囊底部的細胞不斷分裂，就會開始往上堆疊，不但顏色變深，同時也逐漸角質化。一開始，柔軟細毛的時期可能只有短短幾個月。每個終毛毛囊的生長期至少都有幾年的時間，有時候甚至長達六年。不過，只有毛囊底部的生長細胞才是活細胞，毛髮上的其他細胞都是死細胞，和指甲外緣一樣。《生活》雜誌那位記者看到萊可的頭髮驚豔不已，但是他所看到的東西，其實和我們照鏡子看到的自己的頭髮一樣，都只不過是一堆早已死亡的蛋白質。

不過，頭髮雖然是死的物質，在宗教、藝術，以及日常生活中卻是活躍得很。有些基督教肖像裡的垂散長髮代表懺悔；在希臘正教的洗禮儀式當中，教士會剪掉嬰兒頭上三處頭髮，形成十字架的圖案。印度教許多神祇都有「錫克」，也就是束在頭頂上的髮髻；梵天的畫像一定都會畫出祂高聳的髮髻；雌雄同體的半女自在天，雖然在女性半邊的頭髮會妝點得極為華麗，男性半邊的頭上卻打了個苦行僧的髮髻；就連甘尼沙這位象頭小神，頭上也打了一個髮髻。

一九四五年，數十名美軍傘兵在法國所拍的一張照片，儘管軍中人士都視之為集體榮譽感的崇高表現，實際上卻呈現出軍隊裡盲從群體的愚蠢現象。這群傘兵全都剪了莫霍克族印第安人的髮型，看起來像是《大地英豪》的臨時演員一樣。一九五〇年代末期，卡斯楚領導游擊隊反抗古巴獨裁者巴蒂斯塔，當時他的追隨者都發誓不達目標之前，絕對不剪頭髮也不刮鬍子。另一方面，在西非的馬利，傳統桑海人婦女的華麗髮型則頗富歷史感。這種髮型代表傳說中的桑海帝國所遺留下來的影響。根據傳說，位於蘇丹尼日河谷，後來在十六世紀末期遭到摩爾人所消滅的桑海帝國，每逢特殊場合，已婚的桑海婦女會在前額戴上「簪柏」。這種由頭髮與羊毛所編成的圓盤，起源可以追溯到桑海帝國的時代。烏達比族婦女也會在前額上方打上類似的大型髮髻，並且把髮線推高，好讓臉看起來比較修長。西非信奉伊斯蘭教的富拉尼人反對這種妝扮，因為這麼一來婦女就無法按照伊斯蘭教規定，在敬拜的時候匍伏俯臥，額頭貼地了。

修改髮線極為常見。美國女星海華斯為了提高髮線，就曾經接受電解手術。她在先生的要求下經歷多次痛苦的手術，因為她先生認為她原本的髮線太低，前額太窄，有損於眼睛的迷人魅力。現在回頭看海華斯接受手術之前的照片，可發現她當時年輕美麗，雖然沒有追隨流行，卻一點也不減風采。由於男人的髮線會隨著年紀增長而逐漸後退，因此男演員扮老妝通常都會剃掉前額的頭髮。詹姆斯・狄恩在一九五五年因車禍喪生之時，外表看起來比實際年齡老了好幾十歲，原因便是他當時為了在《巨人》一片中扮老妝而把髮線剃高（歷史上有些古怪噁心的名人紀念物，其中以拿破崙的陰莖最具代表性，另外一項則是在狄恩車禍當晚所剪下的沾血髮絲）。

人類的頭髮顯然不只是一層覆蓋物而已。我們忙碌不已的小腦袋並不肯把頭髮視為單純的毛髮。頭髮象徵許多事物，而且造成這種象徵的原因也很多。不論對自己還是別人來說，頭髮都是感官享受的一大來源，包括視覺、觸覺，以及嗅覺。除了頭髮本身的生理結構所帶來的象徵意義之外，生活在不同地理區域的人類也發展出各種不同樣態的頭髮——這是各個地區的居民獨立演化出來的結果：包括亞洲人和玻里尼西亞人的深色直髮；白種人各種深淺不同的金髮、褐髮，以及紅髮；還有非洲人的深色細捲髮。每個文化裡的人對於自身的頭髮形態以及其中異於常態的成員，都有各自的因應方式。

一般人談論頭髮的時候，經常都不提頭髮的氣味。為什麼呢？難道是這個話題太過親密嗎？大多數人一定都有過把小孩抱在懷裡，聞著他蓬亂的頭髮而滿腔柔情的經驗。大多數人也有把臉埋進愛人髮中，深吸著親密氣味的經驗。美國作家西絲尼羅絲在《我家住在四〇〇六芒果街》這本故事集當中，曾經以念舊思古的情懷寫出頭髮所代表的各種回憶，以及所傳達的許多感受。在這段文字當中，她表達出頭髮絕不只是一根根死去的蛋白質而已：

> 但我媽媽的頭髮，我媽媽的頭髮，像是一個個小小的玫瑰花結，像是又捲又漂亮的糖果圈，因為她的頭髮總是捲成小小的夾捲。在她抱著你的時候，安然抱著你的時候，你把鼻子埋在她的頭髮裡面，聞起來香香甜甜的，就像還沒烤過的麵包，就像她在被窩裡為你騰出一個小空間，裡頭仍然有她暖烘烘的體溫，你睡在她身邊，聽著屋外的雨，爸爸的鼾聲。鼾聲，雨聲，還有媽媽聞起來像麵包的髮絲。

巫術與祈禱

頭髮來自身體內部，以獨立自主的方式生長。頭髮可以脫離身體，同時又不太容易銷毀。由於這些自然特質，頭髮於是和生命力產生密切的聯結關係，並且因此成為魔法當中的重要角色。

頭髮不只在我們的身體上受到珍惜，剪下之後還是備受重視。剪下的頭髮若隨意丟棄，可能會被鳥兒撿去築巢，據說頭髮的主人會因此導致頭痛或甚至死亡。參孫這則故事的背後，就隱含了一種普遍的信念，認為頭髮一旦落入敵人手裡，即會為自己帶來災難。二十世紀深具影響力的巫術鼓吹者克勞利，也因此對自己剪下來的頭髮總是秘密處理，以免被敵人拿去施咒害他。有些人供奉聖人的頭髮，或者保存情人的髮絲，信奉的就是這種原始魔法。

我們和其他靈長類動物一樣，也會自己梳理毛髮，或者互相幫忙。於是，人類的想像力也不免在這種習慣行為上大作文章。中世紀時期有一種迷信，顯然源自於梳頭時產生的靜電火光。當時認為巫婆或甚至所有女人，都對風暴具有影響力，能夠藉由梳頭招來閃電以及冰雹。古羅馬時代，有些人認為理髮時機不當會導致天候擾動，因此都等到風暴實際來臨才一窩蜂湧去理髮。在月亮圓虧的某個時候，一天當中的特定時間點，一年中的三月，或者星期日都曾經是禁止理髮的時間。

巫婆唸咒的時候只要甩動頭髮，就可增加威力。所幸，受害者也可以從頭髮獲得幫助。如果覺得自己遭人下咒，只要剪下自己的頭髮丟進火裡，即可讓施咒者反遭灼傷。另外一項迷信則是認為，一個人如果把頭髮丟進火裡，火燒得愈旺，表示壽命愈長。印度的俾爾族人過去破解咒語的方式，是剪下一束頭髮埋在土裡。居住在澳洲北部巴瑟斯特島上的提維族人，則認為剛死去的人非常寂寞，滿心想把在世的親人一起帶進墳墓，而這些死者的親人自知身處在「靈魂險境」裡，因此採取偽裝，除了彩繪身體之外，還把頭髮剪下來燒掉。德國有一種迷信，認為只要把一袋直髮綁在肚子上三天，即可知道自己有沒有遭人下咒。如果袋裡的頭髮在三天之後沒有糾結成一團，就表示自己安全無虞。

一九四六年，桑莫斯在《巫術與黑魔法》一書裡敘述了一九二九年發生在賓州的勒梅爾謀殺案。勒梅爾在當地人眼中是個黑魔法巫師，當時據說有一個赫氏家族遭他下咒。其中有幾個人聽說唯一的反制方式就是回咒，於是為了取得施咒所需的材料，便下手強奪勒梅爾的頭髮。勒梅爾堅決不從，結果在扭打之中遭到殺害。

保存剪下的髮絲的理由還不只這些。一八六〇年代，都柏林一名觀察家寫道：「下層社會人士認為……人髮不能燒，只能埋，因為將來到了復活日，以前頭髮的主人將會回來找自己的頭髮。」蘇格蘭人類學家傅雷哲在他的大部頭著作《金枝》當中，描述了一座愛爾蘭村莊裡老年婦女所抱持的迷信：「她們從聖經當中得知每個人頭上的每根頭髮都受到神的詳細記錄，因此認為自己在審判日必須能夠交代每根頭髮的去向。為了這個目的，她們於是把剪下的頭髮都塞在自家的茅草屋頂裡。」

史學家認為，東方世界現存許多信奉頭髮神力的迷信，都是源自西元前五世紀的祆教經典《驅魔經》。創造世界的至高之神瑪茲達，在這部經典當中指示先知查拉圖斯特拉如何處置身體的廢棄物。這位神告訴他，剪下的指甲與頭髮都必須和教徒距離至少十步，距火至少二十步，距水至少三十步，和「巴爾薩姆」這種神聖的枝條距離五十步。接下來的指示，其詳細程度更是近乎荒謬：

你必須挖一個洞，在硬土上挖十個指頭深，軟土則挖十二個指頭深；把頭髮放進洞裡，然後大聲唸出以下這段打擊魔鬼的話語：「瑪茲達的仁慈讓植物生長。」唸完以後，必須用金屬刀刃在洞的周圍劃出三道溝，或者六道，或者九道，接著再唸誦阿胡那・瓦伊亞三遍，或者六遍，或者九遍。

阿胡那・瓦伊亞是祆教徒最常唸誦的祈禱文，大概等同於基督教的主禱文。指甲則需要另外採取不同的儀式。頭髮和指甲，再加上身體的另外一項重要產物——血液，古埃及人以這三者調製成藥劑，讓人無法抵抗巫師的法力。此外，埃及婦女喪偶之後，也會把自己的一束頭髮和丈夫的屍身埋在一起，表示自己在死後世界仍然忠貞。

參孫的頭髮

我承認有些聖經故事確實超越詩人的寓言，在吹毛求疵的讀者眼中看來，有如高康大或貝維斯❷的故事一樣。不論是過去所有的傳說，還是當今的離奇故事，都沒有一則比得上參孫的故事……

——布朗爵士

大力士參孫這則情節簡單的英雄故事，最能展現頭髮的神奇特質。由於聖經《士師記》的筆調嚴肅莊重，因此這則故事便顯得特別突出。這位大力士的冒險故事，和其他的古代傳說頗為相似，包括蘇美人的傳奇英雄吉爾伽美什，還有希臘神話英雄赫丘利斯。這三人都是太陽神類的人物。與太陽有關的神祇都有一項必備的特徵，就是頭上飄揚的髮絲，有如太陽的光芒一樣。剪掉男人的頭髮，就等於剪掉他髮絲裡的太陽能量，因此也就奪走了他的男性活力。參孫的故事也帶有藍波電影那種任性竄改史實的心態——創造一位英雄來扭轉歷史，重拾尊嚴。

故事一開始，一位天使向瑪挪亞的妻子顯靈，並且宣稱道：「向來你不懷孕，不生育，如今你必懷孕生一個兒子。」他接著提出幾條產前守則，包括不能吃不潔淨的食物，同時也和今天的孕婦一樣不得飲酒。然後天使又指出，她生下兒子之後，「不可用剃頭刀剃他的頭，因為這孩子一出生就歸神作拿細耳人」。我們從頭到尾不知道參孫的媽媽叫什麼名字。

拿細耳人自成一個宗派，名稱源自希伯來文的「**nazir**」一詞，意指「奉獻」或者「全心致志」，以禁慾和離俗證明自己對上帝的忠心侍奉。大多數人都是自願選擇扮演這樣的角色，少數人則是一出生就受到天使的命令。拿細耳人通常也只是個暫時性的身分，有時候甚至可能才三十天而已。聖經當中只有三個人物終生都是拿細耳人，分別為施洗者約翰、士師暨先知撒母耳，以

❷譯註：高康大是法國文藝復興作家拉伯雷筆下的巨人，貝維斯則是英國古代民間傳奇英雄，兩者的故事皆以誇張離奇著稱。

及參孫。

除了天使所提的守則之外，還有其他限制。舉例來說，不只母親需要禁酒。在《民數記》當中，上帝透過摩西提出告誡，如果想要成為拿細耳人，不但不能喝酒，連其他各種葡萄製品也都不得食用。拿細耳人最顯而易見的信仰表現，就是身上毛髮叢生的模樣，而參孫的故事也就是由此而來。由於參孫一出生就是拿細耳人，因此沒有機會經歷首次理髮這項重要的家庭儀式。等他成年後在不知情的狀況下首次遭人剪髮，也沒有慈愛的父母在一旁觀看了。

在聖經中，描寫參孫頭髮的文句（《民數記》第六章第五節）直截了當：

在他一切許願離俗的日子，不可用剃頭刀剃頭，要由髮綹長長了。他要聖潔，直到離俗歸耶和華的日子滿了❸。

參孫是個粗魯無文的殺人狂，而且對於他天生繼受的誓約不屑一顧，因此有些學者認為他不可能是真正的拿細耳人。他唯一遵守的誓約，就是不剪頭髮。參孫顯然把這項外貌特徵視為唯一一項無可逃避的誓約——而且他認為，既然他的行為不論多麼殘暴荒唐，上帝都還是賦予超自然的力量，可見他的想法一定沒錯。

❸譯註：本書有關聖經之引文，皆採「和合本聖經」。

接下來，我們要跳過幾千年，直接來到一九四九年。迪米爾經過二十多年的時間執導及製作各種類型的電影之後，終於再次回歸他最鍾愛的題材，也就是充斥性與暴力的聖經。他先前早已藉著聖經名義拍過許多極度俗濫的電影，包括《萬王之王》、《羅宮春色》，以及《十誡》的第一個版本。然後，他又為自己的電影生涯添加了一部作品，他稱之為「有史以來最偉大的愛情故事」的《霸王妖姬》。這部影片由馬丘飾演劫數難逃的大力士，並由拉瑪飾演背叛他的非利士豔婦。馬丘體型壯碩，但還比不上阿諾・史瓦辛格。影史上，男主角胸部比女主角大的片子並不多見，《霸王妖姬》就是其中一部。這點其實不重要，因為聖經也沒有描寫參孫的體格。神奇的是，他的超人力量不是來自於每天鍛練，而是來自頭髮。若要強調這一點，新版也許可以由伍迪・艾倫蓄長髮演出。

好萊塢的道德審查會雖然譴責迪米爾「把參孫與大利拉描繪成一對道德淪喪的愛侶，卻又把這部影片宣傳為宗教電影」，但是迪米爾其實很忠於原著。聖經裡的這對愛侶可不是理想家庭的模範。電影裡，參孫對大利拉始亂終棄，轉而追求另外一名女子，在大利拉口中，這名女子只是個「乳白色臉龐的但族嬌嬌女」。濃妝豔抹的大利拉不甘受辱，於是立誓報仇。後來，她使盡媚功套問參孫神力的來源。

她嬌嗔輕問：「你是在食物裡摻了什麼草藥，還是在身上搽了什麼神油？」

她三度懇求他告知真相，他三度扯謊敷衍。最後才終於如實透露自己的力量來自上帝，也就是禁絕偶像並且被非利士人諱稱為「看不見的神」的那位上帝。參孫以比喻的方式指出，獅子和駿馬的鬃毛象徵了牠們的力量，就像公羊身上的毛，還有老鷹的兩根「主要羽毛」。

這時候，大利拉終於恍然大悟，於是伸手摸了摸他的頭髮：「原來這就是你力量的標記。如果把頭髮剃掉的話……」

「我就會像一般人一樣虛弱無力。」

由於這部電影的劇作家是二十世紀的產物，不是西元前十世紀的人物，因此片中的大利拉便以不可置信的口吻問道：「你真的相信，這個上帝賦予神力的管道是透過你的頭髮？」

為了確認參孫所說的究竟是不是真話，大利拉就在參孫的飲料裡下藥。等他昏過去之後，大利拉便拿身上的刀子割下他的頭髮（在聖經的原版故事當中，大利拉「叫了一個人來剃除他頭上的七條髮綹」），這個舉動等於是把克利頓石丟到超人身上❹。參孫頂著一個平頭醒來之後，已經毫無力量反抗那些等著制服他的非利士人。他絕望之餘大聲嘶吼道：「用你們的矛刺死我吧！神的護盾已經離我而去了。」但那些士兵沒有殺他，而是用一把燒紅的劍燙瞎他的雙眼。

在整部影片當中，參孫的頭髮不斷愈留愈長。不過，以前他不論是在女人堆裡打滾，還是拿著驢子的顎骨狂打濫殺，顯然都不曾忘記刮鬍子。只有等到他雙眼失明，被人綁在石磨上之後，才開始蓄起拿細耳人必備的鬍鬚。我們知道參孫雙眼失明，因為迪米爾讓他閉著眼睛，露出黑色眼影。他在黑暗無光的世界裡一天天推著石磨，遭受旁觀者的訕笑，頭髮也一天天慢慢變長。最

---

❹譯註：在超人的故事裡，克利頓石（kryptonite）是一種外星礦石，是超人的剋星。

後，終於演到了故事的重點：參孫發現自己隨著頭髮變長而恢復了神力。他外表仍然裝出一副虛弱的模樣，等到非利士人把他帶到異教神廟——大袞廟去供他們取樂的時候，他才展現出昔日的力量，在巨大神像下一舉復仇。神廟的牆壁碎裂崩塌，壓死電影裡的眾多惡人，同時也壓死了大利拉，還有這位浪子回頭的拿細耳人自己。

按照聖經裡那種血債血還的邏輯，參孫拉著這麼多人和他一起送死之後，在上帝眼中也就獲得了原諒。片中最後，臉龐仍是乳白色的米利暗說道：「他的事蹟將會流傳千年。」她低估了參孫的重要性。到了迪米爾利用參孫的故事謀利之際，這項傳說已經流傳了三千年之久。直到今日，這則故事仍然是最著名的頭髮寓言。

一種形上手術

參孫的故事講的是頭髮的力量——以及頭髮因為本身的韌性而衍生出來的神奇魔力與宗教能量。不過，頭髮在象徵上的重要性並沒有隨著參孫死在大袞廟中而消失，直到今天仍然歷久不衰。就連拿細耳人的信條也還是存在。今天世界上只有一種民族還嚴格遵循傳統的拿細耳生活方式，也就是非洲人稱為「猶太佬」的衣索比亞猶太黑人。不過，關係相近的塔法里教也可一路追溯到參孫的時代。

塔法里教的英文名稱為「Rastafarian」，其中的「Ras」代表一種頭銜，意指「親王」。該教尊為救世主的塔法里在一八九二年生於衣索比亞，一九三〇年登基為王之後改名塞拉西。就在前一年，全球黑人促進協會會長賈維才剛提出預測，聲稱衣索比亞不久之後會出現一位領袖。衣索比亞源遠流長的歷史在非洲國家裡數一數二，其政府聲稱自身的根源可追溯到西元前十一世紀的孟尼里克一世，據說是席巴女王和所羅門王的兒子。相信這種說法的人認為塔法里親王是這對多采多姿的夫妻的直裔後代。這樣的系譜正好符合舊約聖經當中的許諾，也就是在時機成熟之後，大衛家族會出現一位救世主。塔法里教和聖經的關係矛盾曖昧，例如他們認為希伯來人的奴役時期，是黑人種族歷史遭到刻意扭曲的結果；不過，他們卻又把拿細耳傳統當作蓄留「驚人」的長髮綹（Dreadlocks，簡稱驚綹）的神聖理由。

一團團長而亂的髮綹是視覺效果非常強烈的一種髮型。這種狂野的長髮雖然已經不像當初剛出現的時候具有那麼濃厚的政治意涵，但是有許多人仍然把這種髮型視為政治團結與民族光榮的象徵。塔法里教和基督教一樣，都是受壓迫的民族所產生的夢想。塔法里教一樣許諾解脫信徒的苦難，亦即在太平盛世來臨的時候讓他們回歸「錫安」（衣索比亞）；此外，也允許使用大麻當做一種啟發靈性的神聖工具，並且讓信徒獲得群體認同，其招牌髮型就是一個鮮明的例子。

長髮綹不是牙買加本土的產物，而是塔法里教徒由外地引進的髮型。一九五〇年代初期，肯亞當地有許多白人都非常反對廢除英國殖民政府。原住民基庫尤人於是發起抗暴游擊運動，也就是所謂的茅茅運動。土地自由軍的士兵蓄著編辮長髮的照片流傳甚廣，甚至傳到了塔法里教的宣傳喉舌《非洲觀點》。牙買加島自從在一四九四年被哥倫布「發現」之後，直到一九六二年獨立之前，牙買加人所受到的壓迫向來沒有改變。因此，牙買加人對其非洲本源所表現出來的認同態度，使掌權當局深感戒懼。塔法里教徒採用這種引人注目的非洲髮型當做抗爭的標記。當時的牙買加和世界上其他地區一樣，非裔人士都要求子女把頭髮梳直或用其他方式整理頭髮，以便淡化種族色彩。有些年輕人如果不聽話，父母就會罵他們是「野孩子」。黑白混血兒如果天生擁有直髮——有時候又稱為所謂的「好頭髮」——在一般人眼中就屬於幸運的一群。由於塔法里教徒的髮型讓政治對手覺得惴惴不安，因此才會稱為「驚」綹。塔法里教徒把驚綹正式採用為政治團結的象徵之後，反抗陣營於是出現了一個新的俚語詞彙：「野驚綹」。

和過去一樣，頭髮的象徵力量不只蓄髮的人自己知道，他們的敵人也一樣有所認知。一九六〇年代晚期，牙買加警方逮捕塔法里教徒的時候，都會採取一種象徵性的馴服舉動，也就是剪掉他們狂野的長髮。雖然流氓和其他不良份子也蓄留驚綹，以致模糊了這種髮型的政治與宗教象徵意涵，但是這種髮型的普及程度仍舊不斷提升。後來，這種髮型也和一九七〇年代蓬勃發展的黑人意識運動產生關聯。不過，驚綹真正獲得普遍接受，則是像馬利這些雷鬼樂手開始蓄留這種髮型以後的事情。到了一九七〇年代初，有些塔法里教徒已經開始把不留這種髮型的人稱為「光頭佬」，過了一段時間之後，這個字眼便成為所有非塔法里教徒的代名詞。

一如大多數的宗教觀念，塔法里教徒重視長髮的意涵，也隨著每個人的詮釋而有所不同。一九八〇年代初期，英國雷鬼樂團先驅「鐵石脈博」的團長罕茲，在台上表演總是戴著一頂圓頂硬禮帽。等到他的頭髮逐漸定形成和帽子相同的形狀之後，他便決定讓頭髮繼續向上生長。不久以後，他頭上的長髮綹於是形成有如樹根的模樣。這種奇特髮型吸引了許多人的注意，但是罕茲堅決表示自己的髮型不只是一種宣傳手法，他說：「我的頭髮代表我對塔法里教的虔誠信仰……我的頭髮具有宗教和文化意涵，不是時尚流行。」

不久之後，驚綹便因為受到雷鬼樂手的採用而廣為風行，不再只限於塔法里教徒，甚至也不只限於黑人。漸漸也有白人公開蓄留這種髮型。一九八二年，倫敦一家名為「天線」的時髦髮廊宣布推出「短尾髮型，又稱白人的驚綹」。文化俱樂部樂團主唱喬治男孩曾經短暫蓄留過某種類似的髮型。一九八〇年代初期，他向一家音樂雜誌的記者說明自己為何頭蓄塔法里教徒的髮型，胸前卻又佩戴猶太教與猶太文化的標誌——大衛之星。他說：「我完全不信教，我只是覺得驚綹好看，而且大衛之星也是個漂亮的標誌……基本上，我這樣打扮只是為了惹毛別人。」喬治男孩確實惹毛了不少人，但主要是因為他不男不女的外表，而不是他的髮型。不過，他也造成不小的影響。

不論是趕流行者還是牙買加人，這種髮型對他們來說還是有一項實用之處。「天線」的老闆指出：「這麼一來，隔天必須洗頭、梳頭的規矩，就可拋到腦後了。」現在，驚綹在非裔人士當中已是常見的髮型，不論男女都一樣，而且在白人身上也不算罕見，就連有些距離非洲極為遙遠的國家也是如此。

除了塔法里教徒以外，也有其他人反對用各種痛苦的手段掩飾自己天生的捲髮。在美國作家哈里為黑人領袖麥爾坎・艾克斯所寫的「自傳」當中，麥爾坎講述了一次理髮的經驗，他認為這是他人生的一個里程碑，那時候他還沒皈依伊斯蘭教，也還沒改名為「法王」。一九四〇年代初，他剛從內布拉斯加州歐馬哈市來到波士頓，名字還叫麥爾坎・里托。他的一個朋友帶他去訂做佐特服之後，又帶他接受了生平第一次的「炕剋」（Conk）。

為了省錢，麥爾坎自己準備了所有的材料，包括雞蛋、馬鈴薯、香皂、橡膠水管、蓮蓬頭、橡膠手套、圍裙、一罐凡士林，還有一瓶鹼液。藥房的店員對這種做法非常熟悉，於是問他：「打算來個炕剋嗎？」麥爾坎咧嘴一笑，以充滿自豪的口氣答道：「沒錯！」但是等到實際做的時候，他卻一點也笑不出來。所有材料放在一夸脫的罐子裡混合均勻之後，便形成一團像果醬的黃色「黏糊」。因為加了鹼液，所以罐子摸起來頗為燙手。一個朋友警告他說，這團黏糊倒在頭上之後，頭皮會覺得燒燙無比，但是「你撐得愈久，頭髮就會愈直」。結果真的是劇痛至極。結束之後，麥爾坎的髮色雖然沒有改變，卻變成「這頭濃密滑順，閃亮耀眼的紅髮……和白人的頭髮一樣直」。

這樣看來，「炕剋」一詞可能衍生自「congolese」這個字眼，意指一種讓捲髮變直的藥劑，由剛果一種樹木的樹脂製成。一九二〇年代期間，美國黑人很流行用這種方式燙直頭髮，好讓自己看起來不那麼「像黑人」，以便融入白人社會。多年後，麥爾坎提到自己首次接受炕剋的經驗：「這是我邁向自辱的第一步：我不惜忍受痛楚，用鹼液燒燙自己的頭皮，只為了把我天生的髮質變軟，弄成像白人的頭髮一樣。」信奉伊斯蘭教之後，他便揚棄了這種髮型，而把頭髮剃成平頭。他不斷譴責炕剅風行的現象，以及黑人女性戴金色假髮這種貶抑黑人地位的做法，另一方面則對薛尼・鮑迪以及萊諾・漢普頓等藝人表示崇敬，因為他們敢於展現自己與生俱來的頭髮。不過，仍有許多人不敢抗拒時尚潮流而接受炕剅——其中包括一名風格獨特的狂野藝人，名為理查・彭尼曼，人稱小理查。後來，隨著非洲爆炸頭之類的髮型在一九六〇年代後期成為黑人彰顯種族自尊的標誌，炕剅於是變成一種走回頭路的行為，代表對白人社會的屈從，最後終於消逝無蹤。不過，今天有許多黑人女性還是把頭髮燙直，包括名模黑珍珠以及女星荷莉・貝瑞這類頗具影響力的人物。

麥爾坎・艾克斯首次接受炕剅，後來又揚棄這種髮型，就像參孫當初遭到大利拉剪髮，以及後來塔法里教徒承繼拿細耳人的傳統一樣，在在證明了西班牙小說家柯達薩所說：「理髮是一種形上手術。」

掉髮的禮儀

只要談到女人的頭髮，男人就忍不住用各種誇大的方式渲染一番。不過，有些詩詞的誇大比喻實在達不到應有的效果。美國詩人朗費羅在〈奧拉夫王〉一詩裡所用的古怪意象就是個例子：

即便十頭牛合力拉縴，

也比不上女人的頭髮

能夠輕易扯動我們的心弦。

十七世紀的英國作家荷威爾也在一六二一年的一封信裡，用過幾乎一模一樣的比喻：「女人一根頭髮的吸引力，強過幾百頭牛的拉力。」這種比喻聽起來像是在廣告女性頭髮的韌性。英國詩人波普也表達過類似的感想，但是沒有扯上牲畜：「莊嚴的男性在秀麗長髮的魅惑下束手就擒/美貌用一根髮絲就拉住了我們的心。」美國作曲家佛斯特的一首歌曲，也喚出同樣彆扭的意象：「我夢見珍妮和她淡褐色的髮/像水汽在柔和的夏日空氣中飄揚飛蕩。」飄揚飛蕩的到底是珍妮還是她的頭髮？不過，無論詩歌裡如何誇張描寫，一般人心目中認為美麗的頭髮，都是一整束長在頭上的濃密秀髮。不知道為什麼，單獨一根頭髮看起來總是惹人嫌惡。

美國生態學家李奧波德曾經寫道，松樹之所以贏得「常青」的美名，原因是松樹更換葉片採用交錯的方式。常青植物的針葉不會同時枯萎脫落，而是一面掉落枯葉，一面生長新葉。如此一來，就不像落葉植物會出現光禿禿的現象。人類頭髮也是採用同樣的技倆；我們的頭皮如果沒有不斷長出新頭髮以替換脫落的舊髮，每個人就都不免禿頭。「脫落」（deciduous）意指在生長到某個階段即告掉落的現象，鹿角或甚至昆蟲的翅膀都會出現這種情形。也許我們也該把這個字眼用在人類身上。我們和貓、狗一樣，也會掉毛。我們每天平均掉五十到一百根頭髮，梳頭這類舉動更會增加掉髮的速率。我們如果和其他哺乳類動物一樣，具有毛髮同時循環生長的特徵，那麼我們就會定期掉落成堆的毛髮。果真如此，天知道人類會發展出什麼奇特古怪的頭髮神話。

有時候，我們的毛髮也會脫落在不恰當的地方。配偶衣服上一根來路不明的頭髮，就和衣領上的唇印一樣足以揭發姦情。歹徒也常常因為毛髮掉落在犯罪現場而遭到定罪，尤其現在DNA檢測的準確性愈來愈高，這種情形也就愈來愈常見。禮儀專家波斯特在她一九九二年版的《禮節》一書裡，就教導了讀者該如何處置意外發現的髮絲。她首先坦承嗆到骨頭的時候沒有什麼規則可遵循，甚至認為在這種緊急狀況下應當暫時把禮節拋諸腦後。然後，她便接著提出在食物裡發現異物的處理方式。最理想的狀況是直接把異物取出，然後繼續進食。不過，「如果是令你反胃的物品（例如有很多人覺得頭髮讓人作嘔），那麼只要不吃那道菜就好，不要在女主人的家中令她難堪」。接著她又安慰我們說，如果是在餐廳裡面，私下告知服務生絕對是恰當的做法。從生活禮儀到「頭髮不順」，頭髮這種自然力量的古老象徵已然淪落為社交生活裡的枝微末節，由此可見我們對自己的看法變得多麼平凡無奇。

2 面對面

我是家族傳承的面孔；
肉身消亡，但我存續不絕，
帶著相同的特徵與顏容，
世世代代傳遞承接，
並且四處散布，
不致遺忘湮滅。
長年傳承的特徵，
包括輪廓、聲音、雙眼，
可超越人類壽命
延續不斷——這就是我的貢獻；
我是人身上永恆的特點，
不隨肉體死亡長眠。

——哈代，〈遺傳〉

家族面孔

我們的毛髮充滿獸性，而頭髮底下的臉龐也同樣如此。我們的臉部和其他動物一樣，都布滿了精密複雜的資訊蒐集配備，包括一對儀器用於偵測可見電磁波，一對設備用於接收聲波，一具器材透過兩個孔洞分析空氣中漂浮的微粒，還有一個處理器，用於檢測物品的可食性，並且負責食物的初步消化。最後這個處理器甚至還可兼任主要的溝通工具。

這些高科技器材沒有什麼獨特之處，一般動物的身體構造都是把偵測器材集中在身體的控制中心周圍。不過，我們這個族群——包括人類和其他靈長類近親——卻在這種制式構造上產生了微妙的變化。誠如莫里斯所言，人類身上兼具保護功能和隱喻意義的毛髮，大多數早已脫落消失。我們現在已經幾乎赤裸無毛。不過，脫除臉部毛髮的物種倒是不只限於人類。大多數高等靈長類動物臉部的毛髮都分布在臉龐周圍，和我們的狀況差不多——或多或少延伸到眉部以下，繞過耳朵，沿著兩頰往下生長，形成鬍鬚。東非的黑顎長尾猴在黑黑的小臉兩旁有灰白色的鬢角。珍・古德在岡貝研究的其中一隻黑猩猩因為鬍鬚濃密，而得了個「大衛灰鬍子」的暱稱。年齡較大的紅毛猩猩通常看起來像是留了鬍子的聖哲，而且牠們也常擺出彌勒佛的坐姿。在進化尺度上再下降一級，則有許多名稱奇特的靈長類動物，包括懶猴、金熊猴，以及指猴，而這些動物也回歸到哺乳類動物的典型臉孔，臉上的毛髮和身體其他部位一樣多，只有在我們的最近親身上，才能看到赤裸無毛的面龐。

臉部無毛具有一項實益，就是臉上的資訊蒐集工具也可以充分發揮廣播功能——廣播各種表情。這項適應發展非常合乎演化的需求。猿類是社會階級最錯綜複雜的動物（和人類極度相像），因此牠們需要用各種細微的臉部表情傳達細膩的情緒變化。高等靈長類是群居的雜食性動物，而且通常具有暴力傾向。我們比獨居的草食性動物更需要察知身旁同伴的內心想法。我們互相觀察彼此的臉部，以了解自己能夠信任哪些對象，敬畏哪些對象，何時應該警覺，對方是否需要撫慰關懷，甚至藉此確認對方身分——靈長類動物忙碌的社會，隨時都必須靠這些繁雜的社交信息所維繫。

由於猿類臉部毛髮不多，所以《決戰猩球》這部電影當中由人飾演的猩猩看起來才會如此逼真。在一九六八年的原版影片裡，演員只是戴著猩猩面具；在二〇〇一年提姆・波頓重拍的新版當中，效果更是逼真許多。看看這兩部片裡那些英勇猩猩的細膩演技（細膩程度至少不遜於主角卻爾登・希斯頓），相較之下，《星際大戰》片中臉部滿是長毛的秋巴卡就只有兩三種表情。赤裸無毛的臉部能夠做出多少種不同活動方式，由印度一種舞蹈的細膩動作上即可窺得大概。據說眼睛有三十六種活動方式，光是眼瞼就有九種；頭部有十三種偏斜方式，脖子的活動也有九種。臉頰、下唇、鼻子各有六種活動方式；下巴比較靈活，有七種活動方式。靈長類動物的臉上有許多變化，人類的臉部尤其如此，所以我們也花很多時間觀察彼此臉上的各種表情。電影導演曼德斯指出：「我們對人臉永遠看不膩，電影裡面最好的效果就是特寫。」

大多數人對自己幼童時期和成年之後的臉部改變之大，都深感驚奇。不過，我們要是看到自己的臉部在娘胎裡面的變化，一定更要訝異不已。由於頭部除了裝有大腦，還是主要感官的聚集地，所以頭部是胚胎當中最早成形的部位。到了出生之際，人的頭部也比身體其他部位的發展程度都還要完整，所以身體的發育才會按照從頭到腳的順序進行。精蟲與卵子一旦結合之後，子宮裡的活動就開始活躍起來。受孕一個月之後，胚胎雖然還看不出臉部的模樣，可是頭部前方已經有開始發展的趨勢。後來演變成鼻孔的部位，現在看起來只是一團組織上的兩個小凹痕，整個胚胎就像是雕塑初步階段的粗胚。再過一週之後，一般人只要稍微用點想像力，就可看出胚胎的臉部逐漸成形。這時候，一個看來像是卡通人物的扁鼻子，已經移到了臉的下半部中央。兩隻還未發育完成的眼睛，則各自盤據在頭部的兩側邊緣。

不久之後，這團細胞便在神秘的變化下逐漸形成臉孔。到了受孕後八週，胎兒已有初步的人形；鼻子看起來像鼻子，模樣詭異的眼睛也逐漸向鼻子靠攏，甚至眼瞼也已經出現。鼻子底下不但有嘴巴，而且上下唇也明顯可見。耳朵則出現在頭部兩側，位置和嘴巴同高，甚至更低，但是臉頰倒是出現在正確的位置上。奇怪的是，這時候仍然額大下巴小的臉部，看起來就像中美洲奧爾梅克人石雕上的扁平臉孔——只是少了頭飾而已（一名人類學家認為這些雕像可能就是代表人類胎兒）。受孕五個月以後，肚裡發育的胎兒已經可以明確看出是個人了。嘴巴還很小，眉毛只有一點細微的痕跡，耳朵也只依稀可見，但是臉部已經具備了出生時的基本雛形和比例。經過各種藝術性的平行發展，胎兒現在看起來已經像是舒茲早期在《花生米》漫畫中所畫的圓頭人物。

等到嬰兒出生之後，頭部除了因為通過狹窄的產道而遭到擠壓變形以外，和身體其他部位也完全不成比例。眼睛這時候已有成熟之時的三分之二大，在臉上看起來更是極度之大。在青春期以前，新生兒與成人之間最大的變化，就是臉部其他部位按照比例逐漸追上眼睛早熟的大小。由於這個原因，洋娃娃只要有一顆大頭和兩隻大眼睛，看起來就是年幼可愛的模樣，足以引發大多數人內心原始的關懷本能。在一九七〇年代的論文〈從生物學的角度向米老鼠致敬〉當中，古爾德記述了早期迪士尼卡通影片裡那隻瘦巴巴的淘氣鬼，怎麼演變成後來這個圓圓胖胖，在迪士尼樂園裡散播歡樂的可愛人物。古爾德以圖表顯示米老鼠的頭怎麼愈變愈圓，比例上如何變得比身體其他部位還大，眼睛的比例更是大得出奇——另外還增加了袖子、手套，以及寬鬆的褲子，使他的整體形象看起來更加年輕。米老鼠後來不再是笑聲不斷的搗蛋鬼，而轉化成為個性溫和，嗓音尖銳的叔叔，總是其他角色作弄的對象，於是不論大人小孩都愛上了他。他自此正式成為惹人疼愛的卡通人物。古爾德這篇論文並不是毫無意義的學術八股。嬰兒臉部的比例影響我們對於可愛的概念，我們也是因為這個原因才會喜歡大眼大頭的小狗、小貓，以及黑猩猩這類動物。此外，我們認為兒童「應有」的模樣也符合這種比例。社會學家一再發現，臉部五官看起來比較成熟的兒童，總是比較容易成為虐童行為的受害者。

多虧自然力量不厭其煩，慢工打造，你家中相框裡的照片看起來才會是那個模樣。早在哈代寫了本章開頭所引用的那首詩之前，莎士比亞就在十四行詩裡使用過同樣的概念，把臉孔視為傳家之寶。他在第三首十四行詩的開頭寫道：「照照鏡子，告訴你看到的那張臉／現在時間已到，該把那臉另換一張。」❶他接著問道，有什麼人會如此自戀，以致「心甘情願地斷子絕孫」？最後，他才提出他的論點：「但是你若虛度一生，只願死後被人忘記／那麼就獨身一世，讓你和你的蹤影一同死去。」這項論證非常具有說服力。當了父母的人，如果聽到別人說「她的眼睛像你」，一定都會露出驕傲的微笑。所有父母一定都曾經看著子女的臉龐，心裡想著：我們怎麼會創造出你呢？

家族面孔是演化的典型例證，也是最鮮明的象徵。每個人的臉都結合了父親與母親的特徵，一方面在家族基本的形貌上產生無可預測的變化，同時也以細微的方式強化或削減家族傳承下來的面孔特色。面孔的相似也不只能夠追溯到曾祖父母的黑白相片。我們百看不厭的臉孔還帶有過去演化的痕跡，記錄了我們從脊椎動物、哺乳類動物，乃至靈長類動物的發展歷程。套用普魯斯特的話，人類的基因遺傳，小自家族，大至整個物種，就像是「無形的雕刻師，在每一世代身上雕刻同樣的作品」。臉孔是辨識標誌與廣播媒介，處於過去與未來、自然與文化，以及身體與心靈的交會點，而這個交會點，就是我們平常漫不經心地稱為「個人」的東西。

火星上的人面

我們都是象徵，也生活在象徵當中。

——愛默生

我們環顧周遭，看到的都是人類同胞赤裸無毛的類人猿面孔，但是我們也經常注意到類似人臉的圖案——不論是在雲朵中，地毯上，斑駁的樹幹表面，還是纏繞的電線裡。這些臉孔圖案無所不在，到處窺視著我們，但是我們通常不會在意，因為這種幻象不僅隨處可見，而且也沒有什麼不良影響。一七一八年，法國顯微鏡學家約伯樂描述自己觀察到一隻看起來如同人臉的阿米巴原蟲，就像戴著「古怪頭飾」的「完美面具」。不過，他也提到這隻阿米巴原蟲還有一條尾巴和六條腿。美國畫家胡德曾經撰文描寫一家汽車旅館，「房中木材鑲板上彎曲迴旋的紋路，在這片仿木板上的假節孔裡形成幾十個臉孔圖案。我還記得另外一家旅社，廁所馬桶前方有一塊油地毯，坐在馬桶上的時候，地毯上的紋路看起來就像一張臉」。

一九七六年七月，美國太空總署維京一號太空船進入火星軌道，近距離拍攝這顆紅色行星表面的特寫照片，傳回地球。這些照片大多數都合乎天文學家的預期，呈現出一片和美國西南部相似的乾燥地面。有幾張照片上散亂的石塊和崩裂的山丘，要不是上頭沒有長出山艾樹，也沒有來來去去的卡車，其實和美國西南部的地貌根本難以辨別。不過，編號〇三五A七二那張照片上所呈現出來的影像，卻讓我們的大腦一看就忍不住要做出錯誤的詮釋。那張照片拍的是賽東尼亞地區的一座平頂山，受到低角度的陽光側照。這樣的光線恰好在適當的地區形成陰影，看起來就像是眼睛，鼻側，還有嘴巴。這張「臉」的另一邊完全籠罩在陰影當中。在這個沒有身軀的頭顱周

❶譯註：書中引用莎士比亞的作品皆採用梁實秋的翻譯。

圍，環繞著像頭髮的形狀，也可能是某種頭飾。實際上，這片長達一點六公里的岩層看似一名沮喪的王子眺望著天空。在這張臉的旁邊，另有一個隕石碰撞所造成的大坑，看起來就像是神祇朝著這張臉砸了一個派，只是準頭偏了一點而沒有命中。

發現這張臉的人，是一個影像小組的成員，為了替維京二號尋找可能的降落地點，而無意間看到這張照片。他把這張看似人臉的照片拿給一名同事看，這名同事後來不經意地對記者說道：「光影造成的效果是不是很奇特呢？」大多數人都覺得這張照片頗為有趣，但是沒人認為值得報導。後來是美國太空總署自己發布這張照片，圖說上以幽默的語氣寫著：「火星上的人面？」不過，就像羅斯威爾那場原本一點也不重要的小事件，政府的報告卻在許多年後逐漸變成所謂的掩蓋行為，從此激發若干人士狂熱的想像力；這張火星上的人臉後來也成為飛碟迷幻想的對象。直到《世界新聞周刊》在一九八四年的一則報導裡特別提到這張火星臉譜之後，大眾才開始注意到這件事情。

不過，這張臉譜卻從此引來了各種匪夷所思的理論，其中許多完全沒有證據的說法也照樣流傳廣布。大多數的傳言都說這張臉譜是有智慧的生物刻意打造的。如果這張臉「明顯可見」是加工而成的產物，那究竟是誰花了這麼大的工夫？會不會是過去曾經興盛一時的火星文明——還是這個文明目前仍然存在，只是藏匿在地底而已？果真如此，那麼這些火星人就必然長得和地球人極端相似。又或者，會不會是來自其他太陽系的生物，利用火星當做現成的看板，而在上面雕刻了一張人臉？只可惜，這項理論的支持者從來沒有解釋過，外太空的生物為何要用我們這群星際鄉巴佬的相貌來挑釁我們。有些人更認為這項地標既然與人臉如此相似，可見是人類自己的作品。這樣是不是說我們的後代穿越時空，卻寧可到其他星球去玩沙子，而不肯告訴我們該如何遏阻臭氧層消失與物種滅絕等問題？

一九九八年，火星全球探勘者號又傳回另一張火星人面的照片，編號二二〇〇三，解析度比上一張照片提高十倍。這次這個地區沒有受到低角度陽光側照，因此看起來一點也不像人面。對於這個結果感到意外的人能不能請起立？自從一九九八年以來，還有其他解析度更高的照片，全都確切證明了這個小丘絕非加工建造而成，而且只有在特定方向的光源照射下，由特定角度觀看，才會產生像是人臉的錯覺。不過，傳言仍舊流傳不斷。霍格蘭這位異類觀星人，仍然一再提倡火星臉譜代表火星存在文明的觀念，也繼續販售他那本荒唐可笑的著作《火星上的遺跡：位於永恆邊際的城市》。

由這段事蹟可見，我們只要有稍微一點點的提示，就能夠想像自己看到了一張臉。火星上那張憂鬱王子的臉龐甚至也不是宇宙中唯一的天文臉孔。艾肯巴克的著作《外星人綁架：在廣大無垠的宇宙裡搜尋生命與真相的蹤跡》，不但妙趣橫生，又充滿深思。他在書中指出，火星上有一座火山，形狀看起來就像民主黨參議員泰德•甘迺迪。此外，在許多照片上都可看到，火星上哥尼火山口的地面也有一個歪著嘴笑，看來頗為邪惡的臉孔。

過去數十年來最老掉牙的笑臉符號竟然出現在太空中，這種現象看起來就像是有個快樂得無可救藥的瘋子，出租了他最龐大的標誌以倡導愚昧。這個笑臉和那張根本不存在的火星臉譜一樣，都是我們心理作用的結果。這個笑臉只由兩個點和一條彎曲的線條所組成，前者代表眼睛，後者代表嘴巴，簡單程度可謂達到了極致——也就是說，達到了大腦辨識能力的極致——其簡單程度甚至勝過格拉澤著名的「I♥NY」（我愛紐約）符號，後者除了圖像以外，還有賴於那幾個字母約定俗成的意義。

現在，黃色的笑臉符號已經不像過去那麼泛濫，但是我們的生活中還是有各種簡化的臉孔圖案。有一類臉孔圖案甚至獲得定名，稱為「表情符號」。大家都收過帶有表情符號的電子郵件，例如 :) 這個常見而且稍嫌做作的符號。這種表情符號的前後不能加上其他標點符號，否則就會破壞表情符號的圖案。我們隨隨便便都能夠看出臉孔的形狀，以致連個小小的標點符號也可以製造出臉部表情的幻覺。而且，就算表情符號是橫向的也沒有關係，我們還是看得懂。任何圖案只要和人臉有一丁點相似之處，我們的眼睛就會注意到。我們甚至只要把冒號改為分號，大腦就會認為這是個眨眼的圖案。真是荒謬到了底！

我們為什麼會在沒有臉孔的地方看見臉孔的模樣呢？因為我們經由演化的過程得知，察知其他人的臉孔——以及臉孔上的表情——是非常重要的事情。我們的大腦一天到晚不斷以飛快的速度執行這項任務，以致我們根本沒有注意到。想想看，大腦不時都在問著自己這些問題：熟人還是陌生人？朋友還是敵人？憤怒還是歡喜？我們必須知道這些問題的答案，而且必須盡早得知。那麼，我們究竟為什麼會在沒有臉孔的地方看見臉孔呢？原因是我們極度靈敏的辨識機制有時候會為了太急於達成任務而產生錯覺。大腦不願意等到資訊確切無誤才啟動，因為錯過一張真實存在的臉孔，比憑空想像出一張臉孔的後果還要嚴重，所以大腦總是先迫不及待地喊出：「看，那裡有一張臉！」經過一陣子之後，再悄悄說道：「抱歉，看錯了。」我們身體上對於各種刺激的反應，都有這種寧錯不漏的機制。掠食動物通常先攻擊再思考，至於詳細分析一切資訊之後再採取行動的動物，則都不免在不久之後絕跡。實際上，理性的其中一項任務，就是要發揮抑制的功能，遏阻這種本能的衝動，以免我們在文明社會當中做出不必要或甚至有害無益的原始反應。

他人的臉龐，人的渴望

眼睛和大腦不斷在周遭的世界裡尋找有意義的圖像。星座只不過是星球隨機排列的結果，剛好從地球上看起來像是隻天鵝飛行的十字形圖案，或者像是隻蠍子扭曲的身體而已。其中的相似度通常很低，但已足夠讓我們渴求圖像的大腦用來編造故事。不過，儘管大腦喜歡以這種象徵的方式處理資訊，但是我們到處看見臉孔的傾向卻是一種特殊的情形。神經生物學家麗絲・艾略特寫道：「新生兒非常容易受到臉孔的吸引，不論是真實的臉孔還是圖案。他們有限的辨識能力當中有許多需求，都可在臉孔當中獲得滿足。明亮的眼睛和陰暗的嘴巴形成鮮明的對比，髮線則為臉部畫出一條明顯的外部界線，有助於刺激嬰兒的周邊視覺。」只要了解新生兒的視力有多麼糟糕，便能更加感受到這種與生俱來的導引方式有多麼精妙。實驗一再證實，嬰兒在出生後一個小時內，對於臉孔圖案的反應──也就是轉動眼睛或甚至轉動頭部去觀看的行為──遠高於對其他任何圖案的反應。神經學家現在已經了解，大腦天生就對人類臉部形狀的辨識比較敏銳。不過，要在生活當中把這種與生俱來的傾向應用在個別的臉孔上，當然還是需要經驗。許多實驗都證實，我們辨識人臉比辨識黑猩猩的臉孔還要容易，而且黑猩猩大概也同樣有這種天生的偏好。此外，我們辨識同種族的人，也比辨識其他種族的成員來得容易。新生兒在一兩天內就可認得自己的父母，但是要認得其他人的臉孔卻可能需要好幾個月。因為到了這個時候，大腦皮質層才臻於成熟，於是嬰兒也才能完全辨識靜止不動的臉孔，而不只是他們天生所偏好的那種緩慢活動的臉孔。早在一九七二年，科學家就發現了猴子腦部皮質層中對臉部產生反應的部位。這個部位會產生一種電生理反應，和腦部其他許多功能一樣都能夠受到監控。這個部位的皮質層細胞對各種臉孔或者形似臉孔的圖像都會產生反應，對於其他不符合這種樣貌的圖像則置之不理。能夠了解我們身上這些原廠製造的硬體如何運作，當然是令人興奮的事情，但是如果想到實驗室裡的動物為了帶給我們這些知識而必須經歷的痛苦，也還是不免讓人沮喪。

腦部當中負責臉部辨識的部位劃分得如此明確，即可解釋為何有些成人看似正常，卻連自己的子女也認不得。為了描述這種悲慘的生理障礙，有人用了兩個希臘文詞彙——「prosopon」，意指臉部，以及「agnosia」，意指缺乏知識（赫胥黎也曾經用這個字根創出「agnostic」（不可知論）——結合而成「prosopagnosia」（臉形失認症）。麥克尼爾在《臉》一書中提到，有一個人和自己的物理治療師談話談到一半，體內突然發作毫無痛感的中風。他們兩人都沒發現任何異樣，後來這名病患才突然叫道：「醫生，我怎麼了？我竟然認不得你了！」案例顯示臉形失認症患者有可能連自己的配偶或者子女都認不得，有些病患甚至也無法辨識表情或者分辨性別。

屬於我們近親的靈長類動物雖然和我們一樣，也天生具備辨識臉孔的能力——其他動物也是一生下來就能夠辨認自己的同類——但是人類對臉孔的反應卻至少在一個面向上獨一無二：我們會用藝術作品描繪臉孔。在第一次世界大戰爆發之前，俄國科學家寇慈從一九一二年開始，花了三年的時間，觀察一隻名為「約尼」的幼黑猩猩畫畫。一開始，她先把約尼抱在腿上，鼓勵牠用鉛筆在紙上亂畫，後來又給了牠色筆。利用約尼和其他黑猩猩從事實驗之後，寇慈發現幼黑猩猩和人類兒童一樣，對形狀具有基本的認知。靈長類動物學家德瓦爾也指出：「黑猩猩的體格比人類兒童強壯，運動控制也比較良好。牠們畫的圖在我們看來強而有力，人類兒童畫的圖則看起來比較躊躇不決。」一九五〇年代，一隻名為「剛果」的黑猩猩所畫的作品不僅極為美麗，甚至還獲得展出。後來僧帽猴的畫作則顯示牠們的藝術天分比較沒有那麼高。

不論猿類還是猴類，都無法跨入具象藝術的境界。不過，人類兒童因為在很早的階段就開始畫具象性的圖畫，因此世界各地的兒童最早畫的圖像都是臉孔。莫里斯指出，人類和黑猩猩的幼兒接觸畫畫的程序大致相同，都會先在紙上隨意塗抹色彩，然後漸漸把筆畫集中在紙上的一個區域當中。有許多黑猩猩也會和人類一樣，進展到能夠畫出圓形或者橢圓形的圖案，甚至還可能把筆觸集中在圓形圖案裡面，但不久之後，這兩個物種的幼兒就走上完全不同的發展道路。人類幼兒後來一定會開始在圓形裡面畫上簡單的臉孔圖案，而幼黑猩猩雖然對顏色與結構具有基本的認識，卻永遠無法從抽象進展到具象，只能保持抽象表現主義的畫風。至於人類兒童，則從此以後終生不斷描繪、尋求大腦所渴望的對象——別人的臉龐，以及一道回應我們目光的眼神。梅洛龐蒂在《知覺的優越性》一書中寫道：「我活在對方的臉部表情裡，同時感覺到他也和我一樣。」我們渴求別人和我們目光相對，也許點個頭，甚至微笑，以這種無須言語的舉動宣告：「是的，我看見了你。我們都是人類，我們同在一起。」

3 機警的雙眼

實情是，坦然正視自己其實一點都不容易。

——卡爾維諾

肉體成為鏡子

我們忙碌不已的臉部確實配備了各種接收及廣播訊息的古老科技儀器。不過，我們的目光總是會先受到臉上某個部位所吸引——也就是眼睛。我們在人群中也許會偷瞄陌生人的雙手、衣服，或者頭髮，但我們總是避免四目相接，因為注視的力量太過強大。雙眼是臉部的主宰。我們一天到晚不斷在話語當中提到眼睛，自己卻無所知覺：

「我們的看法是否相同？」

「別擺眼色給我看。」

「好好看著她。」

「我看到你在瞄他。」

……

這些比喻性的說法，也準確表達了我們使用雙眼的方式。由於大腦對這兩個小器官極為依賴，因此把觀看的行為提升到隱喻的層次，從而造就許多更為複雜的象徵概念。在伊斯蘭教當中，絕對智慧的靈性核心稱為心眼。古代的蘇美人在祭壇周圍擺滿石膏塑像，塑像上有圓睜的大眼，代表崇拜者心中的敬畏。聖馬太把雙眼稱為「身上的燈」，並且告誡基督徒如果右眼使你犯罪，就要把它給挖出來。神聖聚會地點的建築物，圓頂上都有一個代表渴求靈性的「眼睛」。對於梭羅這位性情乖僻的異教徒來說，華爾騰湖就是上帝的眼。他的鄰居愛默生則把視覺象徵應用在另一個方向上，他在〈自然〉這篇文章裡寫道：「站在光禿禿的地面上……所有卑劣的自大心態都消逝無蹤。我成為一顆透明的眼球；我是虛空；我無所不見；普遍存有流過我；我是神不可或缺的一部分。」

即便是和眼睛有關的荒唐傳說，也反映出這個器官的重要性。在希臘神話裡，格賴埃這三名從來不曾年輕過的老女人，雖然聒噪不已，卻是三人共用一顆牙齒和一隻眼睛。儘管如此，她們竟然還必須負責守衛工作——實在是有如政府官僚體系的用人邏輯。她們必須保護她們的姐妹：戈耳工女妖。英雄珀耳修斯追殺梅杜莎這名戈耳工女妖的時候，格賴埃就使用她們共有的那隻眼睛輪流守衛。結果，珀耳修斯設下一個簡單程度足以媲美〇〇七電影劇情的圈套，偷走了格賴埃唯一的那隻眼睛，然後從這三名只剩一顆牙齒的盲守衛身邊輕鬆溜過。在另外一則神話當中，珀耳修斯不但偷了她們的眼睛，竟連那一顆牙齒也不放過。

帶有象徵意味的眼睛意象在藝術作品裡俯拾可見。在吉爾曼的女性主義經典作品《黃色壁紙》中，敘事者一開始感到壁紙裡似乎有人，是因為她隱隱覺得壁紙上的污漬與破損部位似乎逐漸形成兩隻又圓又大的眼睛瞪視著她。漫畫家經常使用各種象徵性的簡單筆劃描繪眼睛。在畢爾邦的諷刺畫作裡，政治人物的眼睛幾乎總是閉著。此外，在喝醉酒的人物臉上畫上一個大「X」代表眼睛，則顯然是《紐約客》雜誌的漫畫先驅亞諾首創的畫法。電影也經常把眼睛當作視覺隱喻使用。例如在《相見恨晚》一片裡，男主角崔沃・霍華把女主角西莉亞・詹森眼裡的沙粒清除掉，從而使她以全新的眼光看待自己的人生。在《驚魂記》片中，導演希區考克用鏡頭特寫珍妮・李遭刺之後驚恐圓睜的眼睛，然後再讓這個圖像融入她的鮮血流下圓形排水孔的畫面。

自古以來，人類的眼睛向來就不只是視覺器官。在我們肉眼可見的身體外表當中，唯一在比喻地位上足以和眼睛相提並論的器官就是手——由此可見我們對這兩種器官的重視程度。大腦絕不會以單純的眼光看待任何事物，而會對所有東西賦予象徵性的地位，再擺進人類心智這個寓言劇場當中。其他動物基於牠們認知世界的特殊方式，想必也有各自的錯誤印象。不過，假如說牠們也和我們一樣是透過萬花筒看待這個世界，至少牠們只是把觀察結果放在心中，但我們可就不是這樣了。以古希臘人為例，他們認為眼睛是視覺的夥伴，本身會射出淡淡的光芒，像是蝙蝠的探測聲納，也像是審問人員要求嫌犯回答問題。現在我們知道眼睛只是被動處理其所接觸到的電磁訊號。至於視覺，則是主觀的大腦把客觀的眼睛當做「描像器」❶使用。

「我是一部相機，快門張開，消極被動，盲目記錄，不加思索。」在《告別柏林》這部小說裡，作者伊塞伍德筆下的敘事者如此說道。伊塞伍德這裡所談的是把觀察當做藝術的原料，而不是在探討眼睛本身。然而，在這項過程裡，只有眼睛扮演著唯一客觀的角色，因為視覺訊息的詮釋——甚至包括要把目光投向何處的決定——都掌握在大腦的手中。不過，大腦的詮釋過程必須先從形體進入眼睛開始。由於眼睛只接收光線，因此我們通常把眼睛視為窗，而不是門。電磁頻譜的可見部位是物理性的，光子從太陽射出，經過八又二分之一分鐘的旅程（這是就其中一小部分射向地球的光子而言），然後進入我們的眼睛。光線是宇宙的古老火焰，也就是英國物理學家柯羅斯所謂的「電磁力的耀目光彩」，射入眼睛之後，即在腦中點燃微小的電化學火焰，讓我們得以為周遭的世界創造圖像。

視覺的優越性最能提醒我們感官之間的緊密關係，以及大腦裡的階級服從關係。眼睛是所有感官的主宰。我們必須削弱眼睛的功能，才能突顯其他的感官。喬伊斯在《尤利西斯》當中寫道：「斯蒂芬閉上眼睛，以便傾聽靴子踩上海草與貝殼的聲音。」笛卡兒則為視覺的強大影響力做了如下的總結：「人生的一切行為都仰賴於我們的感官，其中視覺最為崇高也最為普遍。」在他之前，達文西也曾經說過：「眼睛又稱靈魂之窗，核心感官對自然界無窮無盡的受造物要獲得完全而又充分的鑑賞，主要就必須透過眼睛。」

❶譯註：描像器（camera lucida），是一種素描儀器，藉由透鏡把圖像投影在紙上，以供描繪。

普魯斯特喜歡玩弄各種觀念，也對「眼睛是靈魂之窗」這項概念做了點變化：「在眼睛當中，肉體成為鏡子，從而產生一種假象，使我們認為雙眼比身體其他部位更能讓我們接觸到靈魂。」但我們卻經常忘記這只是一種假象。由於我們極度仰賴視覺，以致我們非常容易受到表象所欺騙。布雷克雖然斷然宣稱道：「人唯有透過身上的自然器官才能感受與察覺。」但他也擔心我們如果只是用眼睛觀看，卻沒有細心觀察，便可能輕易相信謊言。有時候，我們也會因為及時想到美國女星班海德說過的一句話而免於受騙。班海德曾經對比利時象徵主義劇作家梅特林克的一齣作品說道：「這齣戲的內容比表面所見還要貧乏。」

我們無法窺見別人的靈魂，但是只要注視別人的眼睛，即可真正看見自己。英文的「pupil」（瞳孔）一詞源自拉丁文的「pupilla」，意為「小娃兒」——這就是為什麼這個字眼也可以用來指稱「學生」——指的即是我們在別人眼中看到的那個小小的自己。英國詩人多恩在詩中向愛人說道：「我的臉孔在你眼中，你也呈現在我眼裡……。」在達爾的兒童小說《抓雉記》裡，名為丹尼的敘事者這樣描述書中另外一個人物：「他的眼睛很大，像牛眼一樣，而且離我很近，我在兩個眼球中央都可看見自己臉孔的倒影。」達爾寫作上的長處，在於他的想像力極端自由而且大膽。不過，有時候他卻忘了藉由觀察為自己的想像尋求根據——除非丹尼穿越了對方的角膜，一路看到視網膜去，否則他看到的不可能是倒影——光線射入眼睛的水晶體之後，會在眼睛後方的視網膜上形成顛倒的影像，可是反映在瞳孔上的影像其實不是上下顛倒的。在達文西經由解剖屍體而發現眼睛的成相原理之前，文藝復興時代的宗教當局一直認為視覺是水晶體本身的作用。達文西也發現視網膜上的影像是上下顛倒的模樣，而曾經思考過該如何在我們的知覺裡矯正這種顛倒的狀態。

希臘女詩人莎孚向她的一名情人說：「我請求你揭露你眼睛赤裸的美。」儘管眼睛不一定都能夠反映出我們的靈魂，但是對於大多數人來說，由於我們沒有政治經驗，也沒有受過專業的說謊訓練，因此眼睛總是會透露出太多的訊息，以致我們有時候不得不加以遮掩。聖經《雅歌》裡一名情慾沸騰的情人嘆息道：「求你掉轉眼目不看我，因你的眼目使我驚亂。」有些行業為了保護細緻的臉部，從業人員都會戴上護目鏡、面罩，或者蛙鏡。不過，只有在人們把眼睛遮住的時候，這類配備才會讓旁人覺得不自在。太陽眼鏡原本的目的不是為了遮蔽眼睛，例如愛斯基摩人從幾百年前就懂得利用骨頭或木材製作開口細長的防光護目鏡。可是戴太陽眼鏡者卻在不久之後就出現了像是「騙子」的感覺。有時候，警察或幫派份子為了強化自己所向無敵的形象，就會戴上黑色或者反光鏡片的墨鏡，把自己的情緒表現徹底隱藏起來。在一些早期的照片當中，能夠看到眾人的眼睛全都隱藏在眼鏡後面的奇特景象，例如一九五○年代的立體電影院裡，觀眾全都戴著三D眼鏡；還有一九四○年代，一群目擊者頭戴護目鏡，平靜等待著原子彈試爆——他們當時對原子彈威力的天真無知，現在看來實在令人心碎。在沒有危險的情況下，缺乏表情就只是一種引人注意的現象而已。時尚人士都懂得藉由隱藏眼睛以提升自己的魅力，不論是好萊塢的社交聚會，還是在坎城的游泳池上漂浮休憩，或是為了躲避狗仔記者，墨鏡都是必備的行頭。墨鏡是麥克阿瑟將軍的正字標記，也是演員傑克・尼克遜和時尚大師拉格斐的招牌配備。

真正兇猛的表情需要眼神搭配。怒目瞪視可傳達出強烈的訊息，甚至讓人覺得眼神能夠殺人。好幾百年來，一直有許許多多的人認為眼神確實可以殺人，世界各地都有「邪眼」的傳說。我們在第一章提過祆教對於頭髮剪下之後的處理規定，同樣迷信數字的古波斯經典《阿維斯陀》，認為邪惡之神阿里曼的眼睛可引起九萬九千九百九十九種疾病。在英國詩人柯立芝的詩中，船員也用眼睛譴責那名射殺信天翁的水手。在希臘神話裡，任何人只要看到戈耳工女妖梅杜莎的眼睛，就會變成石頭。珀耳修斯因此必須利用盾牌的反射觀看她的位置，才能欺近她身邊砍掉她的頭（我們往後還會提到梅杜莎，而且不在其他地方，偏偏就在探討生殖器的章節裡）。在西元一世紀的《自然史》一書中，老普里尼指稱希臘文法學家伊席果納斯曾經講過：「特里巴利人與伊利里亞人能夠藉由眼光下咒，而他們如果凝視一個人，尤其如果是以憤怒的眼神，更可致對方於死地。」老普里尼提到成人比較容易受到邪眼的危害，但是他顯然沒想到，其中的原因可能是兒童還沒機會吸收太多迷信。順帶一提，不是所有人都認為兒童比較不容易受到惡毒瞪視的危害。羅馬時代的農人都不讓小孩接觸鏡子，以免他們不小心用邪眼詛咒了自己。

由於我們同時用兩隻眼睛觀看物體，並且採取複雜的方式判斷距離與深度，因此我們把這種視覺稱為雙眼視覺。這是脊椎動物獨有的特徵，而且幾乎所有具備視覺能力的脊椎動物都採取這種方式。兩隻眼睛所捕捉到的影像各自進入大腦之後，即會產生所謂的「網膜像差」——也就是兩隻眼睛的視網膜上形成兩幅不盡相同的影像。眼睛觀看的物體愈近，兩幅影像的差異就愈大，就像照片裡面，焦距一旦對準某一件物體，其他緊鄰在側的物體也一樣清晰可見，但是位於前景或背景的物體就會顯得模糊不清。一如立體幻燈機重疊兩張照片形成立體影像的原理，大腦也是把兩眼的影像結合成一幅具有景深的立體影像。

利用兩隻眼睛製造景深視覺是一種極佳的做法，但是，若你打算創造一隻動物，該把兩隻眼睛擺在哪裡，倒也還有其他因素需要考量，例如全景視野：也就是這隻動物不必轉頭就能夠看到的範圍。你可以用以下這個方法測量自己的全景視野：首先直視前方一個定點，雙臂平舉於側，然後逐漸把手臂往後移，直到看不見自己的雙臂為止。動物的雙眼如果位於頭部前方，具有景深的視野範圍就比較大；但是眼睛如果位於頭部兩側，則全景視野會比較廣。掠食動物為了追捕其他動物，眼睛通常位於頭部前方，至於牠們的獵物，則通常擁有位於頭部兩側的眼睛，隨時小心掃瞄周遭的環境。貓頭鷹以及其他猛禽的眼睛集中於前方，嘲鶇與椋鳥則有較廣的視野；貓的眼睛集中於前方，兔子的視野則幾達三百六十度。我們和其他雜食性靈長類一樣，眼睛也是集中在頭部前方。

生物學家認為現代靈長類動物的最後共同祖先一定棲息在樹上，因為靈長類動物的腳掌和其他樹棲類動物的腳掌頗為相似。不過，靈長類動物身上的其他特徵，卻不一定都能夠由樹棲理論獲得解釋。過去的研究顯示，靈長類動物為了在樹與樹之間跳來跳去，才演化出位於頭部前方的眼睛，但是現在已有許多科學家揚棄了這種看法。英國人類學家卡米爾指出，「眼睛集中於頭部前方，雖然確實能夠擴大雙目視野的範圍」，但是由此造成的網膜像差，卻減少了「深度感知的運作距離」。此外，過去經常認為較大的腦部和較為駑鈍的嗅覺也都是樹棲生活所造成的結果，但是卡米爾認為其他樹棲哺乳類動物也不是全都具有這種傾向。我們對於視覺的觀點不斷改變，也反映了科學理論不斷修改的熱鬧現象。

不論過去的環境需求對我們的眼睛構造以及位置具有多少影響力，觀看的行為確實需要天分，而我們對這種行為感到欽佩也是絕對合理的反應。在所謂的「設計論證」中，有許多人——包括那些死讀聖經的人士——認為自然界的複雜構造，就是造物主存在的最佳證明。這項觀念當中最著名的說法，大概得算是神學家培里有關眼睛的論述。他在一八〇二年出版了一本內容簡潔流暢的著作，書名為《自然神學：由自然表象蒐集而得的證據，足以證明神的存在與特性》。他在書中首先提出著名的鐘錶匠比喻，向讀者說明自然生成的物體與加工製造的物體有何不同，聲稱如果他在荒野撿到一只懷錶，他一定會由其中的複雜結構認為這是有智慧的設計者製造的物品。接著，他把眼睛比擬為望遠鏡，隨即斷然指出：「眼睛是為了視覺而生，就像望遠鏡是為了增進眼睛視力，這兩者一樣明確可見。」接著，他又用許多篇幅進一步闡釋這項觀念。

英國生物學家道金斯在一九八六年出版了《盲眼鐘錶匠》這部深具影響力的著作，他在書中駁斥了培里的概念與例證。道金斯認為：「把眼睛比喻為望遠鏡，以及把生物比喻為鐘錶，都是錯誤的說法。達爾文發現了自然汰擇這種盲目而且無意識的自發進程，我們現在也知道這是目前所有看似具有演化目標的生物型態之所以存在的原因，但是自然汰擇的力量並沒有目標。這種力量沒有心智，也沒有心願，不會規劃未來的景象。」接著，他描述了人類眼睛如何透過一連串的細微變化，而形成目前這種精密的結構。後來，他在《攀登不可能的山》這部著作裡，又以更加詳盡的方式解說了這項概念。在漫長無盡的地質時間裡，自然界大可在一代一代的生物身上慢慢從事這種研究發展。

創造論者似乎總是認為上帝需要他們來證明祂的存在，道金斯則在他們的論證當中挑出了若干漏洞加以檢視。創造論者認為眼睛的結構與演化的概念相悖，而他們所援引的標準「證據」，就是眼睛結構中的每一部分都必須精確搭配，才能發揮視覺的功能。角膜、虹膜、視網膜、水晶體、水樣液——這些結構都必須互相配合。設計論的支持者因此質問：「『隨機』運作的自然力量怎麼可能引導出如此協調的同步互動？」道金斯的回答是，眼睛的各項構造就算沒有達到完美的配合，也還是可以發揮效用。他舉了一個非常簡單的例子：視力不佳的人就算不戴眼鏡，也還是足以看到周遭的事物、避開障礙，從事生活所需的事務。有限的視力和目盲完全是兩回事。動物就算只能約略看到有陰影擋住陽光，也足以藉此躲避掠食者。這種光線反應科技的逐步演進，即是動物防衛機制的改善，同時也是動物對周遭環境愈來愈細膩的回應。誠如科學作家麥克尼爾所言，從原生動物身上最簡陋的光感受器開始，動物的眼睛「明確展現出演化的進程」。節足動物、無脊椎動物，以及脊椎動物，都各自演化出構造不同，但複雜程度相當的視覺器官。

除了培里與道金斯的說法，當然還有其他觀點：自然汰擇的演化過程雖然和地心引力一樣得到證實與記錄，卻不因此排除或否定神的存在，正如眼睛的複雜構造在某方面而言也肯認了希伯來人的古老傳說。科學可以幫助我們理解世界的運作方式，但無法告訴我們這個世界背後是否有一隻控制的手，或者是否有一隻傾聽我們祈禱的耳朵。對許多人來說，科學專注於我們周遭觸摸得著的實在界，其實也就和藝術、宗教，或詩歌一樣，是對造物的一種崇敬與仰慕。科學對眼睛的了解也許無法證實上帝的存在，但是絕對見證了宇宙的光輝。我們就和其他生物一樣，充滿好奇地到處窺看——只不過，就我們所知，我們是唯一對這個世界的光耀感到讚嘆的動物。

眉毛：情緒的傳遞者

狄更斯善於利用誇張的舉止把人物的性格轉化為意象。在《塊肉餘生記》當中，他只用一項特徵，就突顯出了希珀的諂媚虛假：這個卑微的惡棍沒有眉毛。眼睛上方沒有毛髮雖然罕見，但是並不危險。就算眼睛上方沒有這兩道擋水檐，或者身體上缺少了任何一個部位的毛髮，我們也還是能夠過得很好，只是會想念這些毛髮所具備的若干功能罷了。如果沒有了眉毛，我們首先會注意到的，就是一項平常總是遭到忽略的功能——避免灰塵與汗水滑入眼中。過去有一段時間，科學家都同意西塞羅的看法，認為這是眉毛的主要功能。不過，後來對臉部表情的研究，則推翻了這種保護棚理論。

眉毛最重要的任務，似乎是為眼睛傳達情感的功能扮演配角。對於臉部表情的研究顯示，在傳達情緒或從事其他各種溝通活動時，眉毛扮演了極為重要的角色。除了在驚訝的時候上揚，以及在沉思的時候攢蹙在一起之外，眉毛也能夠輔助其他各種表情，例如漫不在乎或表示仰慕等。漫畫家向來懂得利用眉毛突顯眼睛的輪廓，增添眼睛的魅力。在早期的卡通影片裡，卡通人物如果感到驚訝或者恐慌，眉毛就會高高跳出臉部以外。這種表達方式就和眼球突出眼窩或者兩耳冒出蒸氣一樣明確易懂。搞笑諾貝爾獎每年舉辦一次，目的在於同時表彰並且嘲諷各種荒唐古怪的科學研究（例如本書第十章所提到的肚臍屎調查研究）。二〇〇二年的活動主辦人亞伯蘭斯談到這個獎項的時候指出：「這些都是出人意料的研究計畫，足以讓你揚眉瞪眼，其中有些甚至太超乎意表，可能讓你的眉毛再也拉不回來。」

人類和其他靈長類這種眉毛的特殊動作，科學家稱之為「眉毛閃動」，這種表情在許多情況下都會出現，但是在迎接團體的新成員之際最為明顯。達爾文在一八七一年出版《人及動物之表情》這部影響深遠的著作，其中包括了他觀察狒狒以及其他靈長類動物眉毛動作的結果。達爾文也是一位慈愛的父親，因此花了許多時間記錄自己子女的成長與發育過程，然後再把這些記錄拿來和動物園裡靈長類動物幼兒的類似行為互相比較。他在動物園裡所待的時間，事後證實成果豐碩。直到二十世紀下半葉，較為系統性的靈長類動物野外研究才告展開，但是科學家從此之後即不斷記錄這類行為。靈長類動物學家暨神經生物學家薩波斯基花了許多年的時間在野外研究狒狒，他曾經描述一頭發情的年輕公狒狒在小徑上遇到兩頭母狒狒的時候，對著牠們做出了眉毛閃動的表情，「就公狒狒而言，這種表情大約等同於人類男士觸帽致意的舉動」。

由漫畫畫像以及派對面具上可以看得出來，美國喜劇泰斗葛勞丘・馬克斯的臉孔之所以如此膾炙人口，除了歸功於他那撇鬍鬚之外，兩道粗厚過人的眉毛也一樣功不可沒。如果要表現調皮的模樣，其他演員傾盡全身之力表演，可能都還比不上他抖動一下眉毛來得有效。卓別林也和馬克斯一樣從舞台表演起家，必須把情感變化傳達給全場的觀眾看到。至於其他演員，不論是芭拉還是馬辛，也都採取同樣的方法。在歌舞伎和能劇的化妝當中，誇大臉部表情也是基本的做法。

希臘演說家德米特里在西元前四世紀寫道：「眉毛雖然只佔臉部的一小部分，但其所傳達出來的鄙夷，卻足以讓整個世界蒙上陰影。」英文的「supercilious」（傲慢）一詞源自拉丁文裡意指眉毛的詞語，表達的意義就是以不屑的態度揚起眉毛，展現出輕蔑的模樣。納博可夫在他的自傳裡就利用這個字眼，為兩個家族的眉毛型態做了簡潔的對比：「外表顯得傲慢或者驚訝的納博可夫家族，眉毛往兩側上揚生長，只有中央部位的毛髮較多，愈往外側愈是稀疏；科弗家族的眉毛拱曲的型態比較均勻，但也一樣長得頗為稀疏。」拱起的眉毛可傳達許多意義。《石中劍》作者懷特在兒童小說《小人島》當中，描述一個人

把眉毛這樣揚起：

？

光是一道眉毛也可以傳達情緒。在史陶德的伍爾夫系列偵探小說裡，敘事者古德溫能夠揚起單邊的眉毛，表達懷疑的態度。他這個表情主要是用來惹惱他的雇主，因為他的雇主沒辦法這麼

做。達爾文在觀察、記錄身邊許多人的各種本能表情當中，也提過這種表情：「我曾經注意到一位年輕女子，她努力要想起一名畫家的名字，於是先望著天花板的一角，接著又望向另一角，而且每望向一邊，就會揚起那一邊的眉毛。不過，天花板上當然沒有什麼東西可以看。」達爾文從事這類觀察記錄相當多年。

很少人知道，我們野蠻的眉毛，還有創造論者對於眉毛的觀念，曾經為達爾文提供了寫作《人及動物之表情》的靈感。英國生理學先驅查爾斯・貝爾深具影響力的著作《表情的解剖學與哲學》，在十九世紀上半葉曾經先後出版過三個版本。貝爾認為上帝賦予人類特殊的臉部肌肉，好讓祂最鍾愛的創造物能夠從事更細膩的溝通行為。為了讓這項信念能夠晉升成為假說，貝爾於是積極蒐集各種證據。達爾文對貝爾的這種想法非常不認同，於是在《人及動物之表情》中特別花了許多篇幅駁斥他的若干觀念。達爾文不反對宗教信仰，但是如果有人把信仰偽裝成科學證據，那就人人得而誅之（即使到了今天，創造論者仍然經常把他們的信仰說成實證資料的詮釋，以致科學家常常為此氣極敗壞，必須一再反駁他們的說法）。一八六七年，達爾文向華萊士明確表示自己有意「推翻貝爾爵士的觀點」。科學史學家暨達爾文傳記作者珍妮・布朗，說明了達爾文向華萊士說這句話的動機：「達爾文如果能夠為這種臉部肌肉提出比較實用性的存在目的，從而使我們和自然界明顯連結在一起，那麼他就能夠削弱貝爾的論證，連帶也削弱其他自然神學論者的論證，進而強化他自己的論點，亦即表情是演化的產物。」

貝爾關於隨意肌的說法，以及他認為人類的臉部表情遠多於其他動物的主張，都受到達爾文的反對。此外，還有另外一項重點：負責眉毛上揚的肌肉稱為「額肌」，下拉的肌肉稱為「稜椎肌」，造成皺眉效果的肌肉則稱為「皺眉肌」。貝爾認為皺眉肌是「人類臉部最奇妙的肌肉，一用力即可讓眉毛攢蹙在一起，雖然不知道什麼原因，卻強烈表達出思想的概念」。達爾文後來補充道，法國生理學家迪歇恩曾經把皺眉肌稱為沉思的肌肉。至於達爾文自己，則是基於這條肌肉在若干種表情當中所扮演的角色，而稱之為「困難的肌肉」。貝爾還認為皺眉肌以及其他若干臉部肌肉乃是人類所獨有，而這些特別的天賦則讓人能做到「動物做不到的各種肌肉組合動作」。大錯特錯。達爾文有一本貝爾的《表情的解剖學與哲學》，他在書中的這個部分寫下這句筆記：「我猜他一定沒解剖過猴子。」誠如達爾文所指出的，我們這些全身是毛的近親也會蹙眉、皺眉，也會閃動眉毛——只不過維多利亞時代的其他博物學家可能會說，其他靈長類動物就算活動這些肌肉，看起來也還是不像我們這麼有智慧。

達爾文一面記錄他觀察人類眉毛的結果和理論，同時也忍不住把自己的方法，拿來和過去有關眉毛的說法互相比較。舉例而言，他引用了十七世紀畫家勒布倫對驚恐的表情所提出的描述：「眉毛一邊低一邊高，讓人覺得高的一邊似乎想要附著在大腦上，以免靈魂所察覺到的邪惡危害了大腦；至於低的一邊則看起來比較腫脹，似乎是腦中湧出的幽靈將它擺放在那個位置，藉以為靈魂提供屏障，拒卻靈魂所害怕的邪惡。」達爾文把勒布倫的幻想斥為「令人吃驚的胡言亂語」，然後用自己經由觀察而來的推論與此相對。

儘管如此，眉毛在達爾文的時代仍然深具象徵意義。在達爾文逝世的一八八二年，

「highbrow」❷已經成為「有知識」或者「有教養」的意思，不久之後也被人用來嘲諷那些假知識份子或自以為有教養的人士。經過短短的數十年後，這個字眼又出現了反義詞「lowbrow」❸。如此一來，另外一個字眼也就註定遲早得出現了——第一次世界大戰之後，「middlebrow」這個看來像是《魔戒》用語的字眼終於誕生❹，意指以因襲傳統的眼光看待文化教養的人或觀念。由於「lowbrow」這個字眼的負面意義，因此教養程度低的人自然不會這麼稱呼自己，也不用這個字眼稱呼其他人。英國幽默雜誌《笨拙》在一九二五年為「middlebrow」下了這麼一個巧妙的定義：「這類人希望有一天能夠習於自己所應該喜歡的東西。」至於「broadbrow」（興趣廣泛）與「mezzo-brow」（具有傳統文化品味的人）這類隨之而來的新詞，不久之後就消聲匿跡了。

十九世紀的義大利犯罪學家倫柏羅索認為，卑劣罪犯的一種身體特徵，就是「在鼻子上方連成一線」的眉毛。小說家史杜克筆下的吸血鬼就像是倫柏羅索所描繪出來的畫像，而且連眉毛也符合這種罪犯模型：「他的兩道眉毛又長又大，幾乎相連，毛髮濃密得似乎糾結在一起。」這種現象並不罕見。人的眉毛經常會延伸到鼻樑上方，形成一道又長又黑的圍籬。這種現象以墨西哥

---

❷ 譯註：字面意思為「高眉」。

❸ 譯註：字面意思為「低眉」，指品味低俗的人。

❹ 譯註：《魔戒》這部小說中的世界稱為「中土世界」（Middle-earth），「middlebrow」（字面意思為「中眉」）看起來就像是出自這部小說裡的字眼。

畫家芙烈達・卡羅那引人注目的一字眉最為著名，她在許多自畫像裡為這道眉毛留下了鮮明的（同時也是誇大了的）形象。有些人種的眉毛較濃密，眉毛之間的間隔也就不那麼明顯。在古希臘羅馬時代，這種眉毛也曾經受重視，於是眉毛間隔明顯的女性就會用眼圈粉或其他化妝塗料把兩道眉毛連結起來。羅馬作家奧維德與佩特羅尼烏斯都提過婦女佩戴由獸毛製作的假眉毛。

不過，在世界上的許多地區，一般人對於眼睛上方這兩道毛髮，通常都是設法加以削減，而不是擴展。在莎士比亞晚期的劇作《冬天的故事》裡，有一段頗為有趣的對話，談到女性修整眉毛的問題。瑪彌利阿斯是西西里亞王利昂蒂斯的小兒子。他的母親赫邁歐尼被他的活潑好動煩得有些受不了，於是想把他丟給一名女侍去照顧。結果因為瑪彌利阿斯對於某位宮女的偏好，就讓莎士比亞加上一段和劇情無關，但是頗具觀察力的對白。

瑪彌利阿斯：我喜歡你一些。

女侍：為什麼呢，殿下？

瑪彌利阿斯：不是因為你的眉毛黑些；不過黑眉毛，據說，對於某些女人是很好看的，如果眉毛不太多，而且是用筆描成半圓形或半月形。

女侍：這是誰教你的？

瑪彌利阿斯：我是從許多女人臉上研究出來的。

莎士比亞能夠提出這項細節當然頗為有趣，可是瑪彌利阿斯要注意到這種常見的妝扮特色，也絕對不需要是天才。妝點眉毛的行為，可說自從人類有文明以來就已經存在。據說埃及豔后會根據自己的心情以及當時的流行風格修整眉毛——至於當時流行什麼風格，在地中海地區的古代畫作與雕塑上都可以看得到。埃及法揚有許多從西元一世紀留存下來的木乃伊棺木，這些棺木上看起來極為寫實的畫像如果足以採信，那麼可以推論羅馬婦女雖然裝扮華麗，卻不怎麼會修剪她們高貴的眉毛。十六世紀中葉，一位名為費倫佐拉的義大利僧侶，在《女性之美對話錄》一書中針對女性的眉毛寫道：「眉毛的線條不能是平的，而應該呈現上曲的拱形，而且彎曲的程度必須非常細微，要注意看才看得出來；但從太陽穴的隆起處之後，則應該以較為筆直的模樣往下延伸。」到了文藝復興時代，婦女就經常會修整眉毛，把眉毛拔到只剩一條隱約可見的細線。當時有些聖母像，例如義大利畫家蘭迪極富風格的作品《聖母與聖嬰，連同施洗者約翰與亞歷山大的聖女加大利納》，臉上就可看到如同書法筆畫般的美麗眉毛，後來影星珍・哈露與瑪琳・黛德麗也都是採用這種眉毛型態。有些評論家注意到因為女性的眉毛天生就比較不明顯，因此若拔除眉毛即可強化女性形象。不過，科學作家麥克尼爾指出，世界上有許多民族受文化影響，也都會拔除眉毛，例如對臉部任何毛髮都備感嫌惡的亞馬遜部族，以及為了宗教信仰而拔除眉毛的漢那菲派穆斯林婦女。人體身上所有肉體可見的部位，都可以藉由誇大、削減，或者移除，而形成新的象徵符號：文化總是樂於玩弄自然所賦予的事物。

這種改變身體外觀的行為至今仍然盛行不已。許多男男女女都會修整眉毛，根據流行的變化妝點成不同的樣貌。一九五〇年代，蘇菲亞・羅蘭臉上那兩道漆黑濃密的眉毛，使她的性感美更顯突出。然而，過了十年之後，她卻把眉毛全部剃掉，再用眉筆畫上去。她在這段時期的特寫照片，眉毛看起來就像是杜勒的銅版畫。眉毛時尚的起起伏伏，也受到時尚界與電影圈不斷渴求新奇現象的影響而加速循環。自從電影出現以來，觀眾坐在戲院裡仰望著男女演員在銀幕上的巨大臉龐，就一再受到這些影星的裝扮風格所影響。奧黛麗・赫本、伊莎貝拉・羅塞里尼、布魯克・雪德絲，以及陶樂絲・丹德麗奇等女星各具特色的眉毛型態，都曾經受到廣大群眾的模仿。曾經有一段時間，眉毛和身體其他部位一樣都流行精心的修整。不過，這種時尚潮流經過一陣子之後，大眾便又重新接納了比較自然的眉毛型態。

探討眉毛的文章，通常都以探討女性的眉毛為主，但是男士其實也愈來愈重視眉型。想想看威廉・鮑威爾在《瘦子》一片裡所扮演的角色：身穿燕尾服，臉上一雙帶著質疑意味的拱形眉。克拉克・蓋博、貓王、史恩・康納萊——要是沒了臉上那兩道視覺效果鮮明的眉毛，實在很難想像這些明星的臉是否還會如此讓人難忘。我們在這兩小撮毛上面投注這麼多注意力，可見英國詩人普瑞爾的這句話問得沒錯：「沒了眉毛，眼睛還有什麼看頭呢？」

眨眼表心意

就在眉毛忙著表達各種情緒的同時，眼睛本身也不斷開開闔闔。眼睛是臉上非常忙碌的器官，而眼瞼則是一個高度敏感的警告機制，更顯示出眼睛在身體結構中的重要地位。眼瞼厚度只有一公釐，呈半透明狀，是身體上最薄的一片皮膚。有些學者認為眼影原本的目的就是為了掩飾眼瞼上可見的血管。然而，這片看起來微不足道的皮膚卻塞滿了各種工具。特化神經細胞密集於此，以因應溫度變化、異物入侵，以及可能遭受的攻擊。在《人及動物之表情》中，達爾文提到眼睛對突如其來的噪音的自動防護舉動，他說：「我們受到驚嚇的時候……眼瞼也會隨之眨動以保護眼睛，因為眼睛是身體上最脆弱也最敏感的器官。」

不需要執行防護任務的時候，眼瞼仍然盡忠職守，不斷執行雖然簡單卻非常重要的眨眼行為。我們眨一次眼睛大約耗時六分之一秒，差不多每四秒眨一次眼睛。如果我們刻意抗拒眨眼的本能，眼球表面就會變得乾燥難受。為了讓眼球保持潮溼以正常運作——就像我們的祖先在水棲環境當中生活的狀況一樣——我們必須不斷暫時遮蔽視線。眨眼可避免空氣中的灰塵以及其他微粒附著於眼球表面，這時候眼瞼的功能就和汽車雨刷一樣。正如汽車製造商學會在擋風玻璃上噴灑玻璃清潔劑以潤滑雨刷，眼睛也會分泌一種液體，讓眼瞼將之塗抹於整個角膜上。如果沒有這種讓眼睛閃爍著浪漫光芒的實用潤滑液，那麼眼瞼掃過眼球表面的時候，就可能像雨刷磨擦乾燥的玻璃一樣嘎吱作響。在《葡萄牙人的十四行詩》這部詩集當中，白朗寧夫人描寫死人如同大理石般的眼瞼並不潮濕，其實就是用反襯的手法表達了活生生的眼睛那種濕潤閃亮的誘人風采。

負責分泌淚水的淚腺，位於眼睛的外側上方，也就是離鼻子比較遠的那一邊。淚腺無時無刻不斷運作，由極細的腺體泌出淚液。在固定的眨眼活動當中，眼瞼會往下閉合，把淚液均勻塗抹於眼球表面，然後隨即打開，過幾秒之後再重複這項動作。淚液裡含有溶質，包括能夠保護眼球表面的蛋白質與殺菌的化學物質。淚液清洗過眼球表面之後，即由兩條腺體收集排除，這兩條腺體各自位於左右兩隻眼睛的內側眼角，可由肉眼所見。許多人在鏡子裡看到這兩條腺體，就以為淚液是由此分泌出來。實際上，淚液從上面流洩下來之後，這兩條管腺就像是排水口一樣，把多餘的液體收集起來，導入位於鼻子內側的淚囊裡，再從這裡排入鼻腔。淚液大約有四分之一會從眼球表面蒸發，剩下的則流入這兩條管腺，或者溢出至臉頰上成為淚水。由於淚液是從鼻腔內排出，所以我們看到悲劇電影或因為傷風感冒而流淚的時候，會同時抽吸著鼻子。

為了讓光線射入眼球後方，在視網膜上成像，再由視神經傳達給大腦進行分析詮釋，所以角膜——也就是眼球前方的表層——必須是透明的。不過，角膜和身體其他部位一樣，也需要氧氣的滋養。身體各部位大多數都是經由血液獲取氧氣，但是血液並不透明，如果分布到角膜上，就會對視覺造成阻礙。經過不斷修正的演化過程，自然界目前已經在幾種不同環境下發展出相應的類型——大多數哺乳類動物都演化出一種獨特的適應模式，由淚腺供應眼睛所需的氧，也就是把氧溶解在淚液當中。

人類的想像力連這片保護眼睛的小小薄膜也沒有放過。別的不提，至少眨眼的行為就成了短暫時間的象徵。英文裡面說睡不著覺，常說「連眨個眼的時間都沒睡到」（did not sleep a wink，這種說法早在塞萬提斯與莎士比亞的時代就已經存在），而且還把睡午覺稱為「眨四十次眼睛」

（forty winks）。眨一次眼睛的極短時間，也可以拿來代表極少數的其他東西。在《白鯨記》的最後一章，主角亞哈心中想著，從他小時候第一次看到大海以來，大海就從來不曾改變過，連眨個眼的變化都沒有。由於眨眼代表眼睛的暫停時間——短暫的盲目狀態——因此英國科學家丁道爾就曾經如此譴責道：「只因為事實不合我們的喜好，就對其眨眼不見，不僅是懦弱的行為，而且也危險萬分。」

有時候，我們也會對眨眼的觀念做出過度延伸的詮釋。在韋爾頓的短篇故事集《邪惡的女人》當中，有一個角色抱怨：「心理治療師、新世紀信徒，還有重生基督徒都不太眨眼。眨眼代表頭腦接收了新的觀念。皈依者都無意接受新觀念。」在英國鄉間的某些地區，能夠對別人施以邪眼惡咒的人稱為「眨眼人」（blinker），患病或產乳量少的牛隻則是遭人「眨了眼」。這種眼睛的象徵行為至今顯然還是有效。在一九六〇年代的電視喜劇影集《太空仙女戀》當中，伊登飾演的女主角如果要施展魔法，就會雙手抱胸，眨動眼睛。

難以控制的連續眨眼有生理與心理兩種成因。不斷眨眼通常代表心神不寧；眨眼頻率緩慢，則代表相反的心境——充滿自信、實力堅強。眨眼是一種自動的行為，但是隨時能受到意識的控制：只要你願意，就可以任意減慢或加快眨眼的頻率。我們可以閃動眼瞼向人拋媚眼，也可以緩緩眨一下眼，以表達挑逗意味或者夥伴間的革命情感。

與生俱來的眨眼行為通常不會引起我們的注意，不論是自己還是別人的眨眼行為都是如此，除非這種眼瞼快速開闔的活動頻率出現異乎尋常的現象。一九九〇年代，美國電視節目主持人甘波埋怨新聞主播丹・拉瑟總是讓他覺得緊張不安，因為拉瑟從不眨眼。這種不眨眼的瞪視方式，通常就是刻意要讓對手緊張。有一本英文辭典對於「unblinking」（不眨眼）這個形容詞的定義是「面無表情」。科學家觀察記錄過各種靈長類動物的瞪視較勁行為，而我們在學校操場上也經常能夠觀察到這種行為。這種行為策略在權力競逐中尤其容易出現，不論是實際上還是比喻性的瞪視行為。一九六二年十月，在古巴飛彈危機期間，美國國務卿魯斯克以讓人驚駭的輕佻態度描述了美蘇之間的核子對峙：「我們怒目相對，我想對方剛眨了眼。」

睡夢中的眼睛

> 我們在這個世界裡沉睡，就是在另一個世界裡醒來。
>
> ——達利

眨眼的速度極快，所以我們並不認為眨眼是閉上眼睛。我們勤奮的眼睛除了睡眠期間以外，通常不會閉上太久的時間；而且就算在睡眠期間，眼睛也還是不斷轉動。只要是比較細心觀察的失眠患者，相信都會發現睡夢中的人，眼睛有時候還是會在閉上的眼瞼後面轉動。不過，科學家卻是花了好幾百年的時間，才理解到這種現象的重要性。過去很長一段時間，心理學家與生理學家都把睡眠視為單純的無意識休息時間，不需多加解釋。直到一九一三年，法國心理學家暨神經科學家皮龍才出版了史上第一部嚴肅探討睡眠生理學的著作：《睡眠的生理問題》。不久以後，據認是首位專門研究睡眠的美國生理學家克萊特曼，便在充滿活力的二〇年代夜夜觀察別人睡覺的狀態。這項辛苦的工作，使他贏得了「美國睡眠研究之父」的稱號，而儘管他常常徹夜不眠，卻活到了一百零四歲。他在睡眠節律方面的開創性研究，還包括了各項實驗，例如睡眠剝奪、夜間醒覺，以及不同地區居民的睡眠狀態。

有些優秀的研究生受到這項主題所吸引，而前往芝加哥大學生理學系加入克萊特曼的研究。一九五二年，一位名為亞瑟倫斯基的學生最早對睡眠期間的眼睛活動進行監測，並且嘗試加以理解。在他的說服之下，克萊特曼終於認同示波器上指針快速移動所記錄的並不是真空管擴大器所產生的電子雜訊，而是睡眠者的眼球運動狀態。克萊特曼擔心他們的同僚會對這些結果抱持懷疑的態度，亞瑟倫斯基於是提議把眼球運動拍攝下來，因為這種運動可以直接由外表觀察得到。可惜當時的攝影器材就和醫療監測器材一樣，不但體積龐大，而且效能不佳，攝影機的噪音經常吵醒觀察對象。亞瑟倫斯基的助手狄門特負責大部分的拍攝工作，後來終於把長達好幾小時的夜間影片——其中拍到眼球運動的部分只佔不到百分之五——剪接成三分鐘長的記錄片。這就是人類睡眠期間眼球運動的第一部影像記錄。

藉由這種做夢狀態的外顯證據，研究者即可選擇在特定階段喚醒睡眠者，詢問他們的夢境內容，以了解他們的眼球為何如此忙碌。後來的研究發現，睡眠期間的快速眼球運動非常重要，所以其他階段就統稱為「非快速眼動睡眠」。一九五〇年代後期，狄門特對於所謂的睡眠循環提出說明，於是建立了做夢與快速眼動睡眠之間的關聯。這種現象引來了幾種不同理論。數十年來，科學家暫時達成一項共識，認為快速眼動睡眠在學習過程以及記憶形成當中扮演非常重要的角色。有些研究者認為快速眼動睡眠有助於大腦皮質維持自身平衡，且認為快速眼動睡眠與大腦發展有關的理論之所以會出現，是因為科學家發現人類嬰兒每天平均有八個小時的快速眼動睡眠，這段時間隨著年齡增長而逐漸減少，成年之後的快速眼動睡眠只剩不到兩小時。一九八〇年代初期，米其森與克里克提議指出，快速眼動睡眠所扮演的角色可能不是輔助記憶，而是協助遺忘，幫助大腦清除不需要的雜亂連結。不過，根據近來新發現的證據，長久以來認為睡眠在記憶形成的過程中扮演關鍵角色的看法，似乎已經站不住腳。

我們若是狹隘地以人類的觀點看待事物，即可能根據我們自以為具備的獨特性去建構理論，而忽略了廣泛比較才能帶來更深入的理解。其他許多動物也有快速眼動睡眠。狄門特在一九五八年所發表的一篇論文，首度記錄了其他動物的睡眠循環——他記錄的對象是貓。大多數哺乳類動物都有快速眼動睡眠，包括盲眼的鼴鼠以及近乎盲眼的蝙蝠與深海鯨魚。有些鳥類也有快速眼動睡眠，但是鳥類的表親爬蟲類，則似乎完全沒有。

科學家在一九九八年發現鴨嘴獸的快速眼動睡眠時間達每天八小時，遠勝於其他任何動物，於是先前認為快速眼動睡眠與做夢和記憶有關的看法，又進一步遭到了質疑。鴨嘴獸是目前所知最原始的哺乳類動物，甚至還會下蛋。因此，鴨嘴獸的快速眼動睡眠時間竟然排行第一，就推翻了我們過去各種關於快速眼動睡眠的認知，包括認為快速眼動睡眠是種近代才演化出來的功能，而且有助於高等哺乳類動物的學習和記憶能力。其他動物也有長時間的快速眼動睡眠，包括尾巴肥厚的負鼠、巨犰狳、棕蝠，以及金倉鼠。

由這許多資料可知，不論快速眼動睡眠的功能為何，至少絕對與學習回應行為（而非啟動本能行為）的能力無關。大象與長頸鹿短得出人意料的快速眼動睡眠時間，則肯認了這項結論的正確性。加州大學洛杉磯分校的神經生物學家暨心理醫師席格寫道：「鴨嘴獸具備快速眼動睡眠的現象之所以重要，主要有兩個原因。第一是鴨嘴獸似乎利用睡眠讓大腦自行發展或充電。第二個原因可能更為重要，則是快速眼動睡眠早在動物演化的初期階段即已存在。」現在，科學家認為快速眼動睡眠也許和基本的腦幹功能有關。

今天，睡眠研究是個炙手可熱的領域。在美國多達兩百家以上的睡眠障礙中心裡，科學家與醫師所研究的議題包羅萬象，包括輪值晚班對工作安全的影響，以及失眠對老化、心肺功能，以及憂鬱症的影響。根據研究者的看法，這個成長迅速的研究領域，乃是從當初發現快速眼動睡眠的本質為開端。眼睛這個身兼訊息傳達者、守護者，以及隱喻等多樣功能的器官，可說是我們理解夢境的管道，就算不能因此稱得上是讓我們窺見自身靈魂的靈魂之窗，至少也讓我們得以瞥見我們和其他動物之間古老的親屬關係。許多動物在睡眠期間都會做夢。睡眠期間的眼球雖然只能在眼瞼裡面窺看，但夢境裡面的眼睛卻是像電影觀眾一樣全神貫注地凝視著各種想像的情境。

閉上你的眼睛

啊，死神，來闔上我的眼睛吧……

——摘自十七世紀一位匿名作家所寫的牧歌

我們眨眼的時候會閉上眼睛，我們睡覺的時候會閉上眼睛。此外，一如以上所摘錄的牧歌歌詞所示，幾千年來許許多多人也在告別人世的時候閉上眼睛，以致文學作品中經常以睡覺的意象代表死亡。

一八二七年，布雷克躺在床上奄奄一息。他當時年近七十，身兼詩人、鐫刻家、畫家、神秘主義者等身分，同時又是公認的瘋子。當時布雷克的文學成就尚未受到世人肯定，也還沒獲得操勞過度的遠見家（visionary）這項名聲。「遠見家」一詞裡的「見」字，他的確是當之無愧。布雷克不僅用詩作讚頌了世界的美景，一生中也不斷看見異象。他堅稱自己兒時曾經看過先知以西結「身在一根青樹枝下」，也看過一棵樹上「滿是天使」。他甚至把最高級的創意稱為神聖異象。因此，本章以一則與他眼睛有關的小故事作結，自然是再恰當也不過了。布雷克斷氣之後，他的朋友里奇蒙走到他身邊，輕輕闔上了他仍然瞪得大大的眼睛。里奇蒙說這麼做，是為了「把他所見的異象保存起來」。

4 吸血鬼的耳朵

順風耳

臉部五官有地位高低之別。眼睛和嘴巴最受重視，耳朵和鼻子則最常遭人埋怨。黛安娜王妃在一九八二年生下威廉王子，據說英國女王伊麗莎白二世第一眼看到這個孫子的時候，說了這句足以代表全世界民眾心聲的話：「謝天謝地，他沒有他爸爸的那雙耳朵。」如果伊麗莎白二世沒有說過這句話，她其實是應該說的。英國王儲查爾斯那雙像茶壺手把一樣的耳朵，總是漫畫家最愛嘲弄的對象。這也不是他所獨有的特色。克拉克・蓋博甚至還曾經在幾部電影裡把他的大耳朵向後貼住，儘管如此還是遭到《樂一通》卡通短片的諧仿。

美國建築師莎利文在十九世紀末曾經說過這句經典名言：「形式永遠追隨功能。」這句格言融入時代精神之後，現在從時裝界乃至經濟圈，所有人對這句話都是朗朗上口，而且改成了比較簡潔有力的：「形式追隨功能。」以設計摩天大樓聞名，並且提倡功能主義美學運動的莎利文，當初說這句話並不是針對自然界，不過，這句宣言卻與演化結果深深契合，以致生物學家也在老早以前就引用了他這句話。演化作用把我們的外耳型塑成彎彎曲曲的模樣，用以收集空氣中的聲波，再匯入我們的頭腦裡。此處的媒介雖是生物體，負責雕刻的大師卻是物理作用。生理學家艾克斯坦以他一貫信手拈來的抒情筆觸寫道：「耳朵的演化得花上許多時間，許多個熱天午後的辛勤勞動，當時的地球還年輕得多。」艾克斯坦指的是聽覺，但這句話同樣可以用來描述耳廓的形狀。人類頭部這個形狀花俏的裝飾品在英文中又有另外兩個名稱，一個是「auricle」，原為拉丁文字眼，意指耳朵；另一個則是「pinna」，也來自拉丁文，原意為羽毛或翅膀，生物學家用這個字眼為許多東西命名，包括海象與海豹身上像翅膀的鰭（這兩種動物都歸屬於「Pinnipedia」（鰭腳亞目）當中），以及羽狀複葉植物如同羽毛般的分枝。

自然界確實花了很長的時間，才雕塑出黑猩猩和英國王室成員頭上那雙形狀花俏的耳朵。自然界裡各式各樣的耳朵形狀，顯示了人類耳朵獨特的適應發展。昆蟲總是一心要充當地球上最科幻的生物，因此身上各處布滿了耳朵。隨著演化層級一路往上，可發現有些不同構造比我們的耳朵還要古老。兩棲類與若干爬蟲類動物甚至連從鼓膜通往頭部表面的這條管道都沒有。鳥類沒有外耳；貓頭鷹頭上看起來像耳朵的突起部分只是兩簇羽毛而已；只有哺乳類動物才有由軟骨與皮膚構成的兩只貝殼狀外耳。我們在這方面的同類倒是有不少獨具特色的變化。只要想到三種不同耳朵：野兔、非洲象、還有葉鼻蝠的耳朵，就足以讓人深深體會到哺乳類動物耳朵的多樣性。大象與野兔的耳朵所以超乎比例地大，原因是為了在溫暖的氣候裡有助於散熱。蝙蝠的耳朵通常也大，為的是充當碟形天線，以便接收自己發出的聲納脈衝所反射回來的回音。

厚皮動物與嚙齒動物的耳朵，其形狀與位置是同時演化而成的，和我們相同。我們的耳朵和眼睛一樣，都展現出我們身體喜好兩側對稱的傾向。這是一種優美的結構，可是有什麼用處呢？這個問題的答案一樣也在物理作用上。聲波傳到我們頭部的時候，一定會先抵達一邊的耳朵。不同的聲波經由外耳蒐集之後，便順著耳道進入中耳，再到內耳，然後轉為電脈衝。兩隻耳朵接收聲音的時間差即可讓大腦經由三角測量判定發出聲音的地點。這種定位方式和眼睛的視野重疊方式相同，由左右兩邊的器官共同合作，讓我們產生深度的知覺。我們的耳朵就像兩只碟形天線，對於人類語音音域當中的聲音接收效果最佳。由此可知，在周遭種種嘈雜的聲音中，我們的原廠設定就是以聆聽彼此的言語為主。我們這種雙接收器的聽覺系統，對於聲音來源方向的偵測，可達到誤差僅兩度的細微程度。如果把我們的頭顱想成一個三百六十度圓圈的圓心，即可想像得到聽覺作用的細膩程度。你若是聽到一個小孩赤腳走在地毯上，即可判斷他是從哪個方向走來；若是聽到一根針掉到地上，即可根據其彈跳的聲音判斷大致地點，而能夠在有限的範圍內讓眼睛找到這根針。此外，兩隻耳朵也是一種保險措施。就像眼睛、肺、腎、手、腳等等這些成雙成對的器官一樣，我們在這個繁忙的世界一旦遭遇任何不幸，第二隻耳朵也可以當成備份使用。

我們為了增進耳朵的收音效果而轉頭或把手掌放在耳朵後方，其實就是在實踐彎曲耳廓的原理。在電子助聽器出現以前，喇叭狀助聽器所採用的也是這種原理。世界各地的人類都懂得彎曲手掌置於耳後的動作，中國神話故事裡就有這麼一幅圖像：媽祖身邊有兩名侍神，各有一種特別強化的感官能力，可以藉此看見或聽到世界各地發生的事情（就像北歐神話裡的主神奧丁，也會派出赫吉與穆寧這兩隻烏鴉——分別代表思想與記憶——去執行偵察任務）。這兩名侍神就是千里眼與順風耳。「里」這個長度單位的定義雖然在中國各地略有不同，但是大致上約等於三分之一英里。順風耳的聲音蒐集系統一定足以媲美位於波多黎各的阿雷西波無線電波望遠鏡。千里眼總是把手掌平舉在眼睛上方遮擋強光，順風耳則習慣彎曲著手掌放在耳朵後方。

雖然本書的旅程是以身體外表為主，但且讓我們暫時窺看一下耳洞裡面的構造：受到耳廓所包圍、而且以肉眼觀察約可看到一吋左右的這段管道，稱為「外耳道」。「道」的英文名稱為「meatus」，陰莖頂端的尿道口也是這個名稱。耳道能夠把聲波導入中耳，從而啟動真正執行聽覺任務的儀器。除此之外，耳道也具有擔任障礙道的功能。外界的異物若要進入耳朵裡面，首先必須越過耳道開口處的纖毛，然後還得穿越耵聹腺所分泌的蠟狀物質，因此極少有異物能夠侵入耳洞內部。

微不足道的事物也可能有其重要性，這點從讓人看了噁心的耳垢上即可看得出來。耳垢的學名為「耵聹」，共可分為兩種，其中一種又黏又溼，外表呈褐色；另外一種呈乾碎狀，顏色為灰色或米色。整體而言，非洲人與歐洲人的耳垢屬於前者，亞洲人則屬於後者。這種差別的重要性遠比你想像的還要高。一九九〇年代末期，長崎大學醫學院裡一群細心的科學家發現了一種奇特的相互關聯：耳垢呈黏溼狀的日本女性，罹患乳癌的比率較高。這項觀察結果顯示，耳垢基因或其他與此相關的基因，對乳癌的發生有所影響。畢竟，耵聹腺與乳房裡生產乳汁的頂泌腺具有生理上的關聯性。於是，這些科學家一手捧著樣本，一手拿著筆記簿，就開始進行研究。他們發現溼耳垢屬於顯性，乾耳垢屬於隱性；只不過直到本書寫作的時間為止，他們還未找出其中相關的基因為何。

我們身上這些傑出的附件，在宗教與藝術象徵當中被賦予了許多面貌——一開始有了語言，就需要有耳朵加以聆聽，而耳朵也就成為生命氣息的接收器。埃及神話認為左耳負責接收「死亡之氣」，右耳則負責接收「生命之氣」。在古希臘神話中，卡珊德拉、赫倫娜斯和墨蘭普斯的耳朵都受到蛇的舔舐，因而獲得預知未來的能力。基督教圖像學當中同時採用了多種象徵，以鴿子代表聖靈，耳朵則代表通往處女聖母靈魂的門戶。在某些圖像裡，天上的一束光射入了瑪利亞的耳朵，於是她便經由這種聽覺性交而懷了聖子。

以占星聞名的迦勒底人，其占卜者曾根據生育異常而發明出一整套預兆，其中許多兆象都與耳朵有關。右耳較小或者右耳底下出現傷口，表示父系的家族將會毀敗；缺了兩隻耳朵預示喪事以及國力衰弱；如果兩隻耳朵都出現畸形，表示國家將會滅亡，敵人為此歡慶。嬰兒出生後，如果兩隻耳朵都長在頭部的同一邊，表示政治平和、國家繁榮。既然這種畸形現象極為罕見，難怪平和與繁榮總是稍縱即逝。

就算沒有神話上的各種象徵意義，耳朵以其在身體上所具有的重要性，也足以出現在許多重要文學作品的場景裡。在《失樂園》當中，天使在亞當的耳旁低語形上學，毒蛇則在夏娃的耳邊灌輸反叛思想。哈姆雷特的父王死後向兒子顯靈，透露自己遭人謀殺的經過：荒淫亂倫的克羅帝斯趁他熟睡的時候在他耳中倒入毒藥。這位遭害的國王所用的語言非常簡潔，他用「porch」這個拉丁文，意指通道或入口，而耳朵正是代表門戶，可通往大腦，內心，甚至靈魂。

蘇格蘭史學家卡萊爾說自己停止抽菸，是受到一名「耳朵又長又生滿了毛的呆瓜醫生」說服的結果。耳朵有毛為什麼看起來粗俗不雅？這種景象其實頗為常見。隨著男人的頭頂開始掉髮，耳朵的前庭也同時成為毛髮生長的新處所，而對男性尊嚴造成進一步的傷害。在我們一生當中，耳朵內部都會不斷生長毛髮。等到我們年紀老邁的時候，耳中的毛髮就像適應力超強的雜草，逐漸蔓延到耳道口，甚至擴展到耳廓上。實際上，耳朵當中一個經常遭人忽略的部位，就因為這些毛髮而得名——耳朵前方有一小塊軟骨，看起來像是一扇半開的門扉保護著耳道入口，這塊軟骨叫耳屏，其英文名稱「tragus」源自希臘文的「tragos」，原意指「公羊」，原本就有耳毛的意思。這塊耳屏不是人類所獨有，在許多種蝙蝠身上，諸如長耳蝠、葉鼻蝠，以及沙漠蝠，牠們的耳屏都大幅增大，這種發展顯然有助於耳朵接收來自兩側而非前方的聲波。我們如果不想聽別人的忠告，或者要避免海上女妖的魅人歌聲鑽入耳中，就會壓下耳屏以堵住耳洞。

和身體上的大多數部位一樣，耳朵也早已受到量測分析，用來當作個性的表徵。人體測量學這種測量人體比例的學問，也沒有把耳朵忽略掉。十九世紀巴黎的犯罪學家柏蒂龍，曾經嘗試把耳朵尺寸納入他的人體測量鑑識方法當中。一如我們的指紋——還有像臉部熱輻射這類比較不易察覺的辨識標記——每個人的耳形也是獨一無二。只可惜，耳形的差異不像指紋那麼容易分類存檔，而且耳形也不像指紋那麼容易拓印。耳形確實可分為幾種類別，但是從來沒有人把這些類別與行為之間的關係建立起來，只不過，這種觀念顯然還是存在。在英國導演厄文於一九九五年推出的電影《湖畔迷情》當中，蕾格烈芙所飾演的女主角，不斷向一名俊帥的男子聲稱她會由耳朵判斷人，她所嘗試要做的，就是從形狀歸納出來的模式推斷人的個性。

耳朵雖然沒有在色情影片裡受到重視，可是對很多人來說，耳朵都是個重要的性感帶。我們通常不會讓別人觸摸我們的耳朵，性行為當中的前戲則是少數的例外。對有些人來說，耳邊低語的情慾感受可能和四唇相接一樣強烈。人類的文化史也不曾忽略耳朵的情慾效果。過去人們曾經一度認為女性的耳朵近乎猥褻，只因其形狀近似於女性生殖器。耳廓簡直是陰唇形狀的翻版，耳洞更是讓人不禁聯想到另外那個孔洞。這種想法也在古代的神話當中具體呈現，其中不時可見到關於耳朵生育的描寫。在印度教當中，太陽神蘇利耶之子羯摩就是以這種方式降生世間。英文的「grotesque」（怪誕）一詞即是這種概念的委婉稱呼，而由貝殼裡誕生也是同樣的概念。耳朵與貝殼都呈現旋繞內摺的形狀，視覺上足以令人聯想到外陰，因此也就成為性交與生育的象徵。結果，經由交感巫術的運用，有些人於是認為貝殼具有促進順利分娩的魔力。十九世紀有一句俚語把這種意象顛倒過來，而把外陰稱為「兩腿之間的耳朵」。

不論耳朵是不是根據上帝的形象而塑造，我們都必須把這種粗鄙的聯想遮掩起來，以免汙染了純真無邪的年輕人。不過，雖然男女的耳朵形狀都相同，這種禁忌卻只適用在女人身上。至於造物主為什麼會在頭顱兩側擺上帶有情慾意味的雕塑品，卻從來沒有人認真探討過。除此之外，有些人的耳朵上會有小小的尖突，大概也是造物主一時興起，以同樣的藝術手法造成的結果。

達爾文點與魔術師的耳朵

達爾文在一八七一年的經典巨著《人類原始論》當中，提到雕刻家伍爾納讓他注意到人體上一個特殊的構造，他稱之為「外耳上一個小小的異常之處」。伍爾納在雕刻具有尖耳朵的妖精塑像時，發現許多人的耳朵在耳輪上方的內摺邊緣處，都有一個小小的點狀突起。伍爾納觀察了不少人的耳朵，然後又觀察了一些猿猴的耳朵，不久之後，他就把他的發現告知了達爾文。

於是，達爾文在《人類原始論》裡寫道：

> 這種突起不但往內朝向耳朵中央，而且通常些微偏外，因此從頭部正前方或正後方都可看到。這種突起有大有小，位置也不太一定，有的較高，有的較低，有時候也只出現在一邊的耳朵上。

在和我們親屬關係極為接近的猿類，甚至是遠親的猴類身上，都不難發現這個奇特的構造。

達爾文推論認為耳輪是原本耳朵邊緣內摺而形成的結果。接著他又猜測，儘管形成這種狀態的原因並不清楚，但這種內摺的現象應與我們的外耳平貼於頭部兩側的狀態有關。他以若干看似祖型重現的耳朵為例，指出這些耳朵的外緣並沒有內摺形成唇狀，而是像四足動物的耳朵一樣扁平而且呈現尖突狀。他論斷指出：「這兩個案例當中的耳朵邊緣如果像一般人一樣向內彎摺，一定會形成朝內的突起模樣。」達爾文毫不偏頗地引述了一位同僚的反對意見，指稱這些觀察結果只是「變異現象而已」，但同時仍然堅持自己的看法，認為「這種突起乃是先前直立尖耳朵的殘跡」。直到今日，耳輪邊緣的這種突起仍然稱為「達爾文點」，或者「達爾文結節」。今天我們知道這是一種經由孟德爾式遺傳所傳承下來的顯性特徵。達爾文點的形狀和身高這類特徵不同，它不受環境影響，完全由遺傳因子組合決定。

達爾文對原始耳朵的描述，後來所出現的發展頗為有趣。《人類原始論》出版之後五年，義大利犯罪學家倫柏羅索出版了《犯罪者論》的第一版。倫柏羅索認為大多數的犯罪行為都是祖型重現，是一種回歸原始行為的現象。這種表現出社會達爾文主義初期特徵的看法，乃是奠基於一種對遺傳的認知。後來美國有一名監獄專家，就因為抱持這種認知而指出：「良好的種子能夠產出甜美健康的果實，不良的父母只會生育有缺陷的後代。」倫柏羅索的理論立基於缺乏根據的資料，以及人數有限的觀察對象，其中主要都是西西里監獄裡的囚犯。他認為就整體來說，罪犯乃是先天生成，不是後天造就——同時，他也和大多數人一樣，總是很能夠看到自己想要看到的東西。舉例而言，倫柏羅索斷然聲稱擁有犯罪人格的人，下巴與顴骨都比一般人大。他承認這一點並不屬於祖型重現，而猜測這種現象可能來自於「緊咬牙齒或者繃緊嘴巴肌肉的行為，這種行為需要肌肉的猛烈使力，正是信念強烈而且懷有報復心態的人所習慣的行為」。他隨便拋出的統計數據，稱之為不太可靠還算是客氣的說法，例如：「凸顎，也就是臉部下半部突出於額頭之前的現象，出現在百分之四十五點七的罪犯身上。」

倫柏羅索堅持認為耳朵和身體其他許多部位一樣，都可以看得到墮落人格的線索。他在這方面所舉出的證據也一樣毫不可信。他說罪犯的耳朵「通常」較大，但是「偶爾」也會較小。他詳細指出：「百分之二十八的罪犯，耳朵形狀猶似手把，並且像黑猩猩的耳朵一樣向兩旁突出。」接著他又大言不慚地補充道：「在其他案例當中，罪犯的耳朵則大小不一。」倫柏羅索對自己從不客觀的資料上所歸納而出的結果滿懷自信，於是繼續提出各種數據，在我們今天看來，卻是明顯自相矛盾。他不斷拿這種所謂的祖型重現現象大作文章，實際上卻是利用我們對自身動物本性的恐懼。這種恐懼在神話當中到處可見，例如希臘神話裡半人半羊的森林之神，其獸性特徵之一就是尖尖的耳朵。

最後，倫柏羅索終於談到了《人類原始論》當中提出的達爾文點：

我們通常也會看到畸形的扁平耳朵，沒有耳輪、耳屏，也沒有對耳屏，而且在後上方的邊緣還有一處突起（達爾文結節），也就是猿猴尖耳的殘跡。耳垂也有各種異常現象，有些過度緊附於臉部，或者像古埃及人的耳垂那樣碩大；在某些案例中，耳垂則完全消失，或者高度萎縮，以致耳朵看起來就和一般的猿猴沒有兩樣。

倫柏羅索的世界觀在小說裡保存了下來，而這也正是其適得其所之處。一八九七年，史杜克就使用了各種墮落人格的特徵，來描寫他筆下的邪惡化身——吸血鬼德古拉公爵。他的牙齒突出於嘴唇以外，額頭高聳，眉毛幾乎連成一字眉。除此之外，德古拉公爵的「耳朵蒼白，上端呈尖突狀」。

人類的耳朵還在另一個面向上和其他動物不同。不論是兔子，還是狗和馬，都能夠把耳朵自動轉向聲音來源方向。這種特徵不只是用來娛樂同伴，而是具有追蹤聲波的重要功能，不論這聲波來自於悄悄近逼的掠食者，還是慌忙逃竄的獵物。即便是夜行性的原猴亞目動物也具備這種令人稱羨的能力。不過，我們和其他晝行性的靈長類動物一樣，只有兩片嬌小的收音器具固定於頭部兩側，從而喪失了活動耳朵的能力。有少數人能夠抖動耳朵，但幅度也都不大。

在《人及動物之表情》一書中，達爾文舉了許多例子，說明其他動物的耳朵能夠有哪些動作。馬和豬，甚至還有兔子，在攻擊之前都會先把耳朵往後拉；不過，綿羊、牛、還有山羊則不會這麼做。達爾文甚至還區別了馬匹耳朵的不同動作，一種是轉往聲音來源方向，另一種則是因為憤怒而把耳朵朝後平貼在頭上。接著，他又進一步探討各種動物舉起耳朵並且轉向聲音來源處的不同方式。他補充道：「頭顱抬高，耳朵豎立，兩眼直視前方，這種姿態無疑表示了注意力的高度集中。」由於人類有其他選擇，因此集中注意力的時候也就不需要耳朵幫忙。

達爾文另外在《人類原始論》這部著作裡探討人類耳朵喪失活動能力的問題。他指出，控制我們外耳活動的外部肌肉，其發展非常有限，而且程度因人而異：「我曾經看過有人能夠把整個耳朵往前移動，有人能夠往上移動，另外還有人能夠往後移動……一般人如果經常觸摸自己的耳朵，把注意力集中在耳朵上，可能也能夠經由反覆嘗試而恢復一些活動能力。」就實用層面而言，耳朵的活動特徵在人類身上已然完全消失。達爾文承認耳朵的活動性對動物極為有用，從而認為人類的「整個外耳可以視為一種發育未完全的器官，其中各種皺褶與突起（耳輪與對耳輪，以及耳屏與對耳屏等）在低等動物身上能夠用於支撐耳朵豎立，同時又不必增加重量」。

不過，如同達爾文自己所指出的，其他科學家並不同意這種說法。舉例而言，有些科學家認為外耳的軟骨可能會把聲波傳給「聽神經」。達爾文無法回答的問題是，我們的近親和祖先為何會喪失舉起耳朵和轉動耳朵的能力。我們對這一點並不特別覺得惋惜，因為我們靈活的頸部能夠讓我們把整個頭轉向聲音來源方向。長期而言，這種方法可能還比較有效率。

我們對其他動物活動耳朵的模樣非常熟悉，因此，直到今天都還聲稱自己對有興趣的話題會「豎起耳朵」來聽。不過，老普里尼在兩千年前卻在《自然史》當中斷然指出：「只有人的耳朵不會動，這就是『大耳朵』這個暱稱的由來。」實際上，普里尼當初用的字眼是「flaccus」，意為「垂下」。他還引用了同時代另一位百科編纂者特羅古斯的話，認為人由外表可看出若干個性的徵象，其中包括這項非常有用的觀察結果：「大耳朵代表這個人話太多，而且腦筋不靈光。」即便是平常沒什麼判斷能力的普里尼，也不禁嘟噥了一句：「好個寶貴意見。」

偶爾有人具備祖型重現的耳朵抖動能力。一八九八年，二十四歲的魔術師魏斯——當時已經正式改名為胡迪尼——首次在魔術雜誌裡發表文章，說明了他用來和助手溝通的各種細膩信號，好讓助手知道觀眾在板子上寫了什麼。他在文章裡面誇口道：「我甚至訓練自己上下移動右耳，以便向助手打信號。」

耳聽，聽不足

身體上有些部位原本的用途到後來會逐漸改變，就好像有些人一開始受雇於某項工作，後來卻獲得升遷或調職一樣。正如語源學發掘出包藏在我們言語當中的歷史，身體的結構與行為也留下了過往的記錄。英國生物學家道金斯說過：「演化的開端絕不像白紙一樣空無一物，而是必須奠基在既有的基礎上。」於是，每個器官先前的功能也都或多或少會保存下來。

耳朵就是這種現象的典型例子。由於我們的聽覺儀器演化自原本扮演其他角色的器官，因此也就不能任意發展。在頭骨之內，介於頭顱兩側的碟形天線之間，才是真正的聽覺設備所在之處，而這項設備又同時兼具維持平衡的功能。內耳受到人體上最堅硬的骨骼所保護，而且位於耳蝸的最深處，讓我們遠古祖先所經歷過的水棲環境，在這裡仍可窺見一點蹤跡。耳朵一如其前身，也會對周遭液體的壓力變化產生反應。只不過，現在這些液體都已包覆於身體內部，而對聲波的細微振動產生反應。我們耳朵的聽覺感應非常敏銳，以致還有柯氏器這個器官來隔絕血液流過微血管所發出的細微聲響。

經由登陸月球的太空人和火星上的探測儀器，可知這兩個星球有一項共同點：兩者都如同墓園一樣寂靜無聲。太空人在月球上像兒童一樣玩耍，但是卻像默劇演員一樣毫無聲音，因為月球上沒有空氣傳遞我們的笑聲。相較之下，地球就實在嘈雜不已了。在幾千幾百萬年前，早在我們直立行走，開始互相調情說謊之前，水就已經滔滔奔流，鳥兒引吭高歌，涼風呼嘯而過，樹木軋然傾倒，冰雪也在動物腳下發出清脆的聲響。即便是在當下這個時刻，世界上也有成千上萬的生物不斷互相發出聲音，也向我們發出聲音。我們藉由聲音的引導，而能夠狩捕獵物、躲避掠食動物，並且慢慢發展出複雜的文化。

今天，我們憑藉著頭上這兩只靈活耐用，形似貝殼的滑稽器官，仍然不斷面對這個世界拋來的無形聲波。大腦看似絲毫不費力氣，輕易就把這些訊號轉為有意義的溝通資訊。對於每個聽覺正常的人來說，這種現象無時無刻不在發生。所幸地球上的大氣能夠傳遞聲波，動物才會發展出接收聲波的機制，我們也才能享受爵士大師貝雪的豎笛演奏，以及爵士女歌手賽莉科的歌聲。梭羅曾在日誌中提到我們受到聲音感動的奇特現象：「晚間的細微聲響提振了我的心情，而讓人生顯得極度平靜宏偉。」

耳朵最特出的一項天賦，就是能夠辨別各種不同的聲音，橫跨一百三十分貝。引述這種數據很簡單，但我們一定要花點時間來檢視一番。「貝」是「貝爾」的簡稱，這個單位也用在伏特與電力中，一般則是用於測量聲音的強度變化。不過，我們通常所用的單位卻是「分貝」（dB），也就是十分之一貝爾。分貝和測量地震強度的芮氏震級一樣，都採取對數標度。人類聽覺的最低極限訂為零分貝，十分貝代表十倍大的聲響，二十分貝則代表十的十倍，也就是一百倍大的聲響。人類的聽覺範圍涵蓋一百三十分貝，表示人耳最多可以辨別十兆倍的響度差異。

當然，除非我們能夠記得每一種聲響的差異，否則這樣的聽覺範圍就毫無意義。科學家估計，人類的大腦平均可以辨別四十萬種聲音。我們認得各種生物與無生物所發出的聲音，更不用說我們自己發出的各種美妙或惱人的聲響。羅馬詩人維吉爾提醒我們注意各種聲響背後一項無聲的訊息：「死神拉了拉我的耳朵，他說：『好好活，我很快就要來了。』」在死神來扯我們的耳朵之前，我們可以盡情享受《傳道書》當中所描述的各種聽覺層面，在「江河都往海裡流，海卻不滿」這句著名的詩文之後，傳道者又繼續教誨道：「眼看，看不飽；耳聽，聽不足。」就像我們勤奮的眼睛不會因為世界上各種花花綠綠的景物而超出負荷一般，我們美妙的耳朵也不會只以世界上的聲響為滿足。

5 可笑的鼻子

本文首先要為鼻子平反。此舉即便非完全必要，至少也算是嚴謹的表現。都說鼻子是個可笑的器官，不值得嚴肅討論。不過，這種說法其實只是偏見；就本質上而言，臉上的每個部位都一樣有價值……

——賈貝特，《鼻子札記》，一八五二

誠如賈貝特所注意到的，鼻子甚至比耳朵還不受人尊重。不過，鼻子身兼記憶的載具，隱藏的警報系統，情慾誘惑的秘密仲裁者，同時又默默輔助味覺感官，因此這塊由軟骨構成的結構，其實包藏了許多奇特的能力。此外，鼻子在英文當中也具有各種面貌：搶別人風頭可以搶得他鼻子脫臼❶，也可以挺著鼻子到處刺探別人的閒事❷；可以牽著別人的鼻子走，也可能硬從鼻子裡

❶ 譯註：英文片語「put someone's nose out of joint」，意指搶了他人風頭而讓人不快。
❷ 譯註：英文片語「poke one's nose into」。

抽出鈔票付錢❸；至於有些自虐狂，更是用鼻子推磨，日夜不休❹。我們看到不喜歡的東西會皺起鼻子，平時也可能用鼻子嗅到便宜貨，或者聞到可疑的氣味。有些提議根本無需贅言，我們就說像臉上的鼻子一樣顯而易見。有些美國人說如果鼻子癢，表示你的朋友馬上就會出現。根據希波克拉底的說法，流鼻血和月經剛開始一樣，都表示這個人即將發燒。

我們過度活躍的大腦總是忙碌不休，不斷對身邊的事物產生各種想像。不過，鼻子實際上的功能可也不比文化中的比喻來得少。千百年來，鼻子不僅能夠追尋獵物的蹤跡，也會警告我們迴避腐敗的食物。時至今日，我們仍然仰賴鼻子偵測煙霧乃至瓦斯漏氣等種種危險。如果沒有鼻子，我們的人生絕對會失色許多，再也無法察覺周遭世界裡那些揮發在空氣當中的分子——之所以說「揮發」，因為我們每聞到某種氣味，都是在辨識那些早已飄離物體本身的粒子。由於這個原因，氣味便可以是生物穩定性高低的簡易判別標準：例如花粉有氣味，玻璃沒有；排泄物有氣味，不鏽鋼沒有。我們和其他動物不同，常常只在無意間運用嗅覺，但香水商和酒商還是仰賴嗅覺而生存。許多動物都懂得善用嗅覺，例如昆蟲，還有魚類以及哺乳類動物。氣味是非常原始的溝通方式。母蠶蛾的求偶氣味可以傳達數哩之遠，公蠶蛾聞到這種氣味之後，也能夠像鎖定雷達信號一樣準確找到對方所在處。即便是我們身邊的貓和狗，牠們看待世界的感官地圖也和我們大

❸ 譯註：英文片語「pay through the nose」，意指支付過高的代價。
❹ 譯註：英文片語「put one's nose to the grindstone」，指人孜孜不倦。

不相同，主要來自於牠們不斷抽動的鼻孔。

我們總是把身上的鼻孔視為理所當然，其實鼻孔是一種很有趣的發展。尼采聲稱自己的才智存在於鼻孔當中，普魯斯特實在也可以這麼說。尼采所指的雖然是他的嗅覺，可是鼻孔本身其實也非常有趣。英文的「nostril」（鼻孔）源自於古英文的「nosthyrel」，意思為「鼻子上的洞」。這對孔洞的位置正好適合分析飄浮在空氣中的分子，鼻孔內的許多毛髮則可過濾較大的粒子，以及少數迷失了方向的昆蟲。鼻孔頗具活動性，而且通常也頗為迷人。想想看，我們如果是爬蟲類動物的後代，鼻孔將會是什麼模樣？我們不但會冬眠、遷徙、像共和黨議員一樣冷血無情，而且我們的鼻孔也無法扭動。老普里尼引述古希臘外交家麥加斯梯尼的說法，指稱印度的遊牧部落當中有一種民族叫做「西里泰」，這個民族「像蛇一樣」，在原來鼻孔所在的位置上，只有兩個小洞。想像我們的鼻孔靜止不動的模樣。身上噴了除臭劑的美國遊客，要是沒有那一對活靈活現的敏銳鼻孔，他們在異國地鐵汗臭沖天的車廂裡，就不能抽動鼻子表達厭惡。

《創世記》當中寫道：「耶和華神用地上的塵土造人，將生氣吹在他鼻孔裡，他就成了有靈的活人。」在現代社會中，我們卻貶抑了鼻孔原本身為神聖導管的地位。幽默作家特里林嘲諷一九六〇年代安迪・沃荷與小野洋子所拍的影片，就說自己正打算拍一部記錄片，叫做《鼻孔》。在一九六〇年代的電視喜劇影集《神仙家庭》當中，伊麗莎白・蒙哥馬利所飾演的女主角每次要施展她那淘氣的魔法之前，都得先抖一抖鼻子。這項招牌動作等於是告知觀眾，劇情的推展即將暫時脫離現實，因為她馬上就要施展魔法了。不過，她之所以能夠做出這項動作，是因為人類的鼻孔和其他哺乳類動物頗為相似。

我們的鼻孔傳承自哺乳類動物的特徵，具有靈活的活動性。不過，對許多人來說，鼻子只是靜靜攀附在臉部中央，支撐著眼鏡，而且經常堵塞不通。儘管電視上的女巫能夠抖動鼻子施展魔法，一般人的鼻子卻不像其他動物那麼靈活。狗、馬、貓——這些動物之所以看起來很有趣，部分原因就是牠們忙碌的鼻子為臉部表情增添了許多趣味。外在的活動代表了內在的忙碌。動物強大的嗅覺能力，總是不免讓我們想到自己的鼻子相較之下多麼遜色。卻斯特頓有一首打油詩，看起來和電影《萬花嬉春》當中的歌曲〈摩西以為〉頗有神似之處。他在這首詩裡，透過一條狗的觀點對我們欠缺氣味的人生表達憐憫：

> 即便是玫瑰的氣味，
> 也遠非他們所以為……
> 只有上天才知道，
> 人類的嗅覺多麼微不足道。

早在古希臘時代，亞里斯多德就曾經抱怨我們喪失了嗅覺能力。但是只有和其他動物互相比較，我們的嗅覺才會顯得微不足道。數十年來，科學家終於慢慢了解人類嗅覺系統的發展過程。我們的嗅覺系統發展得很早，自受精之後大約五個星期，胚胎的臉部雛形上就會出現鼻窩；再過一兩個星期後，清晰可辨的鼻孔即告出現。嗅覺神經細胞很早就已成形，但是必須等到受孕二十八週以後才會發展成偵測氣味的特化細胞。這時候，胎兒其實已經具備嗅覺能力，即便在子宮當中也有各種香氣。在這個時間之前出生的早產兒對氣味沒有反應，可是到了這個時候，他們也會開始趨向或迴避各種氣味。神經生物學家麗絲・艾略特寫道：「嗅覺能力在懷孕後期迅速發展，而且胎兒的嗅覺生活也豐富得出人意料。他們的嗅覺不受羊水所阻礙，因為氣味分子本來就會先溶解於鼻黏液當中，轉為液態，再黏附於嗅覺感受器上。」

我們一生當中，鼻腔通道總是保持潮溼狀態，而且經常還會因為過敏或者感染而出現堵塞。在這種情況下所形成的物質，無論乾燥或潮溼都必須從鼻子中移除。就乾燥的物質而言，電視喜劇影集《歡樂單身派對》指出，由於聖地是乾燥的沙漠空氣，所以摩西一定常常挖鼻孔。至於潮溼的物質，英文則是從古英文的「gesnot」衍生出了一個令人聞之作嘔的字眼❺。這種物質一定要移除，不然就會在地心引力的作用下泌流而出。拜這種物質之賜，小朋友的個人衛生才會總是讓人不敢恭維。作家歐・亨利說過：「人生由啜泣、抽吸和微笑組成，其中以抽吸所佔比例最高。」我們抽吸鼻子通常不是因為憂傷，而是因為鼻塞。古希臘醫師蓋侖認為鼻子裡排出的物質代表「清洗大腦」。希臘文的「katarrhous」意指「流下」，到了中世紀演變為「catarrh」，而成為一個指稱呼吸道疾病的萬用詞彙，不論是過敏還是鼻竇感染，只要是鼻黏膜發炎導致流鼻涕，都可以用

❺譯註：即「snot」，意指鼻涕，但在英文為一粗俗的禁忌字眼。

這個字眼稱之。

對於累積在鼻孔內的物質，應該怎麼處理呢？在《禮儀史》一書中，文化史學家艾里亞斯探究了過去五百年來，人類對身體各種自然功能所抱持的態度經過哪些演變。數百年來，歐洲人與他們分布廣泛的後代，對於自己的身體，以及身體的各種自然機能，還有因此產生的各種副產品，都愈來愈不願意暴露在他人眼前——目前留下記載的各種規範當中，包括一份一五八九年的文件，告誡人不得在屋內的牆邊小便；還有一七七四年一份嚴厲的命令，規定「無論何時何地，都不得談論那些隨時皆應當遮掩隱藏的身體部位」。艾里亞斯也提及擤鼻涕的行為。十五世紀一名德國作家寫道：「用桌布擤鼻涕是不當的行為。」大約同時間，法國一名評論家也指出：「不要用拿肉的那隻手擤鼻涕。」十六世紀的荷蘭人文主義者伊拉斯謨斯，在他許多有關兒童與教養的文章當中，也有這麼一項忠告：「用帽子或者衣服擤鼻涕是粗野的行為……用手也好不到哪裡去……合宜的做法是用手帕抹鼻子，如果有比較體面的人士在場，這麼做的時候最好轉到旁邊。」他還特別為這句帶有階級意識的話語加上了強調標記。到了十八世紀末，一位名叫勒梅桑哲赫的作者在《巴黎旅客》一書裡寫道：「幾年前，有人把擤鼻涕變成一種表演——有一個人模仿喇叭的聲音，另一個則是模仿貓叫。這種表演要做得好，秘訣在於聲音不能太大，也不能太小。」現在，我們似乎早已忘記如何吹奏這種樂器了。

古怪的配角

過去幾十年來傳布甚廣的幽浮謬論，其中一個比較有趣的面向，就是太空訪客與人類近似的模樣。外星人來自遙遠的銀河系，演化歷史完全不同，卻剛好也有兩隻眼睛，一張嘴巴，一顆靠脖子支撐的頭顱，以及兩隻手和兩隻腳——甚至常常也有一個鼻子。在一九六〇年代一起著名的飛碟綁架事件中，受害人希爾夫婦對於外星人的描述各自不同。丈夫巴尼說外星人臉上鼻子的部位只有一條縫。不過，這場慘痛的遭遇顯然讓他們其中一人的記憶出現了混淆，因為太太貝蒂堅稱外星人的鼻子很大，而且還特別說明他們的鼻子看起來就像著名喜劇演員杜蘭德的鼻子。

小說裡，鼻子常常是個古怪的配角。鼻子在藝術作品中最知名的形象，大概要算是小木偶臉上那個為他帶來許多麻煩的誠實度量儀。這個讓許多佛洛伊德學說的信奉者樂之不疲的鼻子，乃是出現在柯洛帝的《木偶奇遇記》這部驚怖駭人的故事當中（在迪士尼的動畫版本裡，許多情節其實都受到淡化處理）。果戈理的想像力總是天馬行空，在他的一則故事裡，理髮師雅科夫列維奇有一天早上竟然在一條剛出爐的土司裡發現了一只鼻子——真是令人作嘔的意象。同時，在小鎮的另一邊，一位名叫科伐列夫的人卻在鏡子前面發現「自己臉上原本鼻子的所在處，竟然變成光滑一片」！伍迪・艾倫早期的作品《傻瓜大鬧科學城》，把場景設定在未來的一個反烏托邦社會。片中，該社會的領導人遭人殺害，而必須從他僅存的身體部位將他複製回來——這唯一僅存的身體部位就是他的鼻子。科幻作家奈特在〈神的鼻子〉這篇故事裡，描寫造物主打了個噴嚏，世界就此誕生。《兔子坡》的作者勞森寫過另外一部童書《靈鼻馬丁》，在這部書裡，一個小男孩因為能夠聞到各種別人聞不到的氣味，結果捲入了各式各樣的冒險之中。根據傳說，在西元十世紀的英格蘭，一碼的定義，就是國王埃德加伸直手臂、從鼻尖到中指指尖的長度距離。一吋據說原本也是國王拇指指節的長度。

我們無法確知埃德加的鼻子是否真的對歷史有所貢獻，但有些歷史故事的真實性倒是比較沒有疑問。性情浪漫但是鼻子大得嚇人的大鼻子情聖席哈諾是個虛構人物，從法拉乃至史提夫・馬丁等許多演員都曾經在銀幕上飾演過他。不過，羅斯丹以及其他作家撰寫這名人物的時候，靈感都是來自於真實人物貝荷傑哈克的實際冒險經歷。在羅斯丹筆下，席哈諾曾經如此頌揚鼻子：

大鼻子代表人格偉大——
和善、有禮、聰穎，
雄健又有勇氣。

日本人一定不同意這種說法，至少對「偉大」的定義一定不同。一八五三年，美國艦隊司令培理以武力威迫日本開關通商，次年便有一名日本藝術家畫了一幅他的諷刺畫像，臉上的鼻子大得驚人——在許多亞洲人眼中，西方人的鼻子都是大得可笑。

又過一年，賈貝特在英國出版了一本題為《鼻子札記》的著作。他在書中為鼻子所做的辯護，就是本章開頭的引言。針對鼻子，他如此宣稱：「我們相信，鼻子除了是臉上的裝飾品，是呼吸的器具，以及可以用來拽拖無禮的傢伙之外，還是個人品行的重要指標。」在此七十五年前，瑞士神秘主義者暨神學家拉瓦特創立了一項稱為相面術的運動，認為可由臉部特徵看出人的品德與個性。賈貝特的靈感就是來自拉瓦特。不過，他以自己在分類上的偏好，而把鼻子分成了好幾種類別，其中一類屬於民族類別，定義裡帶有強烈的種族偏見：「每個民族都有其特殊的鼻子型態。文明發展程度愈低的民族，鼻子的特殊型態就愈普遍而且明顯……最有組織而且智力最高的種族，臉上的鼻子也最高挺，未開化的野蠻民族則有形似於低等動物的塌鼻子，高度通常不超過下巴。」

賈貝特列舉了五種歐洲人的鼻子，每一種在男人或女人身上又各自代表不同意義。鷹鉤鼻在男人臉上，一方面代表果斷與活力，同時卻也代表缺乏品味；在女人臉上，則展現出不恰當的「男性化活力」。直鼻不論在男女身上，都是「最高級也最美麗的型態」，代表高雅的藝術性情。賈貝特補充，擁有這種鼻子的女性也可能具備精湛的刺繡技巧。一見即知的「思考鼻」，有時候只能從正面看得出來；這種鼻子出現在男人臉上的機會比較大，因為女人重感情而不重思考。猶太鼻（鷹鉤鼻）在男人臉上代表精通世俗事務，而且善於謀利；這種鼻子在女人臉上也很少見，因為女人通常比較依賴，也比較容易受騙。最後的短鼻與朝天鼻這兩種類別則放在一起討論：在男人臉上，前者代表小氣、無禮，以及軟弱，後者與前者相差不大，只是多了一點狡猾而已，但這種軟弱的個性在女人身上則是「可以原諒，而且頗為可愛」。此外，賈貝特還大方承認自己「對女性身上的這種特質有一種潛藏在心裡的偏愛，一種難以抗拒的喜好」。

相面術這門「科學」差點扼殺了達爾文的科學事業。這起事件發生在賈貝特為鼻子歸類的二十年前。聖經的忠實信奉者要不是把達爾文視為魔鬼的化身，否則可能會覺得他一生的成就乃是受到神的幫助。歷史上確實沒幾個人的人生像他那麼猶似上天註定。達爾文在大學裡學法和學醫都不順利，於是和大多數士紳的兒子一樣決定到鄉下當個牧師糊口，把研究博物學當做興趣。一八三一年，他才二十二歲，竟突然獲得到海軍探勘船小獵犬號上無償擔任艦長旅伴的機會——不過，這項機會卻是在許多人拒絕之後才落到他身上的。後來達爾文才知道，即便是在他接受船長面試的時候，也差點栽在另外一項障礙上。小獵犬號的船長費茲羅伊為人嚴苛，達爾文在自傳裡提到，他「是拉瓦特忠實的追隨者，自認能夠從相貌上看出人的性格。以我的鼻子來看，他認為我應該沒有足夠的精力和決心完成這趟航程」。不過，達爾文的個性與推薦信函終於消弭了費茲羅伊的擔憂，而且後來他對達爾文的印象極好，甚至還用達爾文的名字為若干地形命名。達爾文接著指出：「我想他後來大概很確信我的鼻子說了謊。」

6 古風式微笑

西元前六世紀與五世紀期間，地中海周遭非常忙碌。赫拉克利特斯正忙著將火、變動、還有憤世嫉俗的思想結合成為一種世界觀。畢達哥拉斯一方面在構思他那道簡潔的斜邊定理，同時也為後來的科學家創造了追尋萬有理論所使用的詞彙。菲迪亞斯努力用大理石雕出人形，卡利馬科斯則據說發明了科林斯柱式。品達與索弗克勒斯熬夜撰寫體育頌歌和王室亂倫的故事，至於不是作家的其他人，則忙著收割糧食、撫養子女，以及征戰殺伐。

儘管如此，我們對那個時代卻所知甚少，原因是時間毀壞了大部分的證據。舉例來說，一般認為埃斯庫羅斯總共寫了六十多部劇本，但是留存下來的卻只有七部。除此之外，還有許許多多的謎。學者葛林指出：「古風式微笑這項令人困惑不解的著名現象，就是那團謎霧的最佳象徵。」古希臘時代有一種常見的雕塑形式，稱為「少年立像」，呈現少年的半身或者全身像。在幾種少年立像當中，都可以看到古風式微笑這項奇特的藝術潮流。和希臘後期那些比例優美的所謂「古典」雕像比較起來，少年立像的原始模樣顯得滑稽幼稚。此外，和後來那些表情嚴肅的雕像比較之下，這些早期人像臉上的快樂表情，更是顯得怪誕詭異。不論有沒有鬍鬚，或者頂著何種髮形，這些少年立像都有一個共同的特點：嘴唇往上彎曲，形成近乎傻笑的表情。學者研判這項藝術傳統源自安納托利亞，也就是土耳其的半島地區，又稱為小亞細亞。古風式微笑在西元前六世紀中葉盛行於這個地區，但葛林指出：

立即又在隨後的時代消失，就像柴郡貓的微笑一樣❶。沒有人能夠確知古風式微笑究竟是怎麼一回事，但是仍有各種說法，有些人認為這抹微笑代表人的靈感，另外也有人認為是代表抒情時代典型的樂天心態。

不論這項傳統從何而來，想到愛琴海上的水手在休息時間面帶微笑為雕塑家充當模特兒，畢竟是個頗為迷人的情景。不過，上翹的嘴唇在人類的表情當中扮演鮮明的角色，其歷史可是比「古風」一詞所傳達的概念還要古老。就連「遠古」也不足以表達其歷史的悠久，恐怕要用「原初」一詞才夠。微笑，以及嘴巴的許多其他動作，都早在我們遠古的祖先身上就已經存在，而且那些祖先的模樣可是和今天的我們一點都不像。不論是獼猴在奔跑蹦跳當中一閃而過的緊張微笑，還是黑猩猩捉弄人後露出的笑容，或者是人類嬰兒看到母親而出現的反射性微笑——這些表情都傳承自非常古老的過去。

❶譯註：柴郡貓是《愛麗絲夢遊仙境》書中的一個角色，能夠隨意讓身體消失，只剩下一張笑嘻嘻的嘴巴。

嘴唇很有用。下顎是頭顱當中唯一能夠活動的部位：卡通人物的下顎總是不斷上下嚼動，電影裡會說話的骷髏頭也是如此。我們下顎張開的程度不像有些動物那麼大，也不能像某些蛇類為了吞食較大的獵物而把關節整個脫離。我們的下顎只能上下開闔，並且稍微左右研磨而已。然而，我們對於顎部有限的活動能力卻不曾感到不足，因為我們的嘴巴——尤其是嘴唇——能夠做出各種花俏的動作。

人類這個族群之所以會有赤裸無毛的臉龐，似乎是伴隨另一項特徵——極度靈活的嘴唇——所演化而來的成果。就是因為這項特徵，各種猿猴看起來才會和我們非常相像。政府在艱苦時期要求我們「緊抿上唇」❷，就是要避免嘴唇顫抖，藉此向身邊的人表示自己不會哭泣，也不會顯現出任何不恰當的情緒。由於表情稍縱即逝，而且是由臉部活動所表現，因此只要我們不想表露內心情感，就可以刻意抑制臉部的自然活動，尤其是眼睛、眉毛，以及嘴唇。

只要看一眼身邊的狗、貓，或者天竺鼠，就可以發現大多數的哺乳類動物都沒有如此靈活的嘴唇。其他動物雖然也能夠拉開嘴唇露出牙齒，可是因為牠們的上唇與牙齦黏附得比較緊密，因此也就無法像我們一樣，做出各種不同的表情。電影導演想要把動物拍成像人說話的模樣，卻總是因為動物的嘴唇缺乏靈活度而備感困難，例如電視影集《愛德大人》當中的那匹馬，說話就說得很彆扭。至於《我不笨，我有話要說》這部電影裡的農場動物，牠們嘴巴的動作雖然都製作得

❷譯註：英文片語「stiff upper lip」，意指堅忍不拔。

非常逼真，但是說起話來顯得最為可信的動物，仍然是續集《我很乖，因為我要出國》片中那對年輕的黑猩猩夫婦，以及那隻年老的紅毛猩猩。牠們靈活的上唇和我們同出一系，因此能夠完善表現出人類語言的嘴形。

在過去幾十年來所時興的動物溝通實驗當中，這項人、猿共有的特徵讓科學家動了念頭，設法操控猿類的嘴唇好讓牠們發出人類語音。可惜，這些動物對於這個想法並不是太熱中。在一項實驗裡，科學家以一隻叫做維琪的黑猩猩為實驗對象，不斷操控、訓練她的嘴型，而使她能夠在原本就懂得發出的「啊」音前面加上「ㄇ」音，從而發出「媽媽」一詞的聲音。一開始，維琪只能在制約反應下發出這種聲音，也就是必須由實驗人員把手指放在她的嘴唇上當做提示。但不久之後，她就開始隨意發出這種聲音，顯然對這個聲音代表的意義毫無概念。

維琪對於手指碰觸嘴唇的感受很敏銳，和我們一樣。觸摸需要有觸摸的對象，因此探討身體各個部位常會有互相重複的地方。舉例而言，哺乳不但關乎乳房，也關乎嘴巴。嬰兒如果天生食道阻塞，就必須採取人工餵食，但是吸吮橡膠奶嘴就像吸吮乳頭對一般嬰兒的作用一樣，還是能夠安撫他們的情緒。莫里斯認為：「這一定是碰觸本身的作用。嘴巴碰觸柔軟物品就是一項重要而且原始的親密行為。」我們的身體很早就開始為這種能力進行預備。到了受孕之後第八週，也就是胚胎晉級為胎兒的關鍵時刻，這時候胎兒雖然才兩、三公分長，卻已經有像洋娃娃一樣的可辨識特徵，不但有嬌小的雙臂和雙腿，也有眼睛、鼻子，甚至非常迷你的嘴唇。

嘴唇的外緣是一道重要的界線，區分出臉部其他部位的皮膚和嘴唇範圍內完全不同的黏膜

（這種黏膜與陰道周圍的黏膜頗為相似）。嘴唇是身體上比較敏感的部位，在身體中所佔的重要性，可由嘴唇上觸覺感受器的分布數量窺見一斑。舉例來說，嘴唇皮膚上的感受器數量約為腿部的二十倍。我們的皮膚對於寒冷比較敏感，因為寒冷可能導致失溫；對於炎熱則不那麼敏感，因為體內系統能夠藉由排汗與呼吸對抗炎熱。為了對失溫現象提出警告，我們身體上的重要部位就聚集有「動靜脈交通支」這種聰明的結構，尤其分布在眼瞼、鼻子、嘴唇、雙手和雙腳上。不過，這套網絡只能發出警告訊號，無法擔任安全守衛。我們在自己的嘴唇上就可以看出這種效果。動靜脈交通支一旦發出警報，大腦就會通知其他部屬封閉受寒部位以減少溫度流失。動靜脈交通支是動脈與靜脈之間的聯結，會根據外在環境的溫度變化而繞過微血管，依照該部位的需求調整血液流量。雖然肉眼看不到這套系統在皮膚底下的運作，但是我們可以由皮膚表面所受到的影響結果觀察出來。我們很冷的時候，紅色血液改道的結果就會導致嘴唇與指甲發青。

每個種族的嘴唇大小和形狀都不同，即便同一種族內的人也是如此。嘴唇向來是化妝的焦點，最近幾十年來更有不少非裔美國人接受唇部整形手術以縮小嘴唇。非裔美國人接受整形手術的人數一向比較少，原因包括以下幾點：深色皮膚比較容易留下疤痕，外科手術無法掩飾種族身分（不像具有亞洲血統的人，只要「矯正」內眥贅皮，即可大幅減少亞裔血統特徵），而且大多數非裔美國人也都生活在相對貧窮的情況下。儘管如此，海肯仍然在《維納斯情結》這部整形手術史的著作當中指出，即便是唇部整形手術，也有可能來自於渴求同化的動機：「以種族為出發點的整形行為，向來都把焦點放在最容易辨識也最常受人嘲諷的特徵上：猶太人是鼻子，亞洲人是眼睛，非裔美國人則是鼻子和嘴唇。」麥可・傑克森在一九八〇與九〇年代期間徹底重整自己的臉部，其中值得注意的一個面向就是為了這種同化效果。海肯指出：「由他的整形結果可見，就算他不是要讓自己看起來像白人，至少也是要比較不像黑人。」不論他背後複雜的動機是什麼，以他如此地位的巨星，竟然也要背離自己的種族本源，便向美國非裔少年傳達出一道強烈訊息；直到他的明星光環慢慢消退，淪為眾多流行歌手的其中一位之後，這種訊息才跟著減弱。

過去數十年間，偶爾也有白人接受縮唇手術，目的只是為了消除疑慮，以免自己染有一九二〇年代一位醫生所謂的「衣索比亞血統」。有一名白人婦女，只因為自己臉上的「塌」鼻子，就認定自己一定是母親遭到黑人強暴而受孕的結果。有些醫師拒絕這類病人的要求，而建議他們接受心理諮商，但其他醫師則沒有這樣的顧慮。一九四六年，有一名醫師就發表文章探討自己為這種「先天缺乏美感」的嘴唇施行矯正手術的成果。

有時候，嘴唇和身體其他部位一樣，也會淪為流行時尚的受害對象。一如耳垂，柔軟的嘴唇似乎也讓人忍不住要刻意毀傷。在一九九〇年代那股所謂的千禧年自虐潮流當中，從眉毛乃至陰唇的許多身體部位都遭到穿孔掛上飾品。然而，唇環實際上並沒有那些穿孔愛好者所以為的那麼新潮。十八世紀末期，法國探險家拉佩魯茲走訪英屬哥倫比亞，發現特林基特族婦女都戴有他所謂的「唇飾」——也就是唇栓。這種用骨頭與象牙，或甚至用石頭與木頭製成的唇栓，可以把下唇往外突出好幾公分。如果你試試看，就會發現我們的嘴唇和臉頰其實延展性極佳。

特林基特族女性出生後不久就必須接受嘴唇塑形。有時候，女嬰甚至才三個月大，下唇就必須被切開，並且把傷口撐住以避免癒合，然後漸次插入愈來愈大的飾物，逐步增加嘴唇的下垂幅度，以至於有時飲食和說話都受到影響。後來法國雖然企圖廢止這項習俗，卻也不得不承認指出，從他們的觀點來看，拿掉唇栓之後空自懸垂的嘴唇，並不比原本的狀況好到哪裡去。不過，這項習俗在特林基特族的文化裡深具重要性。唇栓的大小代表社會地位，而且只有自由的女性才能佩戴唇栓。

在接下來的那個世紀裡，達爾文以維多利亞時代那種自以為是的態度指出：「我們欣賞臉龐的美，野蠻人則是把臉龐當成自虐的主要部位。」接著他又天真自滿地描述「野蠻人」如何以各種裝飾增進臉部之美。紐西蘭的傳教士向達爾文告知有些土著婦女對刺青的看法：「我們的嘴唇上一定要有些條紋，否則老了以後一定會很醜。」達爾文又另外敘述了一個小故事，說明我們深具可塑性的嘴唇如何能夠用於辨識性別與社會地位：南非的馬卡洛洛族婦女都佩戴「佩里利」，也就是一種用竹子與金屬所製成的大環，塞進上唇所割開的洞裡。因為被史丹利「找到」而聞名的蘇格蘭傳教士暨探險家李文斯頓，向英國科學促進會回報指出，這種金屬環最大可讓上唇突出於鼻尖前方五公分。微笑的時候，唇栓甚至會揚起而擋住眼睛。李文斯頓詢問酋長秦瑟迪為什麼婦女會佩戴這種裝飾，忙碌的秦瑟迪對荒唐的問題毫無耐性，於是厲聲回答道：「當然是為了美麗呀！女人臉上就只有這個東西美麗而已。男人有鬍子，可是女人沒有。女人要是沒有佩里利還得了！這樣她根本就算不上是女人，嘴巴跟男人一樣，但是又沒有鬍子。」

爵士大師的書包嘴

所幸嘴唇必須擔任食物處理還有溝通的工作，因此才會發展出若干特徵，變得如此靈活。這種現象也導致了不少偉大的藝術作品誕生。在皮膚那一章裡我們看過了馬西亞斯，他發明雙簧管之後，卻在音樂競賽裡遭到擊敗，因此被阿波羅活活剝皮。希臘神話和巴比倫英雄吉爾伽美什、耶穌，或者美國開國元勳的傳說一樣，常常有幾種不同版本。在另外一個版本裡，發明雙簧管的不是馬西亞斯，而是女神雅典娜。從雙簧管的名稱即可知道，這種樂器與牧神潘所使用的排蕭不同（排蕭的英文名稱「syrinx」後來也用於指稱鳥類的鳴管）。不過，後來雅典娜看到自己的倒影，發現自己吹奏雙簧管的時候臉部扭曲，於是放棄了她才剛起步的音樂事業。她在奧維德的文章裡坦承道：「樂器的聲音很好聽，可是我在水中的倒影看到自己處女的雙頰高高鼓起，對這件樂器的評價就沒有那麼高，於是就向這笛子說了再見。」在另外一則故事裡，雅典娜身旁那兩個心胸狹窄的同僚兼對頭——阿芙柔黛蒂與希拉——大肆嘲笑她吹奏笛子的表情，於是她才把這件新樂器給丟掉。不論雅典娜的決定是出於虛榮心還是同儕壓力，從她拋棄藝術而選擇擁抱外貌的那一刻起，她就不再有機會加入比較崇高的群體，而只能陷身在奧林帕斯山上那個衝突不斷的諸神俱樂部裡。

由於凡人比希臘萬神殿裡那些嬌生慣養的神祇要堅毅得多，因此凡人的表演者不但不受虛榮心所影響，甚至連疼痛也不當一回事。他們為了創造藝術而不惜讓肉體受苦。芭蕾舞者藉由自虐般的訓練，好讓自己能夠養成用趾尖跑步這種不自然的能力。吉他、大提琴、還有低音提琴的演奏家，都不惜練習到指尖流血。此外，各種管樂器的吹奏者也都避免不了嘴唇受傷；愈是出色的演奏家，每天練習的時間愈長，嘴唇受到的傷害也就愈大。

路易斯・阿姆斯壯可算是二十世紀最傑出也最具影響力的爵士小喇叭演奏家，而他因為唇傷而受到的疼痛更已成為傳奇故事。我們敏感而靈活的嘴唇並沒有發展出任何足以對抗這種折磨的防護層。在阿姆斯壯後期的照片當中，不但可看到他嘴唇的損害情形，也有他塗藥的情景。到了一九三二年，在巴爾的摩舉行的新年前夕音樂會上，阿姆斯壯又粗又腫的嘴唇已讓三十三歲的他疼痛不已，樂團成員說他不斷在鏡子前一面塗藥一面檢查自己的嘴唇。薩克斯風手梅茲洛後來回憶自己當時看著阿姆斯壯用針挑瘡。阿姆斯壯解釋：「我這樣做已經很久了。一定要把這些死皮挑掉，不然就會一直塞住我的吹口。」

梅茲洛描述了阿姆斯壯當晚的演出：「他開始吹奏副歌，掏心掏肺地吹。從他那兩片受盡折磨的嘴唇所吹奏出來的曲調，就像是個疲憊不堪的人拖著蹣跚的腳步，走在孤寂的道路上，全世界的悲愁都壓在他佝僂的肩膀上，為他的同胞乞求解脫……大家都知道，每次那支喇叭靠上他的嘴唇，對他來說就像是一根燒紅的撥火棒。」在聽眾的掌聲淹沒了樂曲的結尾之後，阿姆斯壯站在舞台上，手裡拿著小喇叭，不斷喘氣，一面舔起嘴唇上所滲出的血珠。到了次年十一月，狀況又更加糟糕。一天晚上，阿姆斯壯正在倫敦的霍邦帝國劇院演出，結果嘴唇突然裂開，以致鮮血不斷滴在他的襯衫前襟。他終於休息了四個月。一九三四年，由於嘴唇的狀況愈來愈糟，他只好取消一場又一場的演出，以致經紀人告他違約。佩尼曾經是波士頓著名的電台主持人，他記得自己有一次請阿姆斯壯向有意踏上小號吹奏生涯的人提供建議，人稱「書包嘴」（great satchmo）的阿姆斯壯只說了這麼一句話：「嘴巴一定要用力。」

阿姆斯壯的後半輩子都不斷為嘴唇的毛病所苦。在一九五六年八月為神韻唱片所錄製的《路易斯與艾拉》專輯當中，即可聽到這種狀況所造成的後果。這張專輯裡的阿姆斯壯極為低調，沒有搞笑也沒有激越的吹奏表現，這一方面是為了對他的合作對象表示尊重——因為對方是地位同樣崇高的艾拉・費茲傑羅——另一方面則是因為他必須開口唱歌。由於嘴唇極度疼痛，他已經無法採取先前那種熱力四射的著名演奏方式了。

妓女的烙印

她的雙唇紅潤，一唇細薄，
至於緊臨下巴的那片唇，
則似乎才剛受蜜蜂所叮咬。

——薩克林

薩克林是十七世紀的英國詩人，他欣賞年輕女性豐厚的下唇，既非空前，也非絕後。在《一樹梨花壓海棠》這部電影裡，身陷愛慾裡不可自拔的杭伯特，柔聲提及他那幼小的愛人蘿莉塔，說她的「嘴唇就像被人舐過的紅色糖果一樣紅，下唇更是豐潤嬌美」。這項特徵即代表了蘿莉塔芳華正茂的性感魅力。嬰兒與幼童的性別通常難以分辨——這就是為什麼父母總是讓女孩和男孩穿上不同的衣服，從小就用性別的表徵對他們展開疲勞轟炸。不過，在發育期受到性荷爾蒙刺激之後，男女的差異就變得較為明顯；別的不提，至少許多女孩的嘴唇就顯得比較紅潤豐滿。

不論是受到蜜蜂叮咬還是紅潤豐滿的嘴唇，都不是只在發育期的女性身上才看得到，只是這種模樣的嘴唇在女性身上出現的比率遠高於其他各種群體。而且，在女性身上散發出其他各種訊息的同時，這種嘴唇的模樣又顯得特別醒目。在性成熟期才隨之萌發的性別特徵，就可能在演化過程中扮演求偶信號的重要角色。這些形貌豐潤的嘴唇，連同乳房與在臀部周圍所增加的脂肪囤積，顯然也是生育能力的視覺提示之一。此外，女孩感受到性興奮的時候，嘴唇也會和乳頭一樣腫脹轉紅。就這部分來說，大多數科學家的看法都相同。不過，有些生物學家認為，成熟女性又大又紅的嘴唇，其實模仿了她們身上因為性興奮而充血腫脹的生殖器官。其他科學家則認為這種看法是佛洛伊德式的性迷思，只不過用了適應演化的概念包裝而已。然而，大自然其實和我們天馬行空的想像力一樣荒唐，而且也和佛洛伊德一樣對性執迷不已。我們有些靈長類近親，臉上部分特徵確實就是模仿性興奮情況下的生殖器官。彩面狒狒這種外形酷似狒狒的大型猴類即以鮮豔多彩的臉部著稱——這種特徵在哺乳類動物身上極為罕見。彩面狒狒有條紋狀的藍色臉頰，還有小丑般的紅鼻子，牠們這種如同嘉年華會面具的臉孔，正是模仿生殖器官而成的奇特現象。

狒狒的臉孔是幾百萬年來演化的成果，其中有一個不能不問的問題：臉孔模仿生殖器官到底有什麼鬼用途？科學家提出的理論是，如此一來，我們不知羞恥的遺傳基因便可取得更多的廣告版面，而且還是在靈長類動物全身上下最醒目的看板上：也就是我們赤裸無毛、引人注目的臉孔。就我們所知，自然界對於我們或者我們的公平觀念其實一點都不在乎，而是像大公司一樣，只關心最低限度的問題。畢竟，適者究竟為什麼而生存？大自然直接以個人廣告提出了一針見血的答案。人類一旦具備生殖能力之後，就會大張旗鼓宣傳自己性感的新狀態。青少女的嘴唇和乳房，就像男孩子低沉的嗓音和毛茸茸的胸部一樣，都是一種宣告：「我已經具備生殖能力了。」

毫無疑問，嘴唇在一生中一直都是性宣傳的重要基地，而且以宣揚青春為主——其中同時也暗喻了生殖能力。各個年齡層的女性都會用引人注意的口紅顏色突顯自己的嘴唇，而且這些顏色通常都偏紅。這種裝飾方法，大概又是人類想像力這個自然界的唬濫高手，用文化迷思包裝自然現象的另一個例子。許多男人對女性嘴唇和乳房的反應就像刺魚一樣，這種動物對過度誇張的第二性徵也有狂熱的反應。社會心理學家黛比・丹坦承道：「口紅比其他化妝品更具性意涵。」口紅不但價格低廉，而且便於攜帶，在西方社會向來是最普遍的化妝品，甚至是許多女性認為不可或缺的必備物品。班尼費特化妝品公司的共同創辦人丹妮爾森宣稱道，整個化妝品產業都是以口紅為中心而發展出來的。根據若干報導，美國女性一生中平均會在嘴唇上用掉好幾磅重的顏料。拉嘉斯與科姿勞斯琦在《讀我的唇》這部口紅文化史著作當中寫道：「即便是不化妝的女性也會塗口紅。」

經濟大恐慌期間，化妝品產業把化妝宣傳為一種幻象，一種本身難以察覺、卻又足以突顯外貌的技巧。在當時的一則廣告中，廣告人物一臉認真，聲稱這種品牌的口紅「不會讓你看起來有刻意塗妝的模樣」，因為這種口紅「不是塗料」。有些廣告則坦承口紅具有引誘異性的功效，勸導消費者以負責任的方式使用口紅，也就是用來追求終身伴侶。這種追求人工自然相貌的潮流，使得許多女性不願在公共場合塗口紅——顯然認為這麼做就像魔術師將把戲的訣竅公諸於世。不過，《時尚》雜誌卻在一九三三年肯定了塗口紅的行為，稱之為「二十世紀的代表行為之一」。

把顏料填裝在可伸縮的金屬管內，再用來塗抹在嘴唇上的做法，雖然遲至一九一五年才發明出來，但是女性早在二十世紀以前就已經懂得為嘴唇上色了。在古中國與埃及的圖畫裡，都有描繪女性在嘴唇上塗抹顏色的畫作。兩千五百年前的希臘婦女用植物染料加強嘴唇的自然顏色，埃及豔后也以胭脂蟲和散沫花塗抹嘴唇而著名。當然，不是所有人都贊同女性這樣用紅唇吸引別人的注意。十七世紀，英國一位名叫霍爾的牧師，就強烈譴責女性的這種做法。他和歷史上的許多神職人員一樣，都對女性的性徵避之唯恐不及，認為意志薄弱的可憐男性恐怕會因此落入撒旦誘人的懷抱裡。他痛斥口紅是「娼妓的標記」，而且聲稱女性塗口紅就是要「讓看見她們的人心中引燃慾火」。

到了一九六〇與七〇年代，有些女性開始對女性美的僵化定義感到不耐，而對鮮豔的口紅顏色產生排斥，於是口紅廠商便隨即研發出較為淡雅的色調。結果這種口紅大受歡迎，直到今天也還是如此。此外，也有白色或甚至哥德式黑色的口紅。塗口紅顯然不是只有引誘異性的效果。對有些人來說，口紅還能帶來另外一種快感。可憐的霍爾要是知道，一定會嚇得肝膽俱裂。《無所事事的藝術》的作者魏訥曾以熱情奔放的筆調頌讚口紅帶來的情慾感受：

若不是嬌蘭口紅那種滑嫩又帶有香草氣味的觸感，我絕對不會知道用嘴唇表述具體思想竟有如此的快感……我們嘴上這種潤滑劑的豐潤感受，鼓勵我們斟酌言詞，並且慎重咬字。我們發音的時候，那迷人的香氣隨著語音或發散或緊縮，刺激著細小的肌肉，由嘴唇延伸至顎部、臉頰、鼻子、眼睛，以及耳朵。

比起維多利亞時代的婦女以溼潤的嘴唇抿住玫瑰色的皺紋紙達成染色效果，這種歡縱愉悅的感受聽起來的確迷人得多。口紅顯然會繼續存在，盤據自己獨有的地位。有時候，嘴唇能夠用來代表女人。安迪·沃荷創作過許多向瑪麗蓮·夢露致敬的作品，其中一幅就只有她塗了口紅的嘴唇，一排又一排地重覆呈現在畫面上。在更早之前的一九三四年，曼雷也曾經畫過一幅作品，畫面中只見原野上方飄浮著一雙嘴唇。由於口紅在象徵上具有重要地位，因此也出現在若干當代俚語詞彙當中。例如英文的「口紅蕾絲邊」一詞，指的是樂於採用異性戀傳統中若干女性化特徵的女同性戀者，這個字眼在同性戀與異性戀當中都有人使用。現在，有些不以外貌著稱的群體也採用這個字眼，而衍生出「口紅圖書館員」以及「口紅女性主義者」。

有時候，口紅的功用也不僅限於突顯嘴唇以及強化其自然色澤。世世代代以來，有許多婦女都會用口紅巧妙改變嘴唇的輪廓，偶爾還會用唇筆勾出改變之後的唇形。例如「邱比特之弓」與「獵人之弓」這類唇形，就因為瓊・克勞馥與克萊拉・寶等眾多女星採用而普及。使用唇筆的風潮曾經在一九九〇年代重現，當時的影星與歌星都用唇筆突顯她們青春豐滿的嘴唇輪廓。

想要突顯自己性感的雙唇，也不是只能從顏色與輪廓著手。多年來，化妝的狂熱支持者發明過各種方法，都能用於改變嘴唇的大小與形狀。十九世紀末葉，追求時尚的女性都學著多講「ㄆ」音開頭的字眼。像狄更斯的小說《小杜麗》當中那位成天無所事事的寡婦將軍太太，就是散播這種想法的典型人物。她開出許多詞彙以供練習嘛嘴之用：「婆婆，泡菜，鵬鳥，葡萄，還有瀑布，都是對嘴唇很好的字眼：尤其是葡萄和瀑布。」不用說，有許多女性認為這種忠告根本荒謬無稽。偉大的女性主義運動者斯坦頓就說，她受不了那些浪費時間練習「葡萄與瀑布這類字眼」的女人。

斯坦頓對於朵香男爵夫人的貢獻一定也會覺得不以為然。男爵夫人在一九〇七年出版的《女性秘密大全》一書中所提出的養唇之道不僅冗贅至極，而且講得彷彿嘴唇是能夠拆卸的配件：「把嘴唇泡在一杯溫水裡至少五分鐘，擦乾之後塗上樟腦潤髮油。過二十五分鐘後，再用軟布擦乾，塗上甘油……輕輕吸一下嘴唇，稍咬一咬，便可讓嘴唇立即出現紅潤的色澤。」在第一次世界大戰爆發前的幾年間，稱為「吉卜森女郎」❸的時髦女子，則藉由吸吮熱肉桂糖以及囓咬嘴唇來增進嘴唇的色澤。

這些盛行一時的把戲都是整形手術出現以前的事。有了整形手術之後，我們更可大幅改變自己的容貌。今天，不論是藉由塗口紅所形成的豐潤假象，還是透過發「ㄆ」音而造成的嘴形，都比不上直接整形過的嘴唇。嘴唇的整形手術有各種不同方式，包括隆唇，以及注射矽酮、膠原、脂肪等等。許許多多電影明星（還有志向遠大的小演員）都接受過這種手術，以致有些女星天生豐滿的雙唇常常遭人說成是整形過後的結果。

整形廣告不斷打擊消費大眾的自信，極力要讓我們認為自己的外貌、服裝、交通工具，以及體味等各方面都有所不足，只能藉由特定產品獲得補救；而為了滿足這種迫切的需求，市面上某家廠商於是無私無我地努力生產這種產品。口紅也不例外。在各種不擇手段的廣告當中，其中一種宣傳手法就是把化妝突顯嘴唇顏色的做法變成必要的行為。一九二七年新推出的「胭脂紅」口紅，在廣告當中稱為一種比較乾燥的口紅，塗上之後，「可讓妳的唇值得一吻」。

吻就是吻

吻可以是逗號，可以是問號，也可以是驚嘆號。

——米斯坦蓋，法國富麗秀傳奇女歌手暨舞者

❸譯註：插畫家吉卜森筆下的女性人物，代表二十世紀初期理想的女性形象，後來成為那個時代時髦女性的代名詞。

「胭脂紅」的廣告所言不實，我們的雙唇不需要塗上口紅就很值得一吻了。數千年來，人類不但在出外獵捕長毛象之前會互相親吻，蓋了一整天的金字塔之後也一樣會互相親吻。證據顯示，我們如果能夠看見遠古以前的情景，必然也可看到我們滿身毛茸茸的祖先在非洲乾草原上擁抱接吻。在全世界偏遠角落裡的若干部落當中，「親吻」與「嗅聞」是同一個動詞。實際上，氣味向來也是親吻當中一個重要的成分。在某些國家，朋友或甚至陌生人之間都會互相親吻臉頰或者嘴唇。在古代的波斯，男性遇到社會階層較低的人，會親吻他們的臉頰；遇到階層相等的人，則親吻對方的嘴唇。在吉伯特與蘇利文的歌劇《巫婆的詛咒》裡有這麼一句絕妙好詞：

> 我拿他們的快樂打賭，他們一定互相吻了臉頰，
> 這是他們外地人的習慣。

有些人則是在臉頰旁親吻空氣。從詹姆斯・狄恩乃至歌唱團體新好男孩，這些青少年偶像的海報上通常都布滿了少女的唇印。我們也會親吻自己的寵物。曼波歌手盧・貝加曾經描述某天的天氣之好，使他禁不住要對那天獻上一吻。在某些地區，親吻女士的手背向她致意，至今仍然是一種浪漫的舉動。《罪與罰》書中的主角瑞斯可尼科夫在十字路口親吻地面贖罪的舉動引來旁觀者的訕笑，但是教宗若望保祿二世也曾親吻許多國家的土地。父母把子女抱到床上睡覺，也會親吻他們。在喬伊斯的小說《青年藝術家的畫像》裡，主角迪達勒斯在小時候就注意到這種行為：

「母親把嘴唇湊到他的臉頰上；她的唇非常柔軟，沾濕了他的臉頰；而且她的唇還發出了一個小小的聲音：啾。人為什麼要對彼此的臉做出這樣的舉動？」許多小孩都想過這個問題。不過，他們不久之後就不會再問了，因為就像人類學家在世界各地所發現的現象，大多數文化都有互相親吻的習慣，因此實在不足為奇。

這種行為的原始起源，也可見於另一種教宗覲見儀式：信徒屈膝跪地，親吻教宗手上的戒指。若干靈長類動物學家，例如珍・古德與高蒂卡絲，就證實這種行為在人類的近親動物當中也普遍存在（只是牠們沒有戒指而已）。珍・古德在岡貝與坦尚尼亞觀察黑猩猩，就經常發現地位低下的雄黑猩猩以卑謹的姿態屈身在位階最高的雄黑猩猩面前，親吻牠身上的某個部位。在《我的影子在岡貝》這部經典著作當中，珍・古德描述了這種舉動的若干不同形式：「我看到一頭剛加入群體的雌猩猩，急急忙忙趕到一頭體型碩大的雄猩猩身前伸出前臂。那頭雄猩猩以帝王般的雍容態度伸手握住雌猩猩的手，拉到面前，用嘴唇在上面親了一下。」高蒂卡絲以研究婆羅洲的紅毛猩猩著稱，她描述了另一種充滿母愛的版本。一頭母紅毛猩猩和自己的孩子擁抱過後，小紅毛猩猩便轉身走開。不一會兒，母親輕喚一聲，小紅毛猩猩隨即走了回來。母親把左手放在孩子的頭上，同時把右手伸到牠面前，於是牠便輕輕吻了母親的手。

達爾文去世得太早，無緣見到這些靈長類動物學家從事野外研究所獲致的成果。不過，早在《人及動物之表情》一書裡，達爾文就曾經記錄他在動物園裡所觀察到的現象：從不同地方捕捉而來的黑猩猩首次碰面，便以擁抱親吻的方式相互致意。他還引述愛爾蘭散文家史提爾對親吻的說法：「大自然創造了吻，而第一個吻便從最早的求偶行為展開。」這個說法顯然並不真確，就算把史提爾認為最早的求偶行為再往前推個幾千幾百萬年也是一樣。親吻行為在靈長類動物裡普遍存在的現象，提醒我們應當從更古老的過去追尋親吻的起源，而不應侷限於文化的解釋當中。遠在最早的原始人或者靈長類動物開始求偶之前，親吻行為就已經存在，原因是親吻帶來撫慰人心的愉悅感受，後來才歸類為表達愛情的舉動。

許多靈長類動物學家都發現，親吻是黑猩猩之間一種慣常的溝通方式。一名野外研究者看到一頭母黑猩猩安撫幼仔的舉動，和人類的行為非常相似——也就是把幼仔抱進懷裡，親吻牠的頭。珍・古德觀察到一頭公猿毫不留情地攻擊一頭母猿；然後，這頭母猿急忙跟在公猿的身後，並且俯伏在地表示順服。於是，公猿便慈和地拍拍牠的頭，甚至還俯身親吻了牠的眉毛。改過回頭的浪子回家之後，也會在母親頰邊輕輕一吻。黑猩猩之間的問候舉動雖然比較不那麼明顯，但是老朋友也會互相擁抱，親吻對方的脖子或臉龐。簡而言之，親吻是一種溝通的舉動，起源時間比我們所謂的古代還要古老得多。英國靈長類動物學家嘉梅把親吻的歷史與技巧歸結如下：「親吻與性行為的出現時間比語言還早。這兩種行為都不需要言語即可進行；在這種時候，言語其實是多餘的。」

羅馬人把親吻分為三種類別：「oscula」、「basia」，以及「suavia」，分別代表「友誼」、「愛戀」，以及「激情」（如果有人親吻太過激烈，也可能被控以「crimen osculationis」的罪名——亦即強吻他人。不過，這種罪名只有在社會階級相同的人士之間才成立）。婚禮中以新郎新娘互吻代表禮成，這種傳統也可以追溯到羅馬時代。羅密歐在香消玉殞的茱麗葉唇上所印下的吻，代表的就是這種意義：「立下永世不渝的約定。」《塔木德經》和羅馬人一樣重視分類，而把親吻代表的意思分為辭別、尊敬與問候。

在舊約聖經中，親吻是親人之間問候與道別的常見方式，好友之間也可能這麼做。不過，早在猶大於客西馬尼花園背叛耶穌之前，親吻的舉動原本就不代表值得信賴。例如聖經《撒母耳記下》也記載，約押問候亞瑪撒的健康之後，就一把抓住他的鬍子，作勢與他親嘴，同時一劍刺穿他的身體。文學裡最具代表性的偽君子象徵出現在新約聖經裡：耶穌正一面與天父對話，一面訓斥他那些睡眼惺忪的門徒，結果猶大就在這時走進花園裡吻了耶穌，將他出賣給了祭司長與長老。

親吻在聖經裡的形象不佳，整部聖經當中極少提到情慾之吻。《撒母耳記下》當中提到這麼一個吻，卻是一個品行卑劣的女人以吻和暗喻床笫之事的言語引誘一名男子偏離正道：「用諂媚的嘴逼他同行。」作者以這句話援引了當初亞當在伊甸園裡向上帝哀求卸責的說詞：不是我的錯，都是她造成的。在聖經的另外一個段落裡，則有另一種看待親吻的態度，同時也是看待誘惑的不同態度。這段文字出現在聖經裡較具爭議性的一卷當中，也就是《雅歌》。這些鹹溼淫佚的情詩怎麼會收入聖經當中，是個無人知曉的謎。聖經學者稱之為「hapax legomenon」，意為只出現一次的字眼或形式。《雅歌》根本不理會原罪、上帝，或者以色列。由此可見，這些情詩不太可能是所羅門的作品。不過，只因為詩中提到他，所以傳統上就都把這些情詩歸為他所作。

有些猶太人與基督徒對於其中毫不掩飾的情慾意象頗感不自在，於是只好提出一項缺乏說服力的論點，聲稱這些情詩只是一種寓言，代表上帝對以色列的愛，或者基督對信徒的愛。不過，對大多數人來說，這些詩讀起來不過就是肉體歡愉的純粹表現，同時也是古代文學當中這類作品的始祖之一。這些詩之所以充滿情慾，是因為其中種種受到荷爾蒙驅使之下的愛慕行為——包括忙碌的雙手、口交、還有徹夜躺臥在雙乳之間。在這些行為當中，也有不少令人難忘的吻。第一首詩就熱切展開這項主題：「願他用口與我親嘴：因你的愛情比酒更美。」之後，又有另外一個淫褻的食物意象：「我新婦，你的嘴唇滴蜜，好像蜂房滴蜜：你的舌下有蜜有奶。」男子以水果的意象頌讚女子的軀體，女子則招引他進入果園。就是因為這種淫猥的應答，十六世紀的神秘主義者聖女大德蘭才會招致批評：「女人撰文探討《雅歌》是不得體的行為。」儘管《雅歌》當中至少有一名敘事者為女性，這樣的看法仍然盛行不衰。

在愛爾蘭詩人麥克尼斯的筆下，倫敦到處都是令人難忘的吻。的確，世界各地都滿是令人難忘或者讓人期待的吻。不知道什麼原因，親吻這項舉動就是結合了情感和慾望，每個人都會夢想親吻自己所渴求的對象。我們在宴會裡偷偷親吻，說信件是「以吻封緘」，在信中寫上「XOXO」代表親吻，隔著火車車窗送出飛吻，還會親吻親友的照片。有時候，我們也會把這種對親吻的喜好應用在古怪的地方。英文裡的「kissogram」（吻訊）一詞源於二十世紀上半葉，意指寄件人親吻過的情人節卡片。後來，這個字眼又在一九八〇年代重新出現，指的是由穿著引人遐思的女子所傳遞的訊息，而且這種新式的電報或問候其中還伴隨著一個真正的吻。

把這種習慣追溯到我們的靈長類近親以及祖先身上也還不夠。親吻既然不是人類所發明的，牠們當初為什麼會開始這麼做呢？有些人類學家與心理學家認為，親吻可能源於母親與嬰孩之間的口對口哺餵行為。佛洛伊德聲稱吸吮拇指以及親吻這類行為，會喚起幼兒當初吸吮母親乳房的愉快記憶。他認為這類行為標誌了發育階段中口腔期的開端，而且根據他的說法，口腔期之後緊接著就是肛門期。佛洛伊德這種描述心理運作的新方法，不論和身體上實際部位的吻合程度有多麼高，這種反應一定早在我們的靈長類祖先開始自稱人類以前就已經出現。在象徵方面，男性把舌頭伸入女性口中的舉動，自然不免成為陰莖插入的象徵動作。對某些人來說，親吻是比性交還要親密的行為。詹姆斯・鍾斯在《亂世忠魂》中就曾經提及這種觀點：「親吻妓女是絕對的禁忌。妓女不喜歡受到恩客親吻。親吻就像一般女人看待自己的身體一樣，對她們而言非常私密。」

至於我們親吻時的噘嘴動作，則是拜口輪匝肌之賜。這種括約肌就像眼睛周圍的眼輪匝肌一樣，是一條環狀的肌肉，圍繞著嘴唇，下方延伸至下巴，上方則介於鼻子與上唇之間。有些人把這條肌肉稱為「親吻肌肉」。藉由收縮這條肌肉，我們便可做出各種奇妙的行為。即使單就情慾之吻而言，其中的變化也是令人嘆為觀止。兩個人可以輕輕拂過彼此的嘴唇，儘管短暫輕盈，卻同樣足以激盪人心；或者緩慢柔情的吻，雙唇可能閉著，也可能微微張開；還有首次探索對方的吻，可能由此預測一整夜的後續發展；還有馬拉松式的激情長吻，包括舌頭交纏，輕柔嚙咬，以及其他各式各樣的行為，都能展現出對彼此的強烈慾求，似乎迫不及待要吞噬對方。許多人都提過這種渴求的感受。達利和自稱卡拉的狄雅可諾娃首度結識的時候才二十五歲，還是個沒什麼性經驗的純真小夥子；卡拉則比他大了十歲，而且是詩人艾呂雅之妻。他們初遇的地點是西班牙岩岸上的卡達加斯。多年後，達利聲稱自己在遇到卡拉之前從不曾擁抱過其他人，而且他還感嘆道，他們在海邊的初吻引發了「我們體內的飢渴，驅使我們把對方吞噬殆盡」。有趣的是，就連達爾文也曾以同樣私密的筆調描寫過這種飢渴的吻。他的筆記都保存在一本記載著零碎片段的簿冊裡，學者稱之為「N筆記本」，是他早期思考演化問題的隨想記錄。他以一貫快速簡短的筆記，潦草寫下了這句話：「對於自己慾求的對象，人總想是親吻，甚至幾乎想咬下去。」他另外還提到，在狗和人身上，「性慾都會促進唾液分泌」。

佛洛伊德把這種飢渴稱為「口腔攻擊性」，正是許多人所害怕的對象。親吻不但是生殖活動的前奏、一種問候的方式，也是夜間的娛樂。一項行為能兼具這許多功能，在自然界裡想必居於極重要的地位。然而，正因親吻是性愛大餐的開胃菜，有些人才會對親吻產生恐懼。在西班牙內戰期間，嚴酷苛虐的獨裁者佛朗哥與天主教會共同建立了一個以道德治國的偽善政權，甚至不准人民在公共場合親吻。在經濟大恐慌期間以及往後的數十年間，好萊塢也有個海斯辦公室負責為電影產業的道德把關。這個機構滿腦子都是性，因為擔心吻戲會煽起美國青年的慾火，於是規定電影當中出現的吻不能持續太久。在《美人計》一片裡，希區考克為了規避這項限制，便指導男女主角葛倫與褒曼在親吻當中不時讓彼此的嘴唇短暫分開。

你如果對性交的危險感到擔憂，那麼恐懼親吻正是明智的做法。《裸猿》作者莫里斯在一九七一年的著作《親密行為》裡，檢視了人類交媾行為的生理層面與社會層面。他在書中把我們典型的動物性求偶行為簡要分為十二個步驟，其中記錄了大多數生物在求偶過程中愈來愈親密的溝通型態，由最早的視覺接觸，到最後的肉體碰觸。這幾個步驟包括最早的瞥視與初次的碰觸，也包括摟腰的行為以及生殖器官的交合。初次親吻約排在中間的階段（以青少年的用語來說，接吻屬於「一壘安打」，性交則是「全壘打」）。莫里斯描寫了接吻的後續發展，也是所有青少年都可由經驗中得知的現象：

嘴對嘴的親吻，加上全身的擁抱，是親密關係中的一大進展。只要這種行為持續較久，或者不斷重複，情侶就首次有極大的機會能夠感受到生理上的興奮。女性的生殖器官可能會出現分泌物，男性的陰莖也可能勃起。

沒錯，這就是為什麼我們會對親吻設下重重限制。身體上神經末梢分布最密集的部位，包括嘴唇、陰蒂，以及陰莖。這些部位顯然像電腦系統一樣密切連結，以增進相互之間的溝通。

這項常識就是親吻禁令背後的動機，但是對親吻的恐懼不一定都表現在政治方面。一九〇一年，基督教婦女禁酒聯合會發起一場全國性的運動，教育青少年了解嘴對嘴接吻的危險。即使他們援引清教主義的科學道理，也改變不了這項運動註定失敗的命運。不過，該聯合會的領袖哈特菲德非常積極，仍然把嘴對嘴接吻這項古老習慣指斥為「野蠻又不衛生」。如果社會上那些不衛生的野蠻人就是忍不住要在對方身上沾滿口水，至少也該在事前把嘴洗乾淨。

可惜，接吻確實有其風險存在，例如感冒就很容易藉此傳染。傳染性單核球過多症又稱為「接吻疾病」，因為藉由唾液很容易散播這種具有高度傳染性的病症，這是由人類皰疹病毒第四型病毒（又稱EBV）所引起，而這種病毒也與慢性疲勞症候群有關。一九五〇年代期間，想要遏阻青少年接吻的人士就利用這種病毒來嚇唬他們。不過，研究人員在不久以後便發現，世界上大多數人對這種病毒的檢驗都呈現陽性反應；而且，在年紀愈輕的時候染上，愈不容易產生問題。順帶一提，接吻疾病與所謂的「接吻蟲」並不一樣，後者是如假包換的蟲，一種臭蟲，屬於食蟲椿象科當中的一種吸血蟲，喜歡齧咬人類嘴唇周邊的皮膚。

傳染性單核球過多症雖然經由接吻傳染，但是接吻的雙方可能對此都毫不知情。皰疹一旦發作，即會出現可見的症狀；但是這種病毒也是平常就存在，隱身在皮膚底下的神經細胞裡。第一型單純皰疹通常簡寫為HSV-1，是九十多種皰疹當中的一種。除了人類以外，許多其他動物也深受皰疹病症之苦。身體壓力可能導致皰疹發作，而引起身體壓力的因素則包括熬夜、情緒創傷、便秘、感冒之類的其他感染源，甚至是過度的陽光曝曬。莎士比亞在《羅密歐與茱麗葉》劇中也提過這項令人望之生畏的接吻障礙。在化妝舞會前，墨枯修與羅密歐大談做夢，而他提到的仙后麥布❹，就是塞爾特傳說中的妖精，會趁我們睡覺的時候在我們身上跳舞：

❹譯註：梁實秋的譯本裡譯為「仙姑」。

走過女人的嘴唇，她們便立刻夢到接吻；可是發怒的仙姑常使她們的嘴上生瘡，因為她們的口裡沾染了口香糖的氣息。

儘管受到墨枯修的警告，羅密歐在舞會上初遇茱麗葉之後，卻還是和她就親吻玩了些淫猥的文字遊戲，然後又共同分享了初吻。這種警告對我們其他人來說也一樣沒有作用。我們還是不斷接吻，就像我們不會放棄性交。誠如佛洛伊德所言：「男人雖然會熱切親吻漂亮女孩的雙唇，卻可能對於和她共用牙刷感到噁心。」順道一提，第二型單純皰疹病毒與第一型頗為近似，但只感染生殖器官，而且是經由性交所傳染。這兩種病毒症狀相似，在適當的狀況下也可能侵入對方的地盤，而且都可經由口交傳染。科學作家比鐸提到這兩種皰疹的時候指出：「其中一種症狀在人類社會中根本不受注意，另外一種則是惡名昭彰。由此可見，我們看待疾病的方式是文化價值觀的反映。」皰疹病毒一旦進入體內就不可能徹底治癒——若是套用當前這個醫學時代的樂觀說法，則是目前為止還沒找到治療方式——但是藥物可以縮短發作時間，並且減輕症狀。

今天，各種漱口水、牙膏，以及口氣清香劑，都把行銷重點擺在性吸引力上，而不是衛生健康，於是廣告也就不斷告訴我們，只要用了某項產品，就能提高我們受人親吻的機會。所謂的「法式」接吻顯然會導致病菌傳染，晚近的研究更證實法式接吻也會傳染牙周致病菌。不過，這種舌戲不是人類所獨有；我們的近親動物同樣不會在嘴巴上禁慾。巴諾布猿也會張開口接吻，而且舌頭交纏的程度絕不遜於好萊塢電影。目前英文稱為法式接吻的行為，過去曾經一度稱為法國的義式接吻。有時候，這種接吻方式又稱為靈魂之吻。嘴巴不但具備呼吸功能，也是各方神祇為黏土娃娃注入靈魂的管道，因此也就一向有人把嘴巴視為靈魂與身體的交會點。在一九一五年的默片《傻瓜》當中，美國女星芭拉所扮演的角色就代表了我們對親吻的恐懼：在一段持續甚久的親吻鏡頭裡，女吸血鬼藉此開始盜取男子的靈魂。在一九六〇年代初期出現的嘴對嘴人工呼吸，曾經一度稱為「生命之吻」，而在大眾心目中留下深刻的印象。

藝術反映出我們對吻的著迷。要是沒有吻，哪裡還有情歌呢？艾拉・費茲傑羅演唱蓋希文兄弟的歌曲〈這樣已經多久了？〉這個問句其實也就代表了每個人發現接吻之樂的內心感受。莎拉・沃恩也坦承自己渴望接吻，哈樂黛則百般珍惜接吻前的那段前奏❺——這還只是爵士樂而已。每種類型的音樂，也都有這種接吻氾濫的歌曲。搖滾樂界甚至還有一支樂團就叫「KISS」。

自從愛迪生在一八九六年所展示的一小段影片開始，吻就不斷被人記錄在賽璐珞膠片上——甚至連愛迪生的那一段影片，也不免讓吹毛求疵的批評人士氣憤懊惱。在嘉寶的最後一部默片《吻》當中，一個偷情的吻就註定了主角往後的命運。有少數幾部電影把真實或者象徵性的吻提升為主角，早期如《刁蠻公主》這部由百老匯名作曲家波特撰寫配樂的電影，乃至名導阿德力區

❺譯註：作者是指這兩位爵士女伶所唱過的名曲，一首是〈我好想接吻〉（I Feel So Smoochie），另一首則是〈吻的前奏〉（Prelude to a Kiss）。

的核彈黑色電影《死吻》，還有典型一九八〇年代電影的《蜘蛛女之吻》。在阿特曼的成名作《外科醫生》一片裡，「火辣紅唇」胡麗寒這個角色就是以她火辣的雙唇贏得這個暱稱。銀幕上也有不少令人難忘的吻，一再突破社會對情侶之間接吻行為的接受度。一九六〇年代晚期，在《星艦迷航記》的其中一集，白人艦長寇克與黑人通訊官烏乎拉只不過輕輕一吻，美國南部有些電視台就拒絕播放。一九七一年是接吻史上的重大里程碑。那一年，二十歲的柯特在《哈洛與瑪德》片中吻了八十多歲的女星葛登；此外，史勒辛格的《血腥星期天》也出現兩個男人接吻的鏡頭。

親吻也是攝影師所鍾愛的主題。愛森史達拍到一位不知名的水手在對日作戰勝利日於時代廣場上親吻一名女子，這禎照片不知被轉載過了多少次。此外，我們到處也都可以看到畫家與雕塑家所創作出來的不朽之吻，包括克林姆筆下那兩名全身覆滿亮片，扭身親吻的情人，以及夏卡爾畫中那對飄浮於空中的愛侶，還有布朗庫西那對臉貼著臉的石雕情侶。羅丹的《吻》，更以逼真的塑像讓一團青銅散發出濃情蜜意。有些巫毒商店所販賣的蠟燭，形狀就神似羅丹手下這對著名的情侶。點燃之後，擁抱接吻的人像逐漸熔化，你渴求對象的心也會融化於情愛當中。

詩人與小說家都常用誇張的手法描寫親吻，就好像親吻是他們發明的一樣。佩特羅尼烏斯引述伊比鳩魯的論點，聲稱愛賦予人生意義之後，隨即斷然指出：「智慧就是一個吻。」有時候，接吻的感覺實在太過美好，以致讓人欲罷不能。羅馬詩人卡圖盧斯曾經寫過許多熱切激情的情詩，求愛對象則以「蕾絲比亞」這個名字代表。在其中一首詩裡，卡圖盧斯懇求愛人給他一百個吻，然後再給一千個吻，接著又更多更多，直到他們兩人沉浸在「吻的迷宮」裡。一千七百年以後，赫里克向愛人索吻的數目也是逐漸增加，一路數到三百萬之後，又提議從頭再數一遍。再過三百年後，路易斯・阿姆斯壯又在爵士歌曲中表達了同樣的渴望。在《小野薔薇》這則童話故事裡，吻具有神奇力量，能夠讓公主從魔法導致的昏睡當中清醒過來。在某些版本的皮格馬利翁傳說當中，意亂情迷的國王吻了雕像之後，雕像便活了過來。在《考利歐雷諾斯》劇中，回歸故土的國王要求妻子給他一個吻，這個吻不但要和他的流亡時間一樣長，而且也要和他的復仇一樣甜美，同時他也向妻子保證，自從他們上次接吻之後，他的雙唇「一直保持著純潔」。馬婁筆下的浮士德乞求絕世美女海倫用一個吻賦予他不朽的生命。就連一向拘謹的佛洛斯特也寫道，「唇上的愛」甜美至極，幾乎讓他無法消受。杜利・威爾遜在《北非諜影》片中唱著：「你一定要記住。」沒錯，我們確實忘不了。

有時候，由於我們對吻的喜好，以及想法中隨之而來的各種陳腔濫調，導致腦中的重要機能因此短路。卡明斯曾經寫下一個可怕的隱喻，聲稱女子「深沉而脆弱的雙唇」是個媒介，讓四月的雙腳得以踏入他靈魂的草地裡。這種過度耽溺的文字，常讓憤世嫉俗的人見獵心喜。偏執的比爾斯就在《魔鬼辭典》中咆哮：「親吻」是詩人發明的字眼，只為了和「福分」一詞押韻。

在《蓋爾芒特家那邊》一書中，馬賽爾（書中的敘事者既然沒有名字，我們便假設他和作者馬賽爾・普魯斯特同名）花了幾百頁的篇幅幻想年輕的阿爾蓓婷之後，總算即將和她親吻。普魯斯特以他一貫的執迷態度詳盡剖析這個吻，賈塞特曾經稱之為「細微精密得令人著迷」。到最後，馬賽爾的目光終於來到阿爾蓓婷粉紅色的臉頰，看著她的雙頰延伸到「她美麗的黑髮小丘裡」。在這段細細描寫馬賽爾內心想法的冗長篇章裡，讀者很可能會忍不住大叫：「真是夠了，求你快吻她好嗎！」不過，普魯斯特對於親吻的想法還是有些值得一提的地方。他首先指出，「男人」其實沒有真正適合從事這項行為的工具：

由於缺乏適切的器官，人只好用嘴唇替代。如此達到的效果，大概只比用一根慾火中燒的長牙摩娑愛人來得稍微好一點。不過，這雙嘴唇的功用只能把足以刺激食慾的口味帶入嘴巴。由於不知本身缺陷何在，也不懂得有何失望之處，因此雙唇在無可穿透而又迷人無比的臉頰上，也就只能在表面上徘徊以為滿足。

如果說嘴唇確實是為某種不存在的理想器官代打，那麼嘴唇在親吻方面的表現實在是可圈可點。我們嘴唇上密集的神經末梢幾乎能夠自動尋找合適的對象。我們大概可以說，今天許多人之所以存在，都是因為當初一對男女的吻勾動了天雷地火，從而引致其他活動的結果。即便是當下這個時刻，在這顆不斷於太空中旋轉繞行的大石頭上，到處也都有人正在接吻——在地鐵上、馬背上、電梯裡、茅屋內、飛機上、遊艇上、海灘上、蒙古包裡，當然，還有在無數的汽車後座上。就在當下這個時刻，南非蘇威托的一對中年夫婦正在彼此的嘴上輕輕一啄，準備關燈睡覺；在長江岸邊，一名老婦正向奄奄一息的丈夫親吻道別；在美國奧勒岡州，青年男女則不斷傾身靠向對方，直到彼此的嘴唇終於首次接觸。

不可或缺又難以捉摸的舌頭

劍刺死的人雖多，還不如舌害死的人多。

——《德訓篇》

舌頭雖然位在頭顱裡面，受到淫佚的嘴唇所保護，但是仍然明顯可見，在我們的人生中也非常重要。舌頭和手一樣，以撫觸的方式探索這個世界，而且舌頭的特色也一樣在我們善於聯想的腦中幻化出各種象徵性的意象。半島、鐘內的小鎚、跳躍的火焰、皮鞋上方突出的那片皮革——在英文當中都可稱為舌頭。受到聖靈感動就在地上打滾的聖滾者，會以無意義的「舌頭語」表達內心的狂喜。害羞的人會結舌難語，評論家則是舌尖嘴利。舌頭是我們意識的化身：藉由嘴裡這個動物性的舌頭，我們才得以表達腦中那些人類獨有的意象。

由於口語溝通乃是藉由這片靈活的肌肉所達成，因此不論古今中外——尤其是在書寫文字普及之前——暴君和歹徒都會割斷受害者以及目擊者的舌頭。希臘神話裡就可見到這種令人驚駭的懲罰方式。色雷斯國王忒瑞俄斯誘姦其妻普洛克涅的妹妹菲洛梅拉。按照奧維德的描寫，菲洛梅拉哭喊父親，哭喊姐姐，哭喊天上的眾神，可是叫天不應，呼地不靈。她於是向忒瑞俄斯發誓，她的聲音「必將充塞於林間／即便石頭也會受到感動」。結果，忒瑞俄斯把菲洛梅拉綁縛起來，拔出身上佩劍，而且儘管菲洛梅拉伸直脖子，一心尋死，他卻用鉗子夾住她的舌頭，然後一劍割斷。最後，菲洛梅拉終於還是和姐姐聯手報了仇。就在她們逃亡的時候，漫不經心的眾神總算插手干預，把她們變成鳥兒，好讓她們逃得快一點（在原本的希臘神話故事裡，菲洛梅拉變成燕子，普洛克涅則變成夜鶯，但是後來的羅馬詩人卻都把兩人的名字掉換了過來。因此，到了十八世紀初，濟慈自然也就把夜鶯稱為菲洛梅拉）。

有時候，我們說不出話不是因為舌頭被人割掉，而是因為心裡的話過於駭人聽聞，以致不敢大聲說出來。辛巴威小說家維拉的《舌頭下面》是一部如同噩夢般虛幻詭異而又令人心碎的作品，書中主角紀佳遭到父親木洛宜瓦所強暴。經過這項遭遇，並且母親又因為殺死父親而入獄之後，紀佳便從此不再說話。在整部小說中，維拉一再使用一種轉喻手法：舌頭即代表言語。「我知道我嘴裡埋著一顆石頭，蓋在舌頭底下。我的聲音已經遺忘了我……語詞原本不會腐爛，除非是擺在嘴裡，在舌頭底下埋得太久。」這是世界各地遭到壓制的女性所共有的心聲。

雖然光靠舌頭不可能產生言語，但是這種擬人化的手法在人類文化裡一向存在，而可見得我們仰賴舌頭的程度。湯瑪斯・亞當斯在他一六一九年的著作《馴舌記》裡呼告道：「啊，不可或缺的舌頭！若沒有你的發洩，多少人將會抑鬱而終！」正如亞當斯這部著作的標題所示，我們雖然知道舌頭能夠傳達心中的渴望，但我們對舌頭的坦誠和力量也不免感到害怕。看看十七世紀其他書籍的書名就可知道：例如《毒舌》、《駕馭舌頭》，還有《管制舌頭》。誠如亞當斯所言：「眼、耳、足、手，雖蠻橫狂野，然皆已馴化，唯有舌頭無可馴服。」大約同時間，藝術家威瑟在《徽誌大全》裡把舌頭畫成一隻長有翅膀的怪物，獨自冒出於地面上，以此代表舌頭任性不羈的獨立性。圖畫上方的圖說寫道：「舌頭我行我素，不受指使／何往何從，無人可知。」不過，對舌頭最猛烈的譴責，絕對是聖經裡的這段話。在使徒雅各所寫的書信裡，他向猶太人流散的十二支派嚴厲告誡道：「舌頭就是火，在我們百體中，舌頭是個罪惡的世界，能污穢全身，也能把生命的輪子點起來，並且是從地獄裡點著的。」

有關舌頭的邪惡就談到這裡為止。舌頭的功能不只有說話而已。

十六世紀初，伊拉斯謨斯曾以輕蔑的語氣把舌頭描述成「軟弱無力的小器官」。不過，這位偉大的人文主義者也為舌頭的各種優點與缺陷而感嘆不已：「啊，難以捉摸的器官。」舌頭是人體上功能強大的一個部位，難怪讓人難以捉摸。舌頭和嘴唇、喉頭，還有肺部共同搭配，即可產生言語以及其他各種聲音。我們也許可以這樣回應使徒雅各的說法：沒錯，舌頭確實會許下諾言，安撫人心，也會說謊騙人；舌頭會閒話是非，宣示愛情和肉慾，下令行刑，出言稱讚，也會放聲譴責。然而，舌頭也有單純的一面，負責品嚐食物，協助咀嚼與吞嚥，為我們帶來營養和情慾享受。所有生物都透過身體感受世界，同時也利用身體做出回應。

舌頭和身體其他部位一樣，在自然界裡有各種不同的形態。鳥類的舌頭通常不惹人注意，但是紅鸛的舌頭卻極為美味，而遭到羅馬人大量食用。蜂鳥能夠穩定飄浮在空中，伸展舌頭對花朵舌吻。十九世紀期間，美洲水牛遭人屠殺不計其數，屍骸丟棄在平原上任其腐爛，舌頭則成為人類餐桌上的珍饈。變色龍擁有高超的偽裝能力似乎還不夠，而且具備脊椎動物裡獨樹一格的肌肉構造，舌頭伸出可達身體長度的兩倍以上。身體過熱的狗看起來總是像在咧嘴大笑，原因是狗藉由舌頭散熱。由於我們對蛇普遍抱有偏見，因此蛇的叉狀舌頭也就成為狡詐的代表。但實際上，蛇吐信的動作只是在探測空氣中的分子而已。鹿舔舐鹽塊或孩童品嚐甜筒，所使用的器官基本上彼此相同。不論是幼兒還是小狗，都迫不及待要舔舐這個世界。

我們的舌頭雖然欠缺其他生物具備的某些功能，卻以一項功能彌補了其他方面的不足。人類舌頭的這項功能，就是讓《毒舌》與《駕馭舌頭》等書作者憂心不已的語言。英文的「language」（語言）原本就是指涉舌頭。其他許多詞語，包括「lingo」（外語）、「glossary」（字彙）、「linguini」（義大利扁麵條）、「bilingual」（雙語）、「cunnilingus」（對女性口交），以及「glossolalia」（無意義的「舌頭語」），也都一樣包含有舌頭的字根。英文的「tongue」（舌頭）可追溯到中世紀英文的「tunge」與「tonge」。其他許多同源詞也都與此類似，例如古高地德語的「zunga」。這些詞語全都源自拉丁文的「lingua」（舌頭）一詞，由此衍生的古法文「langue」則又演變成英文的「language」。語文學家帕特里奇認為：「『tongue』和『language』的二元性不僅普遍存在，也是自然的現象。」美國文學學者瑪慈歐更進一步指出：「由於『tongue』……也有『language』的意思，因此這個字眼本身就帶有幾種關係的概念，包括言語和肉體、思想與載體，還有物質與意義之間的關係。」

舌頭的各項功能，一方面需要內部肌肉的互相合作——包括垂直、縱向，以及橫向等各種型態的肌肉——另一方面也需要和外部肌肉密切搭配。舌頭上的味覺感受器各自劃分為不同區塊。

舌頭後端兩側的味蕾負責偵測酸味，鹹味味蕾則分布在舌頭邊緣。我們用舌尖一舔就可感受到甜味，但苦味則必須深入嘴巴後方才感覺得到。舌頭上的圓形突起稱為乳突，和指紋的脊線名稱相同。指紋的乳突紋線具備兩項功能——抓握物品以及提供汗腺的分泌出口——舌頭的乳突也有移動食物以及包覆味蕾這兩項任務。味蕾分布於乳突邊緣，咽喉內壁（包括喉嚨與鼻子後側）和上顎也有少數味蕾，但是大部分的味蕾都分布於舌頭表面，特別是在舌頭後端。味蕾上有個開口，稱為味覺細孔，是通往內部的味細胞。透過這種細微的化學作用，我們才能品嚐巧克力與水蜜桃的滋味。

舌頭不只是味覺大師，還能用獨特的方式進行觸碰。靈巧的舌尖能夠挑出牙縫裡的食物殘屑，也能以誘人的姿態舔去嘴唇上的奶油。兩個人的舌頭可以小心翼翼地互相碰觸，也可以縱情交纏，並由此引起身體上其他部位的反應。舌頭濕潤的表面可以偵測出一顆罌粟籽，也可以感受到一粒鹽。有些人能夠扭動這塊敏感的肌肉而把櫻桃梗打結，而且這種人通常也能夠把舌頭捲成管狀。舌頭沒這麼靈巧的人也不必太難過，因為這種天分顯然沒有什麼演化上的意義。

別讀我的唇

唇語的技術與研究，可讓我們了解嘴唇與舌頭如何形塑我們在溝通當中所使用的聲音。許多聽障人士都會讀唇語。這種能力對情報人員也非常有用，只是現在收音設備愈來愈進步，也就逐漸比較少人仰賴這種技巧。老電影裡有些讀唇語的情節仍然讓人懷念，例如間諜拿著望遠鏡監視一名女子：「她在說什麼？」「看起來應該只是跟著收音機唱歌而已。」看外國影片時閱讀字幕雖然麻煩，但是配音後唇形和語音脫節的現象，卻反而會讓大腦更感困惑。自從許久以前，我們就已經養成了一面聆聽，一面觀看說話者嘴形的習慣。

機動性是嘴唇的基本特徵，嘴唇如果僵硬不動，就會格外引人注意。只要經過練習，大多數人都可在嘴唇幾乎不動的情況下發出清晰的語音。「腹語」一詞就記錄了這種技巧的發展歷史。在古希臘與羅馬時代，腹語是占卜師必備的一種秘密技巧。高明的靈媒可以把人唬得一愣一愣，以為鬼魂真的透過他通靈的肚子說話。世界各地的通靈人士使用這種騙人的伎倆，都已有好幾千年的歷史。這種做法偶爾也會造成反效果，像十六世紀英國的芭爾頓就是一個例子。人稱「肯特郡聖女」的芭爾頓利用腹語術，聲稱鬼魂透過她的肚子作出預言，反對亨利八世再婚。亨利八世一惱，於是下令把她處以絞刑，而她那多話的肚子自然也無可倖免於難。

腹語後來雖然從通靈管道降級為綜藝表演，但是至今仍然盛行不衰。不少人賺錢維生的方式就是靠著不動嘴唇說話。不論過去還是現在，腹語術都需要大量練習才能學會。腹語師必須儘量避免ㄅ、ㄆ、ㄇ這類需要嘴唇開闔才能發出的聲音，不得已的時候則必須用舌頭在嘴裡設法模擬出近似的聲音。專業人士指出，儘管技巧能夠經由練習改進，但是舌頭的靈巧度只能靠天生的條件。當然，腹語師和魔術師一樣，也會採用轉移注意力的方法。腹語師為了不讓觀眾注意他嘴巴的動作，就會用人偶做出逼真的活動，或是故意轉頭聽人偶「說話」。

人類會對這種把戲感興趣，雖然很呆，卻也是人類的迷人之處。一九四〇年代，腹語大師柏根在廣播上深受歡迎，他創造了麥卡錫與斯奈德這兩個自以為是的木偶角色。他的廣播節目之所以深受歡迎，原因是他所創造的角色活靈活現，而且對白妙趣橫生；畢竟，腹語術在廣播節目裡根本沒有意義，因為觀眾完全看不到表演者說話的時候嘴巴不動的模樣。廣播節目的聽眾哪會知道柏根的嘴唇到底有沒有動？腹語術走紅的現象也提醒了我們，一旦受到人類想像力的影響，身體的文化歷史便可能大幅偏離原本的自然現象——而此處的例子，就是我們臉上這雙靈活巧妙，觸覺敏銳的嘴唇。

II 身負重任

7 人類的手臂

肌肉成為地位象徵，表示現在的工作多已不再仰賴體力：就像曬黑的皮膚一樣，都屬於一種過時事物的美學。

——索爾尼

希臘神話有許多故事都源自於我們手臂與肩膀上強壯的肌肉，阿特拉斯的傳說就是一個例子。阿特拉斯是茂盛之神亞佩特斯之子，和普羅米修斯為兄弟。他是泰坦巨神的一員，在奧林匹亞眾神掌權之前橫行於大地。不過，後來奧林匹亞眾神打敗泰坦巨神之後，宙斯便判處阿特拉斯把蒼穹扛在他厚實的肩膀上。神話一個有趣的地方，就是它裡面的神祇都是我們身體特徵的化身，而且經過高度誇大，幾如漫畫裡的超級英雄與超級壞蛋。這種情形不論在希臘、基督教、納瓦荷族，還是高棉的神話裡都一樣。眾神之王既然覺得有什麼東西需要扛舉，自然認為最適合的工具就是肩膀與手臂——在工業文明出現之前，所有的勞力工作都需要人使盡腰背之力，而所謂的「背」其實也就是肩臂。除了肩臂以外，還有什麼能夠扛起世界的重擔？

阿特拉斯的故事留給後世各種不同影響。西北非的阿特拉斯山脈就以山形高聳而用神祇之名稱之，而且其所在位置看起來也在希臘世界以外。不過，「阿特拉斯」（atlas）一詞在英文裡的兩種用法，則和本書的人體主題較為相關，同時也代表了身體的自然結構反映在文化史上的現象。在建築當中，「atlas」意指雕刻成人形的柱子，在希臘文裡又稱為「caryatid」；解剖學家則把第一頸椎稱為「阿特拉斯頸椎」（atlas vertebra，即寰椎），因為這塊頸椎支撐著沉重而且想像力天馬行空的頭顱。地圖集結成冊也稱為「atlas」，因為早期的地圖集經常有阿特拉斯扛著地球——卻不是蒼穹——的圖畫。順帶一提，地圖集的複數名詞是「atlases」，但是人像柱的複數名詞卻是「atlantes」。

阿特拉斯的故事不免令人想起大力士赫丘利斯，也就是宙斯與凡人女子阿爾克墨涅所生的兒子。在某些神話故事裡，這兩位大力士也曾經共同出現過。赫丘利斯雖然足智多謀，但在他著名的十二件苦差當中，卻也經常需要仰賴他過人的力氣。他必須殺死涅墨亞獅子與水蛇許德拉，把厄律曼托斯的野豬扛在肩上，甚至還得到冥界去捕捉地獄惡犬刻耳柏洛斯。直到今天，英文還是把艱鉅的任務稱為「赫丘利斯般的任務」。和肩臂力量有關的神話還有很多。戰神阿瑞斯強壯有力，阿波羅之子安菲瑟斯也是一樣。在特洛伊城陷落之前，伊尼亞斯也把父親安喀塞斯扛在肩上，帶往安全處所。

不過，這些神話人物所必須扛舉的重擔，都比不上阿特拉斯的那麼困難。阿特拉斯名聲響亮，即便到了二十世紀也還是一般人心目中力量的象徵。一八九四年，有一名嬰兒誕生於義大利。這時距離當初古希臘牧羊人仰望星空而幻想有巨人扛起蒼穹的時代，已有好幾千年之久。這個嬰兒名為西西里亞諾，小時候就移民到美國紐約，成長於貧窮的環境中。後來，他記述了自己人生的轉捩點，那時候他只是個瘦弱的小伙子：

> 有一天，我和一個很漂亮的女孩一起到科尼島去。我們坐在沙灘上，結果一個又高又壯的救生員……把沙子踢到我臉上。我完全無能為力，那女孩只覺得好笑。我於是對她說，有一天我要是再碰到那個傢伙，一定會好好扁他一頓。

強調語氣的底線是西西里亞諾原本就加在文章裡的，但是他寫下這些文字的時候早已改了名字。根據他的描述，他改名的過程也頗為匪夷所思。就在救生員把沙子踢到他臉上之後不久，西西里亞諾的女友也和他分手了。遭人羞辱，而且又沒了女友，西西里亞諾在回家的路上看到了一幅海報，上面畫著阿特拉斯把世界扛在肩上。他後來聲稱自己就在那一刻決心鍛鍊身體，讓人再也不能瞧不起他。他鍛鍊得非常成功，結果開始擔任雕塑家的模特兒。於是，他便認為自己能夠幫助其他體格瘦弱、缺乏男子氣概的男人。他把自己的名字改為查爾斯‧阿特拉斯，一開始在科尼島的表演節目裡穿插演出，不久即成為綜藝節目的主秀。後來，他研發一套肌肉鍛鍊課程，命名為「動態張力」。到了一九二二年，《體育文化》雜誌稱他為「世界上體格最完美的男人」。

「你是血性男子嗎？」阿特拉斯訓練課程的廣告上用這句話刺激讀者。廣告內文把強壯的男人比喻為老虎，聲稱這些肌肉發達的老虎男人能夠「強取豪奪」、「打敗對手」，而且「荷包滿滿」——也就是適者生存的叢林法則在當代社會裡的表現方式。刊登這種廣告的媒體，通常是以青少年為主要讀者的雜誌與漫畫。這些青少年早就在體育活動和其他社會暗示的灌輸下，非常重視自己能不能成為血性男子。為了尋求自我肯定，他們於是努力存錢訂購阿特拉斯的肌肉鍛鍊專利秘方。這些人體格強壯之後，銀行戶頭是否也隨之鼓脹，並沒有記錄可供查詢，不過阿特拉斯自己的戶頭絕對不虞匱乏。他的公司在經濟大恐慌時期業務仍然蒸蒸日上，到了第二次世界大戰期間，已經成為美國歷史上最成功的郵購公司。

正如阿特拉斯的例子所示，臂力在男性氣概的文化史上扮演的角色極為有趣，同時又完全不出意料之外。當初身體瘦弱的西西里亞諾用健美先生的照片激勵自己鍛鍊身體，照片上的人物是從普魯士移民美國的桑道。桑道在二十世紀初即已被譽為「世界上最強壯的人」，而且是男性體格的最佳典範（就白人而言）。儘管桑道自稱是史上第一人，但他其實也是受到楊恩的影響。當普魯士在拿破崙戰爭戰敗之後，楊恩為了讓日耳曼男性重拾男子氣概，於是發起健身運動。桑道那個時代和歷史上大部分時期一樣，社會上都充斥著英姿煥發的男人。老羅斯福常在精心設計的場景中讓攝影師拍照，好讓大眾仰慕他的雄性氣概。魔術師胡迪尼不但強調肢體的靈巧，也經常展現他過人的力氣。誠如文化史學家卡森所言：「男性不但是生物類別，男性氣概也是一種表演。」當然，這句評語至今仍然適用。一九八四年美國總統大選時，雷根展現了他一貫樂於辯論的態度，而在提到競選對手孟岱爾的時候表示：「我隨時願意和他比腕力。」

從美國總統這種勇猛的表現可以見到，我們通常會把各種力量都比喻為手臂與肩膀的力氣，而且這種象徵也不一定都只適用於男性，有些強壯的英雄人物也是女性。希臘女神雅典娜有許多名稱，其中一個是「雅典娜阿拉可門尼斯」，意指「強大的守護者」；另外一個是「雅典娜阿爾席斯」，意指「強壯的人」。英文的「strenuous」一詞意為「費力」，這個字眼其實源自羅馬女神斯垂努婀（Strenua），她在艱困時刻會把力氣借給比較瘦弱的人。第二次世界大戰期間，女性乃至一般民眾都深受鉚釘工人蘿西所激勵，她強壯的臂膀表示她不讓鬚眉，絕對能夠做好自己受到分派的工作。有一張海報就畫著蘿西握拳舉臂，畫面上方寫著：「我們做得到！」這張海報在大學的女性研究學系裡仍然經常可見。

手臂與肩膀負責支撐靈巧的雙手，因此也具有其他意象。早在當代美國人說「法律的手臂很長」之前，古希臘的希羅多德早就已經說過「國王的手臂很長」❶。柏拉圖的本名為阿里斯托克勒，有些學者認為他之所以獲得「柏拉圖」（Plato，希臘文裡的「plat」意指「寬廣」或者「扁平」）這個名字，乃是因為他的額頭寬闊，或者因為他的學識廣博；不過，也有人認為是因為他的肩膀很寬。手臂的象徵意義其實比我們想像的還要複雜。我們在教室裡舉手只是一種吸引注意力的方法，就像我們舉手招呼計程車一樣；但是我們在法庭裡作證也要舉手宣誓。希臘神話裡，恩西阿達斯是冥淵神塔爾塔羅斯與大地之母蓋婭的兒子，身上共有一百隻手臂，古阿斯也是如

❶ 譯註：這兩句話當中的「手臂很長」都是比喻性說法，意指權力極大。

此。印度教神明身上的許多手臂，代表祂們的各種工作，而且每一隻手上通常都帶有不同象徵。舞蹈姿態的濕婆一手托著代表毀滅的火燄，另一手則拿著代表創意韻律的鼓。

這兩種象徵的對立，也顯示出手臂的一項主要特徵，就是互相合作的能力。一九二三年，土耳其共和國國父暨首任總統凱末爾，在一場提倡兩性平等的重要演說中，就利用雙臂與雙腿合作的意象為女性爭取地位：「社會如果僅以一種性別的現代化為滿足，其所發揮的力量將達不到一半……一個社會如果一臂動、一臂不動，必然陷入癱瘓。」

幸好，我們的雙臂通常都共同合作。人類是四足動物。分類學家雖然不斷修正生物的分類，但是四足動物一般而言仍然包括哺乳類、鳥類、爬蟲類，以及兩棲類動物。也就是說，只要是具有兩對附肢的脊椎動物都屬於四足動物，只有魚類除外，因為魚類的演化歷程不同（像蛇這種動物雖然附肢都已退化，但其祖先原本卻是四足動物）。這種肢體的巧妙安排大約起於四億年前，四足動物的家族系譜可一路追溯到泥盆紀的總鰭魚類。這種魚類至今只剩下一種型態仍然存活在世上，也就是著名的「活化石」腔棘魚。人類原本以為這種魚早已絕跡，卻在一九三八年再度發現腔棘魚的身影。這種魚以其老舊過時的身體優游在海裡，就像一個老人開著他祖父的車子一樣。腔棘魚和鯊魚一樣，嚴格說來並不是魚。

我們身體有些其他特徵也反映了這項演化傳統。我們和那些生活在海中的祖先一樣，都擁有骨骼中樞、突出的骨骼，以及成雙成對的肢體。只要到科學博物館去看看其中收藏的動物骨骼，就可發現人類本身和其近親都具有相似的結構，即便是外表看來一點都不像人類的動物也是如此。我們只要比較皮膚底下的骨骼，即可發現星鼻鼴的腳掌骨架，其實和藍腳鰹鳥以及大蹄鼻蝠的翅膀骨架都非常相似。藍鯨在其四足祖先適應於陸上環境之後，雖然又回到海中生活，但是魚鰭裡的骨骼架構其實和粗短尾猴的手掌相差不大。藍鯨沒有後肢，但是退化的骨頭仍然存在，埋藏在皮膚與脂肪底下。我們不但四肢和其他動物相似，前肢與後肢也彼此相似，上臂對應於大腿，手肘對應於膝蓋，手腕對應於腳踝，手掌對應於腳掌，手指對應於腳趾。

不論是我們，還是松鼠乃至黑猩猩，四肢都分別專精於不同任務。我們提起行李的時候，其實就是使用一種古老的舉重設備。我們演化出直立姿勢，使得雙手與雙臂從此獲得解放，不必再負擔四足行走的任務，從而演化出操控的能力。不論我們為什麼會演化出直立姿勢，我們每次從市場提著日常用品回家的時候，都可體驗到直立的優勢——而我們每次引體向上，也都是對直立姿勢的禮讚。臂躍——也就是我們的靈長類近親在樹冠層上擺盪手臂，抓握樹枝的移動方式——即是我們肩臂活動方式的先驅。我們每次爬樹或者打排球，就體現了這種活動方式。臂神經叢是一片由脊髓神經構成的網路，由頸椎一路延伸到第五至第九胸椎，負責刺激我們的前肢運動。這些源自脊椎的控制線路能夠操控斜方肌、三角肌、大胸肌、小胸肌，以及其他肌肉，使我們的手臂產生力量，從而衍生出阿特拉斯與赫丘利斯的神話。

生物工程師伏格在肌肉博物學著作《原動力》一書中指出：「埃及的金字塔與中國的萬里長城不僅代表社會與科技的成就，同時也代表了肌肉的成就。」肌肉在我們的平均體重當中佔了將近一半，而且操控我們身體的所有運動。體內的骨骼完全不理會大腦的指令，只是像玩偶一樣接受肌肉的操縱，而肌肉又受到神經的控制，也就是身體政治體系當中最神秘而且最有權力的成員。繪畫和寓言當中舞動的骷髏看起來之所以詭異，部分原因就是它們沒有控制骨頭動作的外層組織——肌肉。伏格寫道：「我們的肌肉和其他動物只有些微差異……不論螞蟻還是大象，身體運動都受到肌肉的驅動。各種動物之間的肌肉極為相似，就算放在顯微鏡底下觀察，也只有受過訓練的人才能看出其中細微的差別。」人類的腿用來走路與攀爬，青蛙的腿則是用來跳躍，但是人類和青蛙腿裡的腓腸肌卻都極為相似，以致伏格因此指出：「青蛙的小腿很美。」青蛙小腿可以食用，並不是巧合的現象。雞的翅膀肌肉非常美味，牛的腿肉極為可口，也都一樣不是巧合。吃肉的文化都喜歡吃鮮嫩營養的肌肉。人類甚至也會吃同類的肌肉。人類學家研究原始社會發現，以獲取營養為目標的食人行為，通常都以肌肉為主要食用對象，因為肌肉是品質最佳的肉。

傳頌千古的美妙工具

我們應該感謝那些不知名的古人，發明許多生動鮮明的字眼，雖然經過許多演變，我們至今仍然持續沿用。新詞不會直接從「時代精神」中浮現而出，一定有個極具創意的人最早把這個字眼說給別人聽。所以，有個想像力極佳的人發明了「muscle」（肌肉）一詞。一個人只要把手臂彎曲伸展，一面觀察自己的二頭肌，就可看到肌肉緊繃隆起，接著又伸展拉平。很久很久以前，有人看到這種變化就想到了老鼠到處亂竄或者鑽進細縫的模樣，不久之後，古拉丁文的「mus」（老鼠）就演變成現在英文裡的「muscle」。小說家保羅・韋斯特提到這項字源演變：「如果不幸被黑曼巴蛇咬到，腿部肌肉就會顫抖癱瘓，確實像『老鼠』一樣。不過，羅馬人一定沒有看過這種現象。」

許多這類字眼都是因為我們的手臂而來。大猿由於肩膀與手臂的肌肉非常厚實，因此比猴類更適合毆擊和拋擲。人類會用這種天賦傷害同類，也懂得製造投矛器與弓箭，把攻擊範圍擴大到手臂力量所不及之處。於是，我們便從這種增強的肌力中得出一種強有力的隱喻。維吉爾在西元前一世紀根據伊尼亞斯與蒂朵的故事所寫下的史詩，開頭是這樣的：「Arma virumque cano…」英國詩人德萊登節奏輕快而且押韻的譯文，至今仍是受到最多人引用的英文版本：

> Arms, and the man I sing, who forced by fate,
> And haughty Juno's unrelenting hate...
> （我歌詠那位攘臂奮戰之人，一面遭受命運驅使，
> 同時那高傲的朱諾又憤恨不止……）

美國詩人羅伯特・費茲傑羅在一九八〇年代也曾翻譯《伊尼亞德》，他把起首的句子翻譯為：「I sing of warfare and a man at war…」（我歌詠戰爭以及一位投身戰事中的人……）這兩個譯

本的不同更突顯了德萊登採用的意象。德萊登譯文裡的「arms」和維吉爾筆下的「arma」一樣，都不是指實際上的手臂。費茲傑羅說得很清楚，維吉爾所指的是武器。不過，他所選用的字眼，則為「arm」一詞的兩種意義提供了極佳的例子：一方面是連接手掌的肢體，另一方面也是手臂所揮舞的武器。這兩種意義在英文當中早已習以為常。從「armor」（盔甲）、「armed forces」（部隊）、乃至「unarmed bystanders」（手無寸鐵的旁觀者），都有「arm」這個字眼。懂英文的人看到海明威的小說《A Farewell to Arms》❷，也都知道內容和截肢或者米羅的維納斯無關。有些學者認為，拉丁文的「arma」一詞，也就是「arms」（武器）與「army」（軍隊）的字根，如果經由「armare」（意指「配備武器」）一詞往前追溯，很可能一路追溯到「armus」，也就是「手臂」的名詞字根。這項猜測頗為有趣，因為從大衛打倒巨人哥利亞的古老傳說，乃至查普曼射殺約翰‧藍儂所用的手槍，武器向來都是由人類的手臂所持用。

我們會用手臂攻擊別人，別人也一樣會用手臂攻擊我們。我們如果喪失一條手臂，就可能抵擋不住敵人的攻擊。也許就是因為這種危險性，我們才會對魔術師表演切斷手臂或頭顱的魔術如此感興趣。只可嘆，在真實世界裡，手臂一旦切除，就不可能再接得回來。堅持寫實主義的法國小說家左拉，以完全不加潤飾的方式寫出人類的各種苦難。他下筆毫不保留，不論是在《露德》一書裡描寫那些信仰堅定的病患所受的痛苦，還是在《慘敗》一書中描寫普法戰爭裡的傷者，都

❷譯註：中譯《戰地春夢》；英文標題的字面意義為「告別武裝」。

一樣歷歷在目。《慘敗》出版於一八九二年，書中呈現戰爭的恐怖，絲毫沒有故作感傷或者矯揉造作的筆觸，描寫焦點放在士兵與平民的痛苦上，而不是領導者的機謀巧詐。書中有關檢傷分類與緊急手術的場景，都鮮明描寫出截肢手術的情形，而且那種情況下的手術要不是沒有麻醉，就是只有效果不可靠的氯仿可用。左拉筆下那些丟棄在地的肢體，強烈傳達出人命如草芥的感受：「死者腳邊丟了成堆的腿和手臂。在手術檯上剪下、砍掉的肢體，就像是肉販丟棄的碎骨爛肉一樣。」一名士兵從昏睡中驚醒，剛好看到醫生把他切除了的手臂拿開，接著又低頭看了看自己血淋淋的肩膀，然後流下眼淚，大聲號叫：「我變成這個樣子了，要怎麼辦？」

這句話代表了歷史上所有戰爭受害者的心聲。現在的一種補救方法是安裝義肢，但當然還是不足以替代原本的肢體。由目前新研發的仿生物手臂，即可看出我們的神經系統有多麼複雜。愛丁堡皇家病院生物工程中心的高大衛與同僚所研發的一種義肢，能夠利用魔鬼沾安裝於肩膀上，然後利用電極偵測神經電流，而讓義肢做出相應的動作。一位名為艾爾德的患者安裝這種義肢後表示：「我只要肩膀和背部肌肉用力，就可讓這隻人工手臂動作。」這類儀器還只在初步發展階段，而且也不是所有人都能夠安裝。不論有沒有安裝仿生物手臂，只要冷靜以對，一般人還是能夠適應沒有手臂的生活。

我們都很習慣看到兩隻手臂的平衡模樣，以及其正常的比例，因此侏儒在一般人眼中看起來之所以奇怪，不只是因為身材矮，也因為比例與常人不同。我們通常會假設一種中庸的比例，所以只要是不同於這種比例的現象就會引起我們注意。德國藝術史學家宮布利希在他的經典著作

《藝術與幻象》當中，曾經提到這樣一則故事：一名婦女在馬諦斯的畫室裡檢視一幅畫作，然後向馬諦斯抱怨道：「這個女人的手臂根本太長了嘛。」馬諦斯的回答是：「這位太太，您錯了。這不是個女人，而是一幅畫。」那名婦女把藝術作品裡的手臂形象當成真實的手臂看待，正如許多人在真實手臂的各個面向中——例如手臂的力氣——看到象徵意義。那位婦女和馬諦斯也許都伸手指向那幅畫作。如果這樣的話，那麼他們這項舉動其實不是一種象徵，不是一種念頭，也不是一種抽象意義，而是由肌肉、骨骼、韌帶、肌腱，以及神經所共同達成的一項行為。這些組織同時也構成了這個美妙的工具，也就是我們這種四足動物身上的前肢——我們的肩膀與手臂。

8 掌上風雲

人類在世界上能夠獲得當今這種主導地位，善加運用雙手絕對是必要條件。人類的雙手經過高度的適應演化，能夠完全依照意志的指揮而活動。

——達爾文

多才多藝的雙手

人類的特徵是手，也就是人類從事種種惡行的工具。

——豬隻領袖雪球，歐威爾著作《動物農莊》中的角色

英國畫家蘭希爾不僅以動物畫作聞名，也因為能夠雙手左右開弓而著稱。曾經有人看過他兩手同時畫出不同動物。一八四〇年，蘭希爾用自己的巧手向另一名藝術家致敬，畫下了小提琴家帕格尼尼的畫像。他用飛快的筆觸捕捉了帕格尼尼激昂的演奏情態，包括用交叉線條所畫出的鬢

角以及袖子上的皺褶，最重要的是，他用簡單幾筆就勾勒出帕格尼尼那雙輕柔而又權威的手。其中一手只見到幾根手指並列在一起，正高高舉著琴弓；另一手則握著琴頸，手指觸弦堅定而又輕盈，食指舉起，小指外張，剛好奏完一個和弦。在這幅畫作裡，不論是作畫的畫家還是描繪的對象，都見證了人類雙手的驚人能力。

雖然不是每個人都是藝術大師，但是多才多藝的雙手都形塑了每個人的一生。嬰兒第一次用小巧的手掌握住母親的手指，就從此展開了一生不斷抓握與放手的歷程。大多數人雖然都對自己的雙手習以為常，而驚嘆於小提琴家與魔術師的巧手，但我們其實無時無刻都仰賴於雙手的靈巧性與敏感度。想想看，我們不論綁鞋帶還是簽名，是不是都不費吹灰之力？我們用手撫摩愛人、取用隱形眼鏡，也用手丟擲飛盤。雙手可以從事心臟手術，也可以開槍射擊。在漫畫家拉森的《遠端》系列漫畫當中，有一則作品充分表達了人類雙手在所有動物當中所佔的優勢：在一個實驗室裡，一群狗科學家為了瞭解「門把原理」而苦思不已。

只要花個幾分鐘觀察自己的雙手，你就會發現自己平常不當一回事的手有多麼多才多藝。想像以下這個情景：你剛下車走向家門，由於正在下雨，所以你右手撐著雨傘，手掌抓握的方式就和拿鐵鎚的方式一樣；左手則提著公事包，手掌採取「勾握」的方式，就像猿猴臂躍移動的時候用以勾住樹枝的那種動作；你在途中看到隔壁鄰居在廊下抽菸，用食指與中指像剪刀般夾著香菸。你放下雨傘，把手伸進口袋去拿大門鑰匙。這時候你想到最近的一項研究，指稱尼安德塔人可能比較善於力握的動作——也就是我們拋擲石頭的那種抓握動作——而現代智人則比較善於細握。你在門前做出一種常見的細握動作，專家稱之為「雙指夾握」。為了把鑰匙從口袋裡拿出來，你用拇指與食指夾住鑰匙，但是要把鑰匙插入門鎖中轉動，你則是用拇指與食指側面夾住鑰匙——這兩種動作各是不同型態的雙指夾握。進了廚房後，你用「盤狀抓握」旋開罐頭蓋子，這種握法和你在假日拋擲壘球所使用的「球狀抓握」屬於同一類。最後，你又用所謂的「五指夾握」把蓋子擺在一邊。

我們的雙手和電腦應用程式一樣，既然必須執行這麼多種功能，就必須在硬碟裡佔據很大的空間。神經外科醫師潘菲德的職業生涯橫跨二十世紀的大半個世紀，期間他繪製了一幅身體的圖像，顯示大腦對雙手的重視程度。潘菲德生於美國，後來移民到加拿大，創立了深富影響力的蒙特婁神經學學院。他所畫的身體圖像不是外表看起來的模樣，而是根據身體各部位佔用大腦皮質的比例繪製，其中一幅根據的是監控身體動作的運動皮質，另外一幅則是根據監控觸感的體覺皮質。他把這兩幅圖像分別稱為「運動小矮人」與「感覺小矮人」，現在有紙本也有電腦上的立體圖像。在這兩種人體模型當中，有兩個部位都佔有絕對優勢地位，而使人體扭曲成猶如卡通般的模樣。這兩幅圖中的頭部都超乎比例之大，尤其是臉部，特別是眼睛與嘴巴；至於雙手，則更是有如龐然大物。大腦對於生殖器的重視程度超過其大小比例，但還是遠遜於頭部與雙手。大腦的資源配置和政府預算的分配一樣，都反映了優先順序。

大腦的神經預算受到手指的地方部門所監管。英國的博學之士強納森・米勒曾在《論身體》一書中指出，細微的神經末梢「就像千百萬顆小珍珠交織在我們身體的結構當中」。不過，誠如潘菲德的圖像所示，我們體內的神經會集中在某些特定部位。許多神經生理學家推測認為，人類已經喪失了其他動物那種佈滿神經的皮膚。我們體表上唯一敏感度足以和其他動物相比的部位，只有性感帶與手指尖端。這些部位的神經末梢密度可達每平方吋一千三百個——所以米勒才會說潘菲德的圖像是依據分布數量所定，而不是依據表面形貌。作品稀少的二十世紀俄國詩人尼可拉索娃有一首描寫盲人的詩作，就提及我們指尖的敏感度。在她筆下，這名盲人「指尖上有十隻眼睛」。此外，她還這麼描寫他觸摸世界的方式：「這個人正在感知事物的本質。」美國神經外科醫師暨作家佛杜錫克說明腕隧道症候群的時候（我們稍後還會談到這種病症），也從醫學角度提及觸覺的重要性：「正中神經是雙手的生命線，而雙手則是我們和物質世界的連接管道。麻痺的手就像瞎了的眼睛。」

大腦與手的另一種關連，可見於嬰兒身上。經常接觸手語的嬰兒，很快就能用手勢比出無意義的兒語，代表嬰兒學習語言的初步嘗試。二〇〇一年，《自然》期刊登出一篇論文，達特茅斯學院心理學家貝荻托在文中發表了她在這項引人入勝的議題上的發現。她指出：「你可以在嬰兒的雙手上看到小巧可愛的信號。」由這點點滴滴的語言徵象，可見大腦已經準備好要學習語言，而且不只侷限於話語。嬰兒比劃手語，都是在身體前方的一個「信號空間」裡。另一名俄國詩人格拉茲科夫，也曾經描寫過聾啞人士用手大聲唸誦詩歌。

我們的雙手既然擁有這麼多的資源，難怪實際上的複雜度比起表面所見要高出許多。雙手內部有許多神經末梢，同時又有大量腦部空間的支援，因此似乎擁有獨自記憶的能力。音樂家都說，經過一段時間的練習之後，旋律與和弦結構便儲存在他們的手指當中，而不是頭腦裡面。狄更斯曾經擔任國會記者，但在他脫離記者生涯許久之後，他口授信件或者聆聽演講的時候，手指還是會下意識微微抖動，好像還在用速寫記錄文句一樣。普魯斯特在《追憶似水年華》的最後一冊寫道：「我們的雙腿與雙臂都充滿了沉睡的記憶。」書中的敘事者提到自己在半夢半醒之間，發現自己的手臂依著過去的記憶打算敲鈴召喚早已去世許久的阿爾蓓婷。智利名導魯斯在一九九九年所執導的《追憶似水年華》片中，以極為動人的方式具像呈現了這個讓人迷惘的時刻。

手部的敏感度攸關生死，但是也有些比較次要的副作用，其中一項是快感，也就是為什麼情侶的手會自動尋找對方的手。十指交纏所帶來的激情感受一點也不遜於四肢交纏。法國導演尚賈克・阿諾在一九九二年由莒哈絲的抒情小說改編拍成《情人》一片，劇中就有一幕這種充滿情慾的接觸。一名少女和一名年紀較大的青年在湄公河的渡船上首度相遇，兩人一起坐在那名青年的車裡，然後彼此的手開始慢慢伸向對方。許久以後，兩人的手指終於互相碰觸，而且那種肌膚相親的激情程度，絕對不遜於實際上袒裎相見。這種行為在人類歷史上出現過多少次？披頭四有一首歌叫做《我要握住妳的手》，但在他們之前也早就有許多人唱出這種渴望。雙手碰觸是發展親密關係的第一步。

其他靈長類動物也會採取這種碰觸方式。珍・古德就描述過一隻幼小的黑猩猩因為受到另一頭雄黑猩猩的威嚇，而在本能反應下伸手握住母親的手。牽手和親吻、擁抱，以及鞠躬一樣，都是早在人類出現之前就已經存在的靈長類習性，而珍・古德和其他研究人員也都看過黑猩猩從事這些行為。有一次，珍・古德把水果放在手掌上，拿給一隻黑猩猩。那隻猩猩看了她的手，又看了看她的臉，然後才把水果拿走，並且握住她的手掌。珍・古德後來寫道：「牠的手指輕輕按壓，向我傳達的訊息不是透過理智，而是透過比較原始的情感管道：人類與黑猩猩之間因為長久以來分別演化而形成的隔閡，在那短短幾秒鐘的時間裡，突然消解無蹤。」

由於手的地位非常重要，因此握手也就發展成為一種常見的問候方式，不僅朋友如此，甚至陌生人之間也這麼做。口才流利得不得了的美國總統小布希，就曾經問過這個問題：「重點是，我究竟握過幾隻手？」對許多政治人物與生意人來說，這個問題確實很重要。我們目前習以為常的這種握手行為，一直到十九世紀初期才真正確立，而且其發展過程也反映了社會對階級認知的改變。握手的前身是手掌交握，可以追溯到古羅馬時代。手掌交握有多種形式，其中一種稱為「dextarum iunctio」，也就是新娘與新郎右手交握，立下婚約。到了十六世紀，已有雙手交握並且搖動的記錄，但這仍舊不是我們今天所謂的握手。要推測握手的起源，一定要從史前時代開始談起。高等靈長類動物之間有一種常見的手掌交握方式，就是地位較低的猩猩向地位較高的雄猩猩伸出手掌表示順從。古代的記載顯示，伸出空手代表停戰的意思：我這個陌生人，向你表達友誼之意。不過，中世紀的手掌交握還搭配了地位較低的人向對方屈膝或者鞠躬的動作。到了十九世紀，中產階級的興起對握手的發展造成雙方面的影響。商業活動增加導致社會需要更多的約定儀式，但也同時造成階級的分別漸趨模糊。在目前這個時代，握手通常是頗為中性的問候方式。

握手有各種不同型態，可以像老虎鉗一樣緊緊抓握，也可以熱切誠懇、軟弱無力、輕描淡寫，而手心也可能潮濕或者乾燥。堅定有力的握手在社會上的重要性，可從一個有趣的例子當中看得出來。普魯斯特本身是同性戀者，但是以為自己掩飾得很好。美國小說家愛德蒙・懷特在他精簡扼要的普魯斯特傳記當中寫道，羅馬尼亞王子畢別斯可指稱年輕的普魯斯特擁有如「日本漆器」的眼睛，握手則顯得「垂軟無力」。畢別斯可想要教他那種傳統上代表男子氣概的堅定握手方式，但是，普魯斯特卻以一貫迂迴複雜的思考方式回答：「我如果遵照你的握手方式，別人一定會以為我是同性戀。」懷特針對這種令人唏噓的矛盾狀態表示：「由此可見當時同性戀者的想法有多麼偏差——同性戀者握手的時候故意軟弱無力，以免異性戀者看出他刻意假裝豪邁的模樣，進而發現他是同性戀者——但實際上看起來就是那個樣子：一個握手軟弱無力的同性戀者。」

藝術上的啟發

人類文化總是反映出大腦關注的重點，因此手也就成為極為常見的象徵。英文有許多詞語都由「手」（hand）的意象衍生而來，例如「handy」（應手）與「handle」（掌握），甚至「handsome」（俊美；原意為「易於掌握」）也是。在聖經裡，保羅向加拉太人伸手示好，彼拉多則洗手表示自己與耶穌遭害無關。人手多才好辦事，忘恩負義的狗則會咬那餵牠食物的手。你也許認為自己有好手當靠山，但是事情發展一旦超出你的掌控，你便可能落入敵手。你可以拍手鼓勵，也可以伸出援手。美國女星梅・蕙絲警告：「如果放手讓男人做主，他就會把你給踩在腳底下。」

在《我的小山雀》片中，男主角菲爾茲握著梅・蕙絲的手說：「多麼對稱的手指！」別管什麼內在美和外在美的分別，菲爾茲的感受正是阿奎那所說的：「感官愛好比例勻稱的事物。」《歡樂單身派對》有一集的笑料全都圍繞在男主角不願和一名女子約會的問題上，因為那名女子雖然長相姣好，雙手卻大得像「男人的手」。雖然男人和女人的手在大小和比例上都明顯不同，但是有許多文化還是把手當成測量單位，包括希臘人、埃及人，還有希伯來人。亨利八世在位期間曾經發布一項命令，訂定官方的手掌寬度為四吋。目前馬匹的身高還是使用這種單位測量。

手經常被使用在舉隅法當中，也就是一種以部分代表整體的修辭方式。我們把航海人員稱為水手，而愛人希望和對方牽手過一生，其實要的也不只是對方的手而已（卡通影片《王牌騎警》曾經就此玩過文字遊戲，片中的壞蛋狡詐約翰綁架了主角的心上人，一面奸笑一面說：「你再也得不到她了，任何部分都得不到」）。英文裡通常把某件事物的催生者稱為「手」。德國詩人海涅就曾經以怪誕恐怖的意象，把法國大革命期間激進的雅各賓派領袖羅伯斯庇爾描述為：「一隻血腥的手，從時間的子宮中接生了民主政體，而此一政體的靈魂正是由盧梭所創。」

攝影師總是抗拒不了手的美感。美國攝影家史蒂格利茲對自己的資助對象暨愛人歐姬芙迷戀不已，一再反覆拍攝她那雙美麗又靈巧的手。當代美國攝影家荷莉・萊特則破除我們對手習以為常的感受，而以她的作品表現出手的陌生感。她以模糊的畫面呈現鼓掌這類手部動作之後，從一九八五年便開始用影像記錄自己的雙手。她用光線造成鮮明的對比，近距離特寫手上的皺紋起伏，而把我們原本熟悉的手，以嶄新而陌生的方式呈現出來。

藝術家經常在作品中記錄手的力量，攝影師與電影人只不過是比較晚近的一群罷了。梵谷畫過一幅木匠工作的素描，圖中木匠的雙手體積過大，一點也不「寫實」。不過，那雙手握著鋸子、壓著木板的動作卻顯得如此堅定有力，以致後來美國畫家勞倫斯對勞動者的雙手著迷不已。梵谷與勞倫斯其實也是承繼了一項古老的傳統。自古以來，手在視覺藝術裡就一直是很重要的主題與象徵。直到今日，美術教師也都還是會要求學生畫自己的手當做練習。據說達利為人畫像時，如果要把手也畫進去，收費就比較高。從埃及的墓室壁畫乃至中世紀的掛氈，畫面中都有各種姿態的手。仿羅馬時期的西班牙溼壁畫，常有成列的聖人合掌祈禱，看起來就像是鼓掌的停格畫面。套用攝影家布列松的話，這些藝術作品所捕捉的「決定性瞬間」，都比不上米開朗基羅在西斯汀教堂天花板上所畫的《創世記》那一幕畫面：上帝即將碰觸亞當的手。

我們對手的天賦向來景仰不已，因此它也是最早留下視覺記錄的事物。舊石器時代的繪圖者就像畫出帕格尼尼畫像的蘭希爾一樣，對他們而言，手不但是工具，也是摹畫對象。原始繪畫經常把手當做裝飾圖案。只要用手沾點顏料，再按在石頭上，就可輕易形成手印。要製作模版繪圖，只要把手掌壓在物體表面，再用吹管把顏料噴灑上去即可。亞利桑那州謝伊峽谷的石壁上就有阿納薩齊印第安人留下的許多模版圖樣。在地球的另一端，也就是澳洲昆士蘭的卡納旺國家公園裡，石頭表面都有許多拓印圖樣，呈現出早期澳洲住民兩項最重要的器具：回力棒與雙手。許多洞穴的石壁上都有手印，而且手指的部分常有缺損。手指缺損的原因可能是疾病，可能是凍傷，也可能是與動物搏鬥——不過，也還有其他的原因。西班牙西部一個名為馬特拉維索的洞穴裡有許多手印，每個手印的小指都缺了兩節。考古學家原本認為這是儀式中截肢的結果，但是後來藉由紫外線檢視，卻發現這些手印原本都完整無缺，只是有人塗掉了手指的一部分。於是，近來的理論認為這些手印代表某種當地人所知道的標誌。至於世界上其他手指缺損的手印，考古學家仍然推測其中有些是意外或者刻意切除的結果。

人類的雙手齊集善惡於一身，一方面雕刻了巴黎聖母院外牆上的石像鬼，另一方面卻也製造了投擲在廣島上的原子彈。手的象徵形象可以代表救星，也可以代表壓迫者。十九世紀，西西里的黑手黨就是以手印當做他們的標誌。一九六〇年代晚期，高舉的拳頭則是黑人權力運動的代表。社區團體與社區組織也經常以交握的雙手當做標誌，例如彩虹聯盟就是一個例子。一九七七年，反對種族隔離政策的活躍份子畢可遭到南非的安全警察殺害之後，他棺材上所繪的圖像更是強而有力——兩隻手奮力扯斷手上的鐐銬。

手指算數

我手上最小的關節，便足以勝過各種機器設備……

——惠特曼

手掌上最醒目的特徵，就是五根各自獨立的指頭。哺乳類動物、鳥類、爬蟲類或兩棲動物的指頭可能比五根少，但絕對沒有比五根多。這種特徵稱為「五趾型」。有些人手掌上的指頭不是剛好五根，這種情形屬於病理現象，自然也會引起別人的注意。在摩里森的小說《至藍之眼》當中，年輕的敘事者和她最好的朋友就為了這個原因嘲笑一位非常受人歡迎的同學，因為她們發現這位同學「兩隻手掌天生各有六根指頭，而且額外的手指切除之後還留下了一個小腫塊」。另外一種手部畸形症狀稱為「併指症」，也就是手指之間有一片皮膚相連。「缺指畸形」意指喪失一根手指，例如「缺少拇指」的疣猴，還有缺少食指的金普特懶猴。多年來，科學家一直認為五趾型的身體型態是自然界的正常現象，因為除了魚類以外，大多數的脊椎動物都具有五根指頭。不過，後來針對魚石螈與棘石螈這兩種泥盆紀兩棲類動物的研究，則發現有些早期四足動物的指頭其實不只五根。現在我們已經知道DNA並不控制指頭數目，頂多只是有所影響而已。手部在發育過程中的幾個關鍵階段，需要特定的化學序列。有些現存的兩棲類動物只有四根腳趾，研究發現這種缺趾現象乃是個體在發育期間因為第四趾與第五趾融合而成的結果。

所有發育正常的哺乳類動物，每根指頭的骨骼數目都相同，而且哺乳類前身的爬蟲類動物也都是如此。哺乳類動物手部骨骼特有的「指骨公式」是二、三、三、三、三，也就是拇指兩塊骨頭，其他指頭各有三塊骨頭。現在我們手指的名稱分別為拇指、食指、中指、無名指與小指。

由人類文化看待雙手的態度，即可見得文化面對自然現象能夠產生多麼奇特的聯想。我們發展出算數的概念之後，一開始數的對象就是手指。英文的「digit」一詞意指「數字」，後來又衍生為「數位」一詞的形容詞字根，但是「digit」其實源自拉丁文，原本意指手指與腳趾。相對於日、月、年這類自然界的週期現象，其他由人類自行訂定的時間週期，例如十年一個年代，百年一個世紀，千年一個千禧年，就不免都是十進位制的衍生產品。不過，正如學童在學校裡所學到的，世界上其實還有其他進位制度（蘇美人使用六十進位制，電腦則使用二進位制）；只是因為十進位制有我們的十根手指當做基礎，所以也就最為普遍。順帶一提，我們一分鐘有六十秒，一小時有六十分，球面角裡有秒、分、度，地球表面與天象圖上的經緯度，都是由蘇美人這種以六為基礎的數學系統而來。

我們的五根指頭非常善於操控周遭的世界，能夠像我們祖先的獸爪般併攏成為單掌，也能夠發揮各自獨立的功能，善用我們身為靈長類動物的特性。因此，我們每根手指都必須有各自的神經與肌腱，以便引導各種動作，或者各自獨立，或者集體合作。為了彎曲手指，手掌就需要有九條屈指肌腱，其中八條各自成對，一對控制一根手指，另外一條則控制只有一個關節的拇指。手腕在拉丁文裡稱為「carpus」，於是英文便由此衍生出「carpal tunnel」（腕隧道）一詞，意指手腕裡供許多神經與肌鍵通過的管道。我們可以把從脊髓延伸而出、寬達半吋的正中神經，想像成一條沿著手臂修建的八線道高速公路，這條道路上的交通工具都必須通過一座兩線道的橋樑，然後再分散至五個不同目的地。而且，這個交通瓶頸之地又早已塞滿了肌鍵。手腕之所以常常出現病痛，原因就是這個狹窄的通道裡充斥著太多活動。

自然演化在這方面為何會如此缺乏遠見，我們雖然還不完全了解，對於其所帶來的後果倒是不算陌生，其中一項後果就是腕隧道症候群（簡稱腕隧道症）。神經外科醫師佛杜錫克寫道：「就醫學上而言，腕隧道症是一種非侵入性的聖傷。」英文的「聖傷」（stigmata）一詞源自希臘文，原意為「以尖銳武器刺傷」，但天主教會則用這個字眼指稱耶穌遭釘於十字架上所受的傷——共有六個傷口，其中荊冠造成的刺傷全部算成一個傷口。畢夏普在《基督死亡那日》一書裡指出，繪畫與電影當中呈現耶穌受難的場景，都是手掌心遭到釘子刺穿，但是這種畫面並不符合史實。佛杜錫克為畢夏普的論點提供了醫學根據，指出屍體實驗顯示：「若以這種方式把人釘在十字架上，不久之後手掌便會從中指與無名指之間撕裂開來。」把人釘上十字架在耶穌那個時代是常見的處死方式，一方面為了延長受刑人的痛苦，另一方面也有示眾警惕的效果。要造成極大的痛苦，又要足以支撐受刑人身體的重量，就不能把釘子釘在手掌心，而應該釘在手腕上。佛杜錫克寫道：「釘子若是釘在這個部位，體重再重的人都能夠長時間懸掛在十字架上，原因是腕骨韌帶的韌性非常強。」至於正中神經遭到刺穿所引起的痛苦，更是教人難以忍受。

我們不必被人釘在十字架上，也有可能經歷這個部位所帶來的痛楚。腕隧道症候群是因為重複性的動作壓迫腕部所導致。佛杜錫克指出：「手部觸感所需的大量神經細胞，也使我們對手部疼痛極度敏感，就像神經在臉部與頭部的密集分布，也讓我們很容易遭受頭痛與面部痙攣的痛苦。」人類的手原本是為了從事各種不同活動所演化而來的成果，但是現代社會的許多工作，包括資料輸入、操作手提鑽、木工、寫作，卻都因為必須不斷重複同樣的動作，而可能導致腕隧道症。

鋼琴家就是個頗為醒目的高危險族群。十九世紀德國作曲家舒曼不但是個例子，也讓我們看到一個人和自己手指之間的心理關係能夠複雜到什麼程度。早從《C大調觸技曲》（作品編號七號，出版於一八三四年）開始，舒曼就把鋼琴彈奏技巧推到雙手能力的極致。他的病痛來自於對練琴太過狂熱，他當時的日記寫著：「兩小時手指練習——觸技曲十遍——手指練習六遍——變奏曲單獨練習二十遍——到了晚上就是彈不出來……很生氣——滿心憤怒。」舒曼的作品也讓後代的鋼琴家挫折不已。這首作品非常困難，因為右手必須同時彈奏兩條旋律線，一條由拇指與食指彈奏，另一條則由無名指與小指彈奏。

如果在旅途中，身邊沒有鋼琴，舒曼就會用一個沒有聲音的鍵盤練習，利用鍵盤上裝有彈簧的按鍵維持手指的靈巧度。這位年輕的作曲家對於自己這麼重視靈巧度的說法是：「擁有愈純熟的機械性技巧，才愈能掌握音樂內容。」後來他也試過把手腕提高，藉此讓前臂的屈肌放鬆，同時也讓手指在鍵盤上的活動更加輕快。可惜的是，太過流暢有時候也會導致失控。

舒曼從年輕時代就開始有右手疼痛的問題。他試過各種方法，以求一方面減輕疼痛，同時又提升靈巧度。對於這些奇奇怪怪的裝置所帶來的利弊，學者與音樂家至今仍然爭論不休。樂隊指揮羅吉爾發明過一種裝置，稱為「練指機」，可強迫學生的手指之間保持固定的間距。許多鋼琴教師都推薦使用手指伸展器。在英國，有一種手指伸展器稱為「雪茄盒」，舒曼在日記裡也曾經提過一具「雪茄機器」。

精神科醫師奧斯華寫過一部研究著作，書名為《天使與魔鬼之舞：舒曼的一生》，書中詳細探討了舒曼的手部病痛。舒曼的老師維克有個女兒，名叫克拉拉，小時候也是音樂神童。舒曼在克拉拉才剛長成青少女的時候愛上了她，於是不斷請求維克同意他們兩人結婚。恰巧也就是在這個時期，舒曼手部出現疼痛。奧斯華因此把舒曼的手痛症狀稱為「心理生理」疾病，後來又補充指出：「分析顯示舒曼的手痛症狀與幾個因素緊密相關，包括他與維克的衝突，他對克拉拉的競爭心態，以及他不甘於只身為演奏家，而期許自己成為作曲家的渴望。」毫無疑問，舒曼總是把自己的問題和動機混在一起。他不但酗酒，又患有憂鬱症，但是除此之外，包括約翰霍普金斯大學精神醫學教授傑米森在內的許多學者，也證實舒曼還患有躁鬱症（舒曼對自己的情緒變化非常清楚，甚至還為不同的情緒狀態取了名稱，一種叫做「佛羅倫斯坦」，另外一種叫做「歐塞布司」）。他的演奏生涯因為手痛而遭到中斷，確實也正是克拉拉的知名度逐漸上揚的時候。奧斯華對這些錯綜複雜的心理狀態也許詮釋得沒錯，但是舒曼也可能只是單純罹患了腕隧道症候群。

在舒曼之後，也有許多音樂家遭遇到同樣的問題。格拉夫曼與佛萊雪這兩位二十世紀下半葉的著名鋼琴家，都因為右手受傷而無法繼續舉行演奏會。不過，他們兩人都沒有退休，而是轉為彈奏專為左手譜寫的鋼琴曲，而且這種曲目的數量也多得令人吃驚。保羅・維根斯坦是哲學家維根斯坦的哥哥，他在第一次世界大戰喪失右臂之後，便成為最知名的左手鋼琴曲作曲家。由於西方鋼琴音樂都把重點放在右手，再加上鋼琴演奏家必須讓樂曲的旋律傳達音樂廳的各個角落，因此左手受傷的現象還是遠比右手問題少見許多。

由於手部傷害總會損及個人福祉，因此數百年來的法律體系，都明白訂定喪失手指所應該獲得的賠償，而且詳盡程度大多不遜於《出埃及記》裡那份充滿怨毒的清單：「以眼還眼，以牙還牙，以手還手，以腳還腳……。」西元九世紀，阿佛列這位英格蘭西南部撒克遜人的韋塞克斯國王，訂定了手指傷殘所應獲得的賠償，因此我們也就知道他稱呼每根手指的名稱。拇指稱為「杜瑪」，其他的指頭則依序稱為「鐮刀指」、「中指」、「金指」，以及「小指」。英文的「finger」（手指）一詞源自古英文，丹麥語的「vinger」與古北歐語的「fingr」也都是同源詞。

十一世紀侵略英格蘭的丹麥國王克努特大帝，另創了一套手指傷殘賠償制度。在他所使用的中世紀拉丁文當中，手指的名稱分別為「力指」（pollex）、「標指」（demonstratorius）、「下流指」（impudicus）、「戒環指」（annularis），以及「耳指」（auricularis）。這些名稱值得進一步檢視：「pollex」至今仍是拇指的醫學名稱，也是古拉丁文裡「pollice verso」這個片語的詞根。這個片語意指「拇指倒豎」的動作，古羅馬皇帝如果在競技場內比出這個手勢，就代表下令處死場中鬥士。食指之所以稱為「標指」，似乎是著眼於這根手指經常用於指示方向。中指為何稱為「下流指」，則有各種猜測，一說認為原因是中指經常用於侮辱意味的手勢，另一說則認為中指超越其他手指的長度，恰可用來探索女性生殖器——這項推論假設「impudicus」一詞和「impudent」（無禮）一樣，都衍生自「pudendum」（外生殖器）這個字眼。由於「比中指」這個侮辱人的手勢自古即有，因此中指又稱為「淫指」（obscenus）。「戒環指」這個名稱來自於這根手指所經常佩戴的裝飾物。至於「耳指」，則衍生自「auricle」一詞，意指外耳，原因是一般人通常都使用小指挖耳朵。順帶一提，〇〇七系列電影當中有一部叫做《金手指》（這個名稱在阿佛列的清單中曾經出現過），片中的壞蛋雖然名叫「奧瑞克」（Auric），但這並不是說他的手指特別善於挖耳朵，而是因為「auric」在化學領域裡是黃金的形容詞。

手指傷殘的另一項社會後果則是出現在痲瘋病患遭到社會排斥的現象上。醫學發展已經降低了痲瘋病在世界各地的發生率和嚴重程度，而且發展程度較高的文化也大多改變了傳統上看待痲瘋病的態度。不過，痲瘋病患在歷史上向來都遭到社會排斥。痲瘋病的其中一種外在徵象，就是指尖或者整根手指缺損，於是有許多人便誤以為這是痲瘋病本身的症狀，但這種現象其實是因為患者身上的警告系統麻痺之後，因為缺乏知覺而導致受傷的結果。喪失知覺是這種可怕的疾病所帶來的其中一種副作用。

我們的手指若是功能正常，就可以互相合作而形成杯狀或鈎狀手勢，或者握成拳頭，也可以算數，或者彈奏鋼琴。非裔美籍教育家卜克・華盛頓曾以手指各自獨立而又能夠互相合作的特性，象徵社會上雖然實行種族隔離，但是種族之間並不需要帶有敵意：「在所有純粹社會性的事物上面，我們（黑人與白人）可以像手指一樣各自獨立；但在對雙方發展都深切相關的事物上，我們也可以像手指一樣同屬一手而互相合作。」在這項樂觀的錯誤推論當中，手指的意象也可以從另一方面加以理解。美國的種族隔離悲劇提醒了我們，一旦喪失任何一根手指，手的能力就會大幅減弱。

拇指法則

手指雖然具備許多集體共有的優點，但是其中一根指頭卻特別突出，也就是阿佛列所謂的「杜瑪」，克努特所謂的「力指」。德國解剖學家艾賓納斯則把這根功能強大的指頭稱為「小手」。牛頓曾說，光靠這根指頭就足以證明上帝存在。十九世紀的掌相師達班提尼寫道：「動物因手而優越，但人因拇指而獨特。」

拇指是靈長類動物創新的演化成果。納皮爾曾經寫道，如果沒有拇指，「手的演化程度就立即倒退六千萬年，當時的拇指還沒有獨立活動的能力，只不過是眾多手指的其中一根而已」。拇指當初先發展出獨立旋轉的能力，然後才演變成今天我們深以為傲的對生拇指。根據古生物學家的研究，拇指獨立旋轉的能力早在一千八百萬年前就已經存在，但真正屬於人類的獨特拇指卻在許久以後才終於出現。納皮爾是解剖學家暨古生物學家，與路易士‧李基還有特比亞是合作夥伴。就是他，指出了一九六〇年代初期在坦干伊喀的奧都洼峽谷所發現的古人類遺骸，可看到對生拇指的證據。由於這具遺骸的腦部很大，因此學界認為這個人種可能是南猿與直立人之間那個失落的環節。這個人種因為擁有對生拇指才能打造石器，也因此獲得「巧人」的名稱。這具遺骸周圍的火山岩約生成於兩百萬至一百五十萬年前。

整體而言，其他哺乳類動物的拇指並沒有特別突出的優點。由於拇指位於外緣，所以活動能力稍勝於其他指頭，但是位於手掌另一端的小指也是如此。靈長類動物的狀況則完全不同。從指猴、狐猴、眼鏡猴這類低等靈長類，到舊大陸與新大陸的猴類以及大猿這些高等靈長類，再到最高等的人類（我們總喜歡把自己稱為最高等的動物），可以看到拇指的活動能力愈來愈多樣化，而且準確度也愈來愈提升。

相較於低等靈長類動物，高等靈長類的靈巧程度已堪與我們相提並論。不過，儘管不同靈長類動物的拇指只有程度上的差異，而沒有本質上的不同，有一個例子卻讓我們看到程度上的落差可以有多麼大。一九九〇年代初期，印第安那大學一位名為透史的科學家，利用自己靈巧的大腦與拇指教導一隻名為坎奇的巴諾布猿用石頭打造器具。坎奇的語言能力曾經在一九九〇年代重新燃起科學家研究猿類語言能力的熱情，但是牠雖然能夠拿起兩塊石頭互相碰撞，卻無法精確對正兩塊石頭的位置。此外，牠雖然出於禮貌而模仿透史的動作，卻無法領悟到製作工具的概念。這種行為乃是人類所獨有。

我們的手之所以如此靈巧，可以歸功於拇指掌骨上的鞍狀關節。《格雷解剖學》書中寫道：「這個關節一旦屈曲，掌骨就移動到手掌前方，於是拇指就轉到面向其他手指的位置。藉由這種奇特的運動，拇指指尖才能和其他指頭相對。」這種奇特的運動當中確實含有許多歷史發展的軌跡。對生拇指是一項非常奇妙的適應演化。

自然界也有其他動物發展出臨時性的拇指，大熊貓的「拇指」就是一個例子。古爾德把這種現象視為自然界以替代物應付需求的例證，而使得這種現象因此聞名。熊貓的腕部芝麻骨演化出不完全的相對位置，於是熊貓笨拙的腳掌才能夠抓握竹莖——除了睡覺以外，熊貓幾乎就是忙著剝除竹莖的外皮。有些非洲猴的拇指已經退化或者完全消失，因此被人稱為「無拇猴」，像蜘蛛猴就是一個例子。相對於舊大陸猴，新大陸猴發展出具有纏捲能力的尾巴，因為非常靈巧，而有「第三隻手」之稱。牠們的尾巴不但對攀爬具有輔助效果，也可用來蒐集食物。這種尾巴和拇指極為相似，有些猴類的尾巴末端底下甚至還有一片赤裸無毛、觸覺敏感的皮膚。

由於拇指在演化與歷史上都具有高度重要性，因此在語言當中也備受重視。拇指必須和其他手指合作才能發揮功能，所以英文說「滿手都是拇指」（all thumbs），意思就是笨手笨腳。一般人通常都以「拇指法則」❶當作人生的指導標準；而拇指一旦酸痛僵硬，看起來必然和其他手指格格不入❷。滾石合唱團的歌曲《在我的拇指下》也清楚告訴了我們，在別人的拇指下❸就是受到別人的掌控。

拇指在英文當中也經常和侮辱人的舉動有關。把拇指放在鼻頭上，其他四指張開或甚至不斷

---

❶ 譯註：「拇指法則」為英文片語「rule of thumb」的字面翻譯，實際意義為「經驗法則」。
❷ 譯註：英文片語「stick out like a sore thumb」即是格格不入之意。
❸ 譯註：即英文片語「under somebody's thumb」。
❹ 譯註：這個動作在英文當中形成「thumb your nose at」這個片語，意指嘲弄或違抗。

晃動，即代表對別人的嘲笑❹。《羅密歐與茱麗葉》劇中也出現過一個類似的侮辱舉動。蒙特鳩家的僕人阿伯拉罕看到卡帕萊特家的僕人薩姆普孫，於是向他質問道：「你是對我們咬你的大拇指麼，先生？」

「我是咬我的大拇指呢，先生。」薩姆普孫答道。

阿伯拉罕再次重複先前的問題：「你是對我們咬你的大拇指麼，先生？」

「如果我說是，在法律上我們是否佔理？」

「不。」薩姆普孫的同伴說道。

於是，薩姆普孫明智地向阿伯拉罕答道：「不是的，先生，我不是對你們咬我的大拇指。」不過，他還是忍不住加上一句：「但是我是咬我的大拇指，先生。」

經濟大恐慌期間，美國公路上攔搭便車的人比比皆是，這些人便獲得「拇指客」（thumbers）的暱稱。英文片語「搭乘自己的拇指」（ride one's thumb）意指用伸出拇指的典型手勢攔搭便車。羅賓斯在一九七六年出版了《藍調牛仔妹》這部小說，書中女主角西西天生就有一對特別大的拇指（鄔瑪・舒曼在改編電影中出飾西西，手上也套了道具拇指）。年輕的西西在字典裡查閱「拇指」的定義：「人類手掌上又短又粗的第一根手指，也是位於軸前部的指頭；和其他手指不同之處，在於只有兩根指骨，而且活動較為自由。」她於是把最後這句話當成座右銘，依照佛洛伊德的說法，把身體結構視為命運表徵，從此成為世界上最偉大的便車客。

羅馬帝國競技場裡的競技鬥士——原本都是奴隸、罪犯與戰俘，但後來也出現專業的競技鬥士——必須列隊行經皇帝包廂前方，一面高喊：「皇帝萬歲！將死之人向陛下致敬！」在場邊樂隊的樂聲下，以及觀眾席裡小販叫賣的聲音裡，競技鬥士必須和猛獸或者其他鬥士打鬥，而且雙方通常實力懸殊。若能打勝，或在競技過程中表現出過人的勇氣，這名鬥士不但能夠贏得觀眾的欽慕，甚至還可能因此獲得自由。不過，要是手腳笨拙或者膽怯害怕，甚至只是跌倒在地，就可能遭致觀眾高喊：「處死他！」在這種時刻，所有人都會轉頭望著皇帝，看他是否比出那個在遠處也清晰可見的手勢「pollice verso」，也就是「拇指倒豎」，處死落敗的鬥士。有時候，觀眾也會用這個手勢直接表達他們的意見。不過，競技場內沒有拇指上豎的手勢。觀眾或者皇帝如果希望讓鬥士免於一死，就會舉起拳頭，拇指彎曲在內。

美國著名影評人伊柏特與席斯科在他們的影評中，都會以拇指倒豎或者上豎的手勢表示對一部電影的評價。他們兩人的意見經常相左，因此常可看到一根拇指向上，一根拇指向下這種令人困惑的標記。伊柏特與席斯科的手勢雖然不像羅馬皇帝一樣能夠決定生死，但是也足以對電影票房造成影響。某本雜誌裡有一篇介紹他們的文章，其中的照片可看到他們兩人伸出拇指，像刀劍一樣針鋒相對，文章標題則寫著：「誰比較大？」備受尊敬的《樂一通》卡通導演查克・鍾斯，在一九九五年推出卡通短片《青蛙的傍晚》。片中，密西根蛙來到古羅馬時代，結果看台上的評論家（包括一個畫得像查克・鍾斯的角色）紛紛對密西根蛙的表現比出拇指倒豎的手勢，只有兩位觀眾的拇指高高上舉——這兩人正是卡通版的席斯科與伊柏特。

過去數百年來，拇指的顯要性、重要性，以及敏感程度，也讓為數不多但是深富想像力的刑求者獲得了許多靈感。拇指夾是一種刑具，用於擠壓拇指。士兵對待敵人的方式除了取其性命之外，也經常砍掉他們的拇指——遭到這種處置的敵人，從此再也無法持用兵器，同時又可對其他人產生警示效果。在聖經裡，猶大與哥哥西緬追殺迦南人和比利洗人，結果在比色城發現敵方國王亞多尼比色：「亞多尼比色逃跑，他們追趕，拿住他，砍斷他手腳的大姆指。」砍斷腳趾這種額外的懲罰會讓敵人連站都站立不穩。在翁達傑的小說《英倫情人》以及改編而成的電影版當中，一名角色因為拒絕向納粹吐露資訊，結果拇指因此遭到砍斷。一旦沒有和四指相對的拇指，人的雙手就幾乎變成只是兩片鰭而已。這種現象提醒了我們拇指所扮演的關鍵性角色。

指紋：天生的印記

我們以雪花代表獨特性，因為每一片雪花都各自不同。不過，世界上其實本來就沒有任何兩件事物是一模一樣的。我們身上的一項特徵，也許是雪花原則當中一個更具啟發性的例子。大自然就像是個謹慎的行政官吏，絕不讓兩個人擁有相同的指紋。但這不表示只有指紋才是辨識身分的可靠方法。腳掌上的紋路也人人不同，而且終生不變，因此醫院都有讓新生兒蓋腳印的慣例。不過，指紋在身分辨識上有兩個優點：一是簡單方便，二是歹徒不論洗劫財物或者開槍傷人，通常都不是用腳。

指紋一旦成為身分辨識的主要方法之後，對於想要避人耳目的人，手上的指紋就變成了負擔。許多歹徒都曾經設法要除指紋，其中最著名的應該算是大盜迪林傑。他接受過各種痛苦的手術，結果都沒有達成目的。每次手術之後，指紋還是一樣會長回來，而且清晰度絲毫不減。迪林傑面對的是人體上一項頗為令人難解的能力。我們對於龍蝦斷肢再生的能力驚異不已，但是指紋再生的能力還更勝一籌。龍蝦的前爪每次再生之後，都會比當初斷掉的爪子小一點。不過，人類除非是真皮的深層遭到嚴重毀傷，否則手指的皮膚若是受傷，人體還是會記得原本的皮膚紋路，而在傷口癒合的過程中重建指紋，而且分毫不差，就像是一幅遭到毀損的林布蘭畫作，以神奇的方式自我修復。

萬無一失的身分辨識方式，除了用於追捕歹徒之外，也還有其他效益。不論意外、天災、戰爭，還是恐怖攻擊，都會造成許多需要辨識身分的受害者。政府登錄在案的指紋大多都不是罪犯的指紋。警方與市政機關總是建議所有民眾登錄指紋（至少是不打算以犯罪為業的民眾）。由於指紋的重要性極高，因此研究指紋的學問還有專門名稱，叫做「皮紋學」或者「指紋學」。由這門學科所使用的術語，可以看出指紋學的發展程度。指紋的形狀分為弧形紋、帳形紋、正箕紋、反箕紋，還有斗形紋與雜形紋。在這些基本型態當中，還有更進一步的細微差異。脊紋有分叉的部位，也有結束的端點，並且會形成橋、鉤或圈。有些紋路只是短脊，和其他紋路互不相連；有些更短小的則稱為島。這些各式各樣的紋路都已受到分門別類，類別名稱採取英文字母與阿拉伯數字，共包括「primary」（首要）、「secondary」（次要）、「small-letter」（小字母）、「subsecondary」（再次要）、「major」（主要）、「final」（終極）、「key」（關鍵）等七類。我們早在呱呱墜地之前，就已經具備這種獨特的皮膚紋路。懷孕滿兩個月，也就是胚胎開始呈現出人形的時候，手指與腳趾就已經清晰可辨了。再過一個月，手指與腳趾的皮膚上就開始出現紋路圖案。

一如人體上的各種特徵，指紋為什麼存在，也有自然方面的理由。形式確實追隨功能而來，因此大自然賦予我們指紋，也絕對不只是為了證明我們都是手工製造的而已。指紋有其存在目的。我們皮膚的形式非常多樣化，膝蓋與手肘部位的皮膚富有彈性，手掌部位的皮膚則較為緊繃，還有各種不同厚度，薄的例如眼瞼，厚的例如腳跟。於是，皮膚也就必須擔負各種不同任務，其中協助抓握即是很重要的一種功能。用放大鏡觀察，便可發現指尖皮膚上的紋路係由突起的脊紋構成，中間夾有凹谷。突起的脊紋就像是輪胎上的紋路一樣，只是指紋的靈巧性與反應程度自然良好得多。我們舉起一隻酒杯，會用拇指和其他指頭。不過，要不是指尖皮膚上的摩擦力，酒杯還是有可能從我們手中滑落。脊紋是皮膚表面上方與下方表皮增厚的結果，其作用除了協助抓握之外，也是汗腺開口的所在處。這些脊紋稱為「papillary ridges」（乳突線），又稱「dermal papillae」（真皮乳突），源自拉丁文的「papilla」一詞，意指乳頭。只要是這種小型突起，生物學家都用這個字眼加以命名。在脊紋與汗腺的組合下，人類不論觸摸任何東西，都不得不留下油性的指紋。不過，指紋之所以在歷史上佔有重要地位，則是因其隨機發展的紋路。

雖然人類一定自古就注意到了手指上的紋路圖案，但是真正認真觀察卻得等到放大鏡發明以後。十七世紀，望遠鏡與顯微鏡開始讓人體認到自身感官能力的侷限，同時也指出了用科技擴展感官極限的發展方向。在這個特別的世紀當中，三位不同國家的人士各自提升了我們對指紋的認識。第一位是義大利生物學家暨解剖學家馬爾皮基。他發現微血管，為哈維的血液循環理論補上了其中欠缺的環節。馬爾皮基利用放大鏡觀察手邊的各種事物，包括自己的指尖，從而指出乳突線是細微的脊突，裡面含有微血管，甚至還有神經末梢。一六八四年，英國醫師暨植物學家格魯發現這些脊紋所形成的圖案「慣常形成球形三角形與橢圓形」。汗水也明顯可見，因此，「每個小孔看來都像是個小湧泉一樣」。次年，荷蘭解剖學家畢德魯出版《人體解剖學》，書中收錄許多精美的圖畫，都是皮膚顯微放大之後的模樣，其中一幅拇指的畫，則以簡潔的筆畫清楚描繪出拇指上的指紋。

後來的發展一樣橫跨國際。一八二三年，波希米亞生理學家普爾琴發表了一篇文章，描述他在指紋裡發現的九種圖案。他的分類和當今使用的分類基本上相同，而且一般咸認是他最早提議指紋可以依據紋路型態分類。下一個重大進展，則是身在日本的蘇格蘭醫藥傳道士佛德寫給《自然》期刊的信件。這封信件刊登於一八八〇年十月二十八日，標題為〈論手部皮膚的溝槽〉：

> 我在日本蒐集了許多人手指上的自然圖案，目前也繼續蒐集不同國籍人士的指印，希望能夠有助於人種學的研究人士從事分類……
>
> 留在泥土或玻璃等物品上的血手印，也許能夠用於歹徒身分的科學辨識……對於重大罪犯，除了拍攝照片之外，若能留存他們手指上那永不改變的槽溝印記，絕對有其效益。

《自然》期刊在日不落帝國裡的流傳速度顯然很快。才差不多一個月後，期刊裡就登出了一封回應佛德的信件。這封信件的作者是孟加拉胡格利地區行政長官赫歇耳爵士，他同名的父親是一位著名的英國天文學家。他似乎急於想在指紋事務上建立自己的領先地位：

> 我蒐集手印製作符號手冊已有二十多年的時間，而且也為了實用目的把這些手冊引進印度，獲得明顯效益。
>
> 這本手冊的目的是為了讓人再也無法冒充別人，或者仿造別人的簽名。

佛德與赫歇耳催生了一場革命，後來終於推翻了當時最常見的身分辨識方法，也就是主要由法國的柏蒂龍所創立的人體測量學。人體測量學採用的方法是測量身體各部位的比例，諸如中指的長度、頭的寬度與高度、前臂與腳的長度等等，可以的話也會拍攝照片。儘管測量結果共可分為兩百四十三種類別，事後回顧卻可清楚看出這套系統的缺陷。

高爾頓是維多利亞時代的科學家，一般認為他是優生學的創始人（優生學主張利用選育改善人類品質）。他把佛德與赫歇耳的成果又向前推進了一步，於一八九二年出版《指之紋》，書中提出的指紋採樣方式沿用至今。首先在一塊金屬或玻璃板塗上一層薄薄的墨水，然後把手指壓在墨水上，左右轉動，再同樣以轉動的方式把指紋印到白色卡片上，以便完整取得指端的指紋圖案。他還提出指紋蒐集方法，並且設計了一套複雜的分類系統。不過，英國負責引進人體測量學的委員會，卻認為高爾頓的分類系統過於繁複，而建議只把指紋辨識當作人體測量學的補充。從高爾頓自我辯護意味濃厚的話語當中，即可看出當時社會對皮紋學者有多麼不重視。他表示：「脊紋絕對不容忽視。就某些方面而言，脊紋是最重要的人類學資料。」不過，高爾頓認為他的皮紋學證實了人種之間的位階高低，這種歧視心態才是真正應該受到摒棄的對象。舉例來說，他認為非洲裔人口的指紋比歐洲人的指紋「簡單許多」，可見「他們的手指整體而言比較拙劣」。

真正實用的指紋辨識方法最早出現於阿根廷，發明人傅瑟提原為達爾馬提亞人，後來移居阿根廷，在布宜諾斯艾利斯掌管人體測量辨識局。他把高爾頓的系統修改得更為完善可靠。一八九一年，他的指紋辨識法成為最早獲得官方採用的方法，而且至今有些南美國家也還持續沿用。不久之後，愛德華・亨利在英國推出了一種稍微不同的指紋辨識系統，而隨即受到蘇格蘭警場的採行，後來更在歐洲大部分地區和美國獲得採用。多年後，傅瑟提在一場研討會上指出：「儘管我們用盡各種方法，卻從來無法藉由人體測量確切辨識身分，因為同一個人的測量結果總是會出現差異。這就是我們採用指紋辨識方法的原因。」

這種以簡單著稱的身分辨識方法，也讓警方得以輕易採集屍體的指紋，原因是人在死亡之後，除了骨頭與牙齒之外，指紋即是身體上留存時間最久的辨識特徵。就算是已經腐敗的屍體，也還是採得到指紋。人死後，隨著身體內部組織逐漸腐爛，手部皮膚便可像手套一樣除下——指甲則通常會自行掉落。然後，實驗室技師就把除下的皮膚套在手上，沾上墨水，再把指紋蓋在白紙上。這個過程不免令人覺得毛骨悚然。

有時候，即便在犯罪事件早已為人遺忘之後，指紋也還繼續存在。一九五二年，挖泥炭的工人在丹麥格羅貝爾村附近的沼澤裡發現一具喉嚨遭到割斷的屍體。他們原本以為這是新近發生的謀殺案，後來才知道原來這具屍體的年代可追溯到鐵器時代初期。一如林道女子和圖倫男子等著名的古代遺體，這具屍體能夠完整保存下來，也得歸功於沼澤植物泥炭蘚在腐爛過程中所產生的腐殖酸。由於腐殖酸具有殺菌功效，因此也就阻止了腐爛作用。這具稱為格羅貝爾人的屍體，手上皮膚保存得極為完好，指紋仍然清晰可辨——距離他的死亡時間已經過了兩千多年。

高爾頓的《指之紋》於一八九二年出版之後，一名美國小說家聲稱自己熱切地「啃完了」這本書。於是，兩年後另外一本以指紋為主角的著作，就不再是正經八百的學術作品，而是一部諷刺小說，嘲諷美國南方過去的種族歧視態度。這部小說名為《傻瓜威爾遜》，作者是馬克．吐溫。他對科學與科技的發展向來頗為注意，例如當時剛出現的打字機——在所有著名的小說家當中，就是他最早在書中描寫這項新發明。他在新作裡運用了高爾頓的概念，然後寫信向出版商指出：「這部作品裡所提到的指紋是全新的領域，前所未見，所有人都會深感好奇。」後來他又寫道：「用以辨識身分的指印系統……高爾頓先生已經用科學方法徹底探討過，我也只用經過他驗證的事實當做書寫材料。」這部小說第一版當中的版邊裝飾，也用上了真實的指紋圖案。

小說中的偵探名叫「傻瓜」威爾遜，是住在密蘇里州道森碼頭的律師，天生具有敏銳的觀察力。他的辦案方式讓人不禁想起福爾摩斯以及伏爾泰筆下的查第格。不過，他和美國作家賈德納筆下的無敵律師梅森一樣，都是在法庭上破案，方法則是辨識兇器上的血指印。威爾遜向法庭指出，他過去二十年來的興趣就是蒐集、編列當地居民的指紋。於是，他便用自己蒐集的資料找出兇手。

威爾遜把指紋稱為人類「天生的印記」，當庭說明指紋的獨特性，於是法庭人員和旁聽民眾也開始注意到自己手上的指紋。

這時候，法庭內的所有人都讓手迎著光線，頭側向一邊，細細觀察指端，同時也有不少人低聲驚嘆道：「真的呢——我以前從來沒注意過！」

掌心透露天機

指紋分析家不是唯一懂得「閱讀」人體的人。醫師、偵探，以及心理學家也都會這麼做，甚至一般人在日常生活中觀察別人的臉部表情與身體語言，也是一種閱讀人體的行為。不過，詮釋人體現象的人不一定都遵照嚴格的標準。一方面而言指紋是實用的身分辨識依據，另一方面，掌心的皺褶紋路卻引發了不少天馬行空的幻想，人們硬是把毫不相干的現象扯上關係：把皮膚上的皺褶當成個人命運的表徵。

在歐・亨利的短篇故事《托賓的掌心》當中，敘事者陪著朋友托賓去看埃及掌相師鄒鄒夫人。她看了看托賓掌心上的「命運線」，隨即看出他有感情上的困擾，但是卻在偷聽到托賓低喃了女方的名字之後，才說出那女子姓名的首寫字母。鄒鄒夫人警告他要注意一名黑皮膚的男人和一名白皮膚的女人，預言他有破財之災，還有一場水上之旅。最後，又安撫他說有一個人會為他帶來好運，這人有個歪鼻子，名字很長，而且名字裡有個「歐」字。鄒鄒夫人的預言全都在同一天實現，只是那位歪鼻子的紳士名為弗里登豪斯曼，名字裡並沒有「歐」字。

我們都能體會托賓想要預知未來的心情。人類會玩耍、歡笑、製作工具、發展科技，也會成群結隊殘殺同類。過去我們總傲然聲稱這些特質乃人類所獨有，但實際上，焦慮可能才是真正專屬人類所有的特質。由於人類的焦慮，再加上理性在文明當中只佔有微不足道的地位，因此自古以來即有算命這種活動。大多數宗教都有世界末日的預言，但是許多信徒想知道的還是和自己切身相關的預測。數千年來，我們為了判斷別人的個性以及預知未來，不惜觀察頭上的腫塊、鼻子的形狀、獻祭動物的內臟、太陽與星星的相對位置，甚至鳥兒的飛行姿態。依照這樣的發展，我們的想像力自然也不免為身上的皮膚賦予象徵意義。掌相術已有好幾百年的歷史。聖經的《箴言》與《約伯記》當中有些隱晦的文字，可能就是暗指這種迷信；亞里斯多德與老普里尼的著作裡也都提到過掌相術。當然，那時候也和現在一樣，信與不信的人彼此針鋒相對。羅馬諷刺詩人朱文納爾就嘲笑掌相術是「不入流的手部巫師的技倆」。掌相術的英文名稱為「chiromancy」，源自兩個希臘文詞語，意指「以手占卜」。

在掌相師眼中，手掌上幾乎每一種特徵都有各自代表的意義。讀者如果打算按照下文的敘述觀察自己的手掌，將手掌微屈可讓其中的紋路更加明顯。但即便如此，有些線條還是隱晦難見。從掌心往外延伸到食指與拇指中間的褶紋稱為「智慧線」。「感情線」與智慧線大致平行，但是比較接近手指。感情線起於食指或中指底部，彎曲延伸至小指底下的手掌邊緣。「生命線」大致環繞著拇指指根的維納斯之丘——這與女性下體的同名區域可是不同的兩個部位。鄒鄒夫人在托賓手掌上所觀察的紋路是「命運線」，從手掌中央往下延伸到手腕。其他還有許多比較不明顯的紋路，也都有各自的名稱以及代表意義。

在掌相術中，從食指到小指，每根手指的名稱分別為「朱彼特指」、「薩圖恩指」、「阿波羅指」，以及「墨丘利指」❺。相對於維納斯之丘，手掌的另一端還有月丘。由這些名稱，即可看出掌相術與占星術這項備受尊崇的迷信之間具有密切關係。對解剖學家而言，手掌上的這些隆起部位分別稱為「魚際」與「拇指球肌突」，而且只是脂肪組織構成的肉墊。除此之外，還有其他各種不同分類方式。在某些思想體系當中，手掌區分為四個區域，分別稱為積極與消極，內與外。有些掌相師聲稱道，我們偏好的「主要手」呈現出我們外在的經歷，「次要手」則記錄了內在的情感與傷痛。英國作家西特韋爾把自傳的書名取為《左手，右手》，其中就採用了掌相術的隱喻意義，原因是：「根據掌相師的說法，左手的紋路自從出生以來就固定不變，右手的紋路則會隨

❺ 譯註：這些名稱都是希臘羅馬神話的神祇名稱，同時也是太陽系裡的星體名稱，朱彼特即木星，薩圖恩為土星，阿波羅為太陽神，墨丘利則是水星。

著我們的行為、環境，以及我們所選擇的生活而改變。」今天許多掌相師所採用的判斷體系，還是一八三九年由法國退役軍人達班提尼所創立的分類標準。他把手分為六種不同類別：基本類、寬板類、通靈類、方形類、多結類、沉思類、圓錐類。後來，他又加上非常有用的第七種類別：「混合類」。有些掌相師認為腳掌上的紋路也一樣可以用來辨識人格及預知命運。

對於手掌上的紋路，二十世紀的掌相師布羅克曼曾經寫道：「我們不知道掌紋形成的原因，但是掌紋傳達出一種非常明確而且複雜的語言。」實際上，掌紋的語言明確而簡單，形成原因也很清楚。手上皮膚的緊繃程度在各個部位都互不相同。舉例來說，手背的皮膚非常鬆弛，便於活動，掌心的皮膚則非常緊繃，只要用手指捏捏看即可知道。這種緊繃的皮膚有助於手指的抓握動作，所以我們才能從事轉動門把這類行為。皮膚緊密依附於關節周圍的組織，即形成掌紋。掌紋不只是皺紋，而是固定不變的「摺頁處」，顯示皮膚在此處附著於底下的組織。掌紋和衣服上的褶痕一樣，並不能精確顯示出關節所在位置。在骨骼關節與外層皮膚之間，還有一層組織與肌腱，就像地層一樣會對地貌造成影響。不過，儘管掌紋無法預測未來，卻能讓人大致看出手掌上的活動部位，從而顯示出手的靈巧。

掌相師如果看到猿猴的手掌，可能會覺得猿猴的未來命運很難預測。在人類以外的靈長類動物身上，智慧線與感情線結合成同一條褶紋，稱為「斷掌」。不論是狐猴、眼鏡猴、獮猴，還是大猩猩，手掌上都看得到這條紋路。然而，掌相師就算不到動物園去，偶爾也還是看得到這種掌紋，因為全球人口當中約有百分之零點五的人也有斷掌的現象。一般人通常沒有斷掌，這是人類與猿猴的手掌各有不同適應演化的結果。人類以外的靈長類動物，食指都不太有獨立活動的能力，必須和其他指頭共同動作。人類的食指非常靈巧，而這種差異也就反映在掌心的紋路上。

在掌相術的近代歷史上，有一張用於跨物種比較的黑猩猩手掌照片。這張照片的攝影師顯然沒有想到，不同物種之間出現如此相似的演化結果，恰可讓人看出人類手上的掌紋其實沒有什麼神秘之處。要不然就是黑猩猩的命運也有待鄒鄒夫人加以解讀。

左手的迷思

報紙上有一篇投書的標題為「致教育當局的請願書」，內容的語氣頗為謙卑：

我謹向所有青年之友呼求，請大家關注我不幸的命運，期能消除我身受其害的偏見心態。我有一位孿生姐妹，我們外貌的相似以及情感的親密，就算是人類的兩隻眼睛也比不上。只是我們的父母偏心，硬是以不同的眼光看待我們……她有老師教她琴棋書畫等各種技藝，但是我只要不小心碰了紙筆針線，就不免招來一頓責罵。而且，我也經常因為動作笨拙或者不夠優雅而遭到處罰……各位先生，請你們讓我的父母明白這樣的偏心有多麼不公平，也請讓他們了解，他們的兩名子女都需要同樣的關懷與疼愛。

恭請　大安

左手　敬上

這篇投書的作者是富蘭克林。他的讀者發現自己又受到了他的作弄，一定不免會心一笑。不過，他也確實明白表達了他的觀點。從來沒有人像他這麼巧妙呈現出左撇子所遭到的歧視。當然，富蘭克林寫這篇文章不只是因為他同情左撇子——他本身就是左撇子。

富蘭克林所談的這項議題，自古以來就爭論不休。柏拉圖宣稱道：「在手的運用上，我們都受到褓姆與母親的愚蠢所戕害。我們的肢體天生平衡對稱，卻因為壞習慣而讓左右肢體產生差異。」他堅決認為我們應該遵循天生兩手同利的特性，訓練我們自己還有我們的子女平等看待左右兩手。一般反對柏拉圖論點的說法通常只是意見上的不同，但其實柏拉圖在這一點上的看法卻根本不正確。除了外表對稱之外，我們的肢體天生就不平衡。從古至今，大多數人天生就有右撇子的傾向，但是也一直有一小部分人天生帶有左撇子的傾向。估計數字各有不同，但是一般認為左撇子在人口中所佔的比重約有百分之十。

單由人與人之間的差異，就足以讓我們知道不該對左撇子一視同仁。維多利亞女王、馬克・吐溫、波士頓絞殺手、瑪麗蓮・夢露，這些人全都是左撇子。拿破崙用左手寫字，由左寫到右的方向對他而言並不順手，以致他大學時代寫的作業顯得潦草不堪。在開膛手傑克所犯下的案件當中，有些被害人身上的傷口型態使得警方認定凶手乃是以左手持用凶器。達文西的連續畫作都是由右到左，例如他畫馬匹前腿的習作就是如此。此外，他也和大多數以右手作畫的畫家不同，所畫的人像都是面向右邊。

不過，左撇子卻自古以來就深受人類對少數者的偏見之苦。世界上有許多文化都認為左手不如右手，或者身體的左半邊不如右半邊，甚至認為左邊帶有邪祟。中世紀時期曾有一項迷信，認為天生注定要成為聖人的嬰孩，從小就會不肯吸吮母親的左乳。據說魔鬼潛伏在左肩後方，因此在西方的迷信裡，如果不小心把鹽撒了出來，就要撿起一點拋到左肩後方，以便砸在魔鬼臉上。有許多文化都採行人類學家所謂的「雙重象徵分類」，而以右／左之分象徵男／女、日／月，尤其是好／壞之別。心理學家麥克麥納斯針對這種思考方式寫道：「世界區分為一對對各自相反的事物，然後再各自綁在一起，因此只要提到其中一方，相反的另一方也會為人所知。」政治人物打選戰，就是採取這種簡化的區分方式。

至今仍有許多穆斯林偏好用右手拿東西吃，因為左手自古就是不潔淨的手。有些基督教徒也堅持用右手領聖體。大多數的印度人都只用右手觸摸食物。耶穌聲稱神在審判日當天會把全人類分成兩群，而把正直的人聚集在他的右邊：「王又要向那左邊的說：『你們這被咒詛的人，離開我！進入永火裡去！』」直到今天，許多教堂仍然以這種左右的區別為設計基準。據說米開朗基羅也是左撇子，至少是兩手同利。他站在高聳的棚架上，而在西斯汀教堂的天花板上緩緩畫出耶穌心目中這幅用手區分善惡的圖像——他在作畫過程中可能先用一手，然後再用另外一手。在這幅圖裡，上帝右手指向天堂，左手指向地獄。天花板的另外一角則是《創世記》，上帝與祂創造的第一個人互相伸手碰觸。畫中的上帝即將用手賦予亞當生命，而祂使用的自然也是右手。不過，亞當卻似乎是左撇子。他慵懶地把左臂靠在膝蓋上，伸出左手的食指。也許，米開朗基羅構思這幅畫的時候，為了畫面結構而不得不犧牲象徵意義。

今天，社會上的偏見雖已逐漸消退，但是從保齡球乃至手錶上的調整鈕等各種物品，卻都還是只為右撇子設計。在美國的種種設施當中，只有高速公路的收費站，還有銀行與速食店的免下車服務窗口，雖然不是為了左撇子而設計，卻剛好便於左撇子使用。不過，例外也不是沒有。雷明頓公司生產左手用的散彈槍與步槍，雅攝佳也生產左手用的照相機，天美時則生產一款專供左手人士使用的手錶。

我們由字源學能夠看到左撇子在歷史上所遭到的歧視。英文當中的「dexterous」（靈巧）與「adroit」（機敏）都源自與右手有關的字眼，「sinister」（陰險）、「awkward」（尷尬）、「gauche」（笨拙）等詞則源自與左手有關的字眼。實際上，「sinistral」這個形容詞的意思就是「使用左手」或者「向左盤繞」（反時針方向）。「兩手同利」的英文字彙為「ambidextrous」，字面上的意思是「兩隻右手」。我們也許天真地認為科學的態度會比較理性，但有許多號稱科學的說法，卻也同樣殘酷。本書中經常提到的十九世紀義大利犯罪學家倫柏羅索就說，慣用左手再加上大耳朵與窄額頭的特徵，代表一個人天生就有墮落的傾向。即便到了一九四〇年代，精神醫師布勞也撰文指稱慣用左手「只不過是一種幼稚的違拗行為而已，和一般故意作對的行為屬於同一類型」。有一項理論則認為左撇子這種「不正常的現象」，是母親在懷孕期間荷爾蒙失調所造成的結果。

美國西南部的祖尼族藉由直覺而對偏手傾向的認知，可能比我們還要深刻。在他們的神話裡，身體右側代表衝動與焦躁，左側則代表沉思與啟發。對於這種早於科學的敏銳洞察力，赫胥黎不禁評論道：「古老的傳統一旦受到現代科學的嚴格檢視，通常不免淪為單純的幻夢而已。但奇特的是，我們卻也經常發現這些幻夢其實是半醒的夢境，預示著真相。」祖尼族對於身體兩側的區分方式後來證實深具洞見。今天大家都知道，我們身體兩側乃是分別由大腦的左右半腦所掌管。大多數人的左腦都擅長分析，以邏輯、順序、數學的方式處理資訊，並且掌管語言的使用，聽說讀寫全都包括在內。右腦則以較為全面性的方式觀照世界，能夠看出事物的模式——例如面孔的整體相貌、旋律的結構、藝術作品的組織——也不需要透過簡化的元素分析來決定整體的印象。右手由左腦控制，左手則由右腦控制。荷蘭畫家艾薛爾在他著名的畫作《素描之手》當中，呈現了身體左右兩側互相依賴的特性：一隻左手畫著右手，而右手也同時畫著那隻左手。

偏手傾向究竟從何而來，各種說法不一而足。除了柏拉圖的褓姆理論之外，也有一種說法認為新生兒被抱在母親懷裡的時候，若是愈靠近母親心臟，嬰兒就愈不容易哭。的確，我們和其他靈長類動物一樣，通常都把幼兒抱在身體左側。此外，胎兒與新生兒也以若干方式表現他們對自己身體右側的偏好。超音波影像顯示胎兒吸吮右手拇指的頻率高於左手拇指，而且早自受孕後十三週就已開始。另外一項理論認為一般人之所以偏好右手，原因是胎兒在子宮內的發育期間，右手活動的自由度比較大，不過，這項理論尚未受到驗證。已知的事實是，在生產前的最後幾週，約有百分之七十五的胎兒會把右臂伸向母親的腹壁，左臂則仍貼著母親的脊椎，難以活動。

有些科學家和倫柏羅索等人一樣，認為左撇子是體內的問題所導致的結果。不過，病理學方面的解釋卻與環境學派的思想一樣，都無法符合所有的證據。偏手傾向和人體的其他許多面向一樣，都不能只歸於單一原因。極少數人的偏手傾向也許肇因於懷孕期間或生產過程中的某種問題，但是大多數的左撇子似乎都是遺傳而來。女性的遺傳比例比男性多出兩個百分比，而且這個數字在世界各地的每個文化裡也各有不同。不過，在所有人口當中，右撇子的人數大約佔了百分之八十五至九十。偏手傾向無疑與遺傳因子有關。你如果是左撇子，你的子女很可能也會是左撇子，不過也大約只有一半的機率而已。不論先天還是後天的影響，母親的影響力都大於父親。左撇子母親生出左撇子兒女的機率高於左撇子父親。左撇子的現象為何沒有普遍出現，是個頗為令人好奇的問題。基因圖譜以及對大腦兩側不對稱的研究，都試圖要回答這個問題。

偏手傾向也不是人類獨有。儘管我們向來認為自己在動物世界裡佔有優越的地位，但實際上我們並不獨特，現在有關偏手傾向的錯誤觀念又是一個例子。一九〇五年，英國一位名為傑克森的社會運動人士成立了「雙手同利文化社」。他寫道：「能夠真正雙手同利，不僅百無一害，而且極為有益。」他想要讓人類回歸到自然的雙手同利狀態，因為他在動物園裡觀察到猿類就是如此。「完全的雙手同利狀態為什麼現在不可能出現？**人類為什麼不能回歸到雙手同利的狀態？**」

傑克森對於動物雙手同利現象的看法，就和柏拉圖對人類的看法一樣錯誤。他在動物園的觀察也許不夠仔細。到了一九四〇年代，科學家已經開始檢驗圈養黑猩猩的偏手傾向，後來又把檢驗對象擴大到野生黑猩猩身上。大猩猩的偏手傾向恰好一半一半——半數右撇子，半數左撇子。

黑猩猩似乎右撇子的數量稍多。其他動物則分別以偏好右手或左手為主，各種現象不一而足。魚類轉向的時候都習慣偏向某一邊，有些兩棲類動物探測或者移動物品的時候，也都慣用同一隻腳。麥克麥納斯在二〇〇二年出版了一本著作，探討偏手傾向的生物與物理現象，書名為《右手、左手》，書中提到一則宋徽宗的故事。當時畫家為皇宮裡豢養的孔雀畫了一幅圖，徽宗隨即指出畫中的一項錯誤：一隻孔雀正舉起右腳準備踩上花圃，徽宗說：「孔雀升墩，必先左腳。」

有一點必須強調，偏手傾向在宇宙結構中其實是非常基本的現象。官方記錄的第一對「連體嬰」，就提醒了我們偏手傾向是一種自然現象。造成連體嬰的原因是卵子分裂不完全，而這種案例當中必然都會出現鏡像形態。一八一一年在暹羅出生、但父母都是中國人的章安兄弟，就具有連體嬰常見的一種特徵。這對兄弟腰部相連，兩人正是完全的鏡像結構——頭髮生長方向各自相反，哥哥左手的指紋與自己右手的指紋還不太像，反倒是與弟弟右手的指紋幾乎相同。此外，他們一人是右撇子，另外一人則是左撇子。索弗克勒斯的劇作呈現出佛洛伊德所斷言的人性情結，路易斯·卡羅似乎也直覺認知到現代生物化學與物理學當中的矛盾現象。這個世界確實是個鏡中世界。

偏手傾向除了可在生物身上看到以外，更有趣的是竟然也存在於非生物界當中。不對稱是自然的法則。爬藤植物攀上樹枝或者其他植物的時候，大多數都會向右纏繞，少數則是向左纏繞。人類因為最早在自己身上觀察到這種偏左偏右的傾向，所以稱之為「偏手傾向」，但是這種現象在自然界裡其實隨處可見，甚至在亞原子粒子當中也可觀察得到。自然界裡這種偏右或者偏左的傾向，英文裡的專業術語稱為「chirality」（手性）。這個字眼和掌相術的英文名稱「chiromancy」一樣，都源自希臘文的「cheir」，意指「手」。手性現象極為普遍，即便是生物分子，也有天然的手性。胺基酸裡多生太鏈的螺旋狀，就是因為蛋白質分子不對稱的手性所導致的結果。DNA的雙螺旋也有手性，總是向右旋繞。雄性生物與雌性生物身上的DNA若要準確相對，顯然必須有相同的偏手傾向。

物理學家甚至在原子當中的弱核反應也偵測到偏左與偏右的手性。同一組原子也可以採取各種不同方式結合，形成空間分布狀態不同的分子。生物分子在偏左與偏右的形態當中，雖然只有一種形態具有功效，但大多數的生物分子還是同時存在兩種鏡像結構。若想具體了解這種鏡像結構對化學物質的活動有什麼影響，可以把雙手舉在身前，手掌相對。雙手就是彼此的鏡像結構。若是不讓手掌相對，雙手就無法完全貼合，就像左手手套只能戴在左手，右手手套只能戴在右手一樣。同樣的手性也可見於構成鏡像連結的原子當中，組成一對對各自相反的鏡像結構。科學上分別以「L」與「D」代表這兩種結構，L指「左旋」，D指「右旋」，區別乃是依其偏光的方向而定。這就是為什麼我們在營養補充食品的成分表上會看到「L-lysine」（左旋離胺酸）這種有如密碼般的字眼。

這種鏡像化合物由於原子相同，因此產生的化學反應也大致相同。然而，動物的新陳代謝對鏡像化合物卻各有不同反應，世界上有些天然手性現象就是非常美妙的例子。我們在葛縷子裡所聞到的氣味是左旋香芹酮，在香薄荷裡聞到的則是右旋香芹酮。蔗糖因為具有偏右性，所以經常稱為「dextrose」，其中帶有「右」的字根。人和動物的身體都能夠代謝葡萄糖，卻無法代謝其鏡像分子左葡萄糖。「塞利多邁」這種藥品推出於一九五九年，結果因為造成三千多起胎兒畸形的案例而遭到禁用，其中的問題就是因為身體對於該項藥品當中的偏左形態與偏右形態產生完全不同的反應。我們後來對這種問題更加了解之後，於是把塞利多邁改為用來治療痲瘋病。英國物理學家柯羅斯指出：「我們其實就是處理手性分子的機器。」

這些發現雖然饒富趣味，但是人類為什麼以右撇子人數為多，至今仍然沒有答案。偏手傾向和世界上其他事物一樣，都比我們原本想像的還要複雜，而其所帶來的文化影響，也遍及我們社會的各個層面。柯羅斯問道：「由於我們的周遭，甚至我們自己體內，都充滿了不完美與不對稱的現象，我們是否因此認為上帝造物的完美只存在於想望當中？」

現在，「左翼」與「右翼」這類字眼只是政黨用來攻訐對手的慣用語而已。這兩個詞語的起源可追溯至十八世紀，尤其是法國大革命期間。當時法國的三級會議和歐洲其他國家的統治機構一樣，規定平民（也就是所謂的第三階級，其他兩個階級分別為貴族與教士）坐在國王的左邊，貴族坐在國王的右邊。於是，有關國王否決權的議題付諸表決之時，國王左邊的代表便投票反對，右邊的代表則投票贊成。不久之後，左邊於是成為改革、激進，甚至國際化的代表，右邊隨之代表相反的價值觀——包括傳統、保守、愛國。由於我們認為這兩種觀念屬於政治光譜上的兩個極端，因此後來又出現了中間派的概念。當然，政治黨派的分別實際上從來就不像黑與白那麼單純。至少在第一次世界大戰以後，這種老式標籤早已不能再準確代表政治陣營的理念了。

儘管柏拉圖與傑克森的看法並不正確，偏手傾向其實不是違反自然的障礙現象，但是我們的文化看待偏手傾向的態度，仍然是大腦那種充滿想像力的典型方式，總是喜歡為無關緊要的自然差異賦予重要的象徵意義。賽門與葛芬柯二重唱在一九六五年所推出的《謾罵之歌》一曲當中，保羅・賽門所寫的歌詞把自然的偏手傾向及其象徵意義巧妙結合了起來。歌詞裡的敘事者指出，他因為是個左撇子，而差點被人貼上共產黨的標籤。

與死神下棋

柏格曼在一九五七年執導的電影《第七封印》，以令人難忘的畫面頌讚了手的怪異特性。這部影片的故事背景在中古世紀，主角布拉克參加十字軍東征之後回到家鄉，發現黑死病在歐洲肆虐橫行，而且死神還親自前來提取他的性命。為了延後自己的死期，布拉克提議和死神下棋，於是整部影片一再穿插這場棋局的片段。期間，他把自己的下一步棋透露給一名神父，結果發現這位遮住半邊臉的人物就是死神。布拉克於是面露微笑，舉起右手，慢慢轉動，細細檢視，然後以讚嘆的語氣說道：「這是我的手。我可以活動這隻手，感覺血液在裡面流動。太陽仍然高高掛在天上，而我——我，布拉克，正在與死神下棋。」

後來，在一幕室外的場景當中，布拉克和其他人在太陽下悠閒地用餐，他的信仰掙扎一時之間似乎顯得無關緊要。生命顯得非常珍貴。有人把一個裝滿了牛奶的木碗遞給他，布拉克於是喃喃說道：「我要把這一刻當作一個裝滿了新鮮牛奶的碗，好好捧在我的手上。」他以充滿珍惜的姿態捧起木碗，好像捧著當下這個時刻就是我們雙手原本的用途。

9 哺乳聖母

真實的與理想的「乳房」

在科學的各個領域當中，有關人類女性乳房演化起源的研究，大概可以算是異議最鮮明的領域。馬克・吐溫對於科學曾經有過這樣的說法：「我們只不過投入一點事實，結果就獲得一大套臆測。」與乳房有關的這類臆測，包括了留下記錄的暫時提議，也有毫無根據的激進說法。在這類討論中，我們必須記住兩點：首先，各種哺乳類動物都藉由乳腺哺餵幼仔，這種哺餵方式不是人類發明的；而我們特別把人類女性胸前的器官稱為乳房，也不表示人類的乳腺就比較獨特。第二，女人的乳房其實大小形狀各有不同，理想中的「乳房」只是我們建構出的一種觀念。

演化人類學家赫迪寫過一本著作，書名為《母性：母性本能及其對人類的影響》。她在書中寫道：「為了對青少女乳腺周圍特別囤積的脂肪組織提出解釋，目前已經出現了一個小型產業，忙著提出各種假設。」赫迪對於兩種盛行的說法，各自指出了其中的缺陷。第一種說法姑且稱為駝峰理論，認為碩大的乳房可囤積脂肪以供授乳期間使用。第二種說法則可稱為目標行銷理論，認為女人可藉由突出的乳房，向男人宣告自己已經囤積了生殖所需的脂肪。只可惜，女性乳房的大小實際上並不代表泌乳量的多少，健康的乳腺組織數量，才是決定泌乳量的因素。此外，母體除非是到了近乎餓死的地步，迫使體內的新陳代謝作用不得不運用身上囤積的所有資源，否則身體絕不會燃燒乳房裡的脂肪。人體在平常需要燃料的時候，會先取用大腿與臀部的脂肪。有些生物學家認為乳房確實是一種宣告生殖能力的標示，但是赫迪指出，乳房通常早在女性初經來臨之前就已開始發育——她們在這個時候根本還沒有受孕的能力，哺餵後代就更不用說了。

研究人員對於乳房還提出了其他各種解釋。一九七〇年代初期，摩根在《女人的起源》一書中把乳房視為證據，證明我們的靈長類祖先在演化過程中曾經經歷過一段水棲時期。她認為，我們的祖先脫除身上大部分的毛髮之後，乳房於是成為可供嬰兒抓握的部位。她指出，其他靈長類動物的幼仔都是抓著母親胸前的毛髮，以便吸吮母親又小又扁平的乳頭。此外，她也推測認為，對於這些棲息在水邊的猿類來說，乳房可能也有提供浮力的作用。其他有些科學家認為，乳頭的敏感度並不是哺乳導致的副作用，而且乳房之所以會演化成目前這種隆起的狀態，主要目的是成為引人注目的快感來源。莫里斯在一九六〇年代末期曾經提出一項頗具爭議性的說法。他在《裸猿》一書裡指出，我們發展出兩足直立的姿態之前，臀部可能是一種重要的性標誌，功能在於吸引雄性目光注意生殖器官，突顯這個後方的入口。於是，早期的原人一旦直立起來以後，女性的胸脯便模仿臀部的形狀而演化成今天這種模樣。莫里斯寫道：「所有的性徵與性感帶幾乎都位於身體前方——包括臉部表情、嘴唇、鬍鬚、乳頭、乳暈、女性的乳房、陰毛、生殖器、臉紅的部位，以及因性興奮而充血的部位。」莫里斯甚至指出，乳頭周圍的色素恰可突顯乳頭在性興奮期間的勃起狀態。這種觀念的其中一項論點，認為人類乃是唯一採取正面交媾的動物；但是後來發現巴諾布猿的性交姿勢也採用傳教士體位，這項論點也就不攻自破了。

在《求偶之心：性選擇如何塑造人性演化》這部著作裡，傑弗利・米勒指出，研究哺餵母乳的專家認為「受孕前乳房的大小，與生產後乳汁的分泌量並無關聯……因此，我們必須分清楚，乳腺是為了泌乳所演化而來的結果，但女性的乳房隆起則必然有不同的原因」。生殖信號不需要這麼大肆聲張。我們和其他生物一樣，只要有含蓄細微的信號就足以達到辨識效果。接著，米勒推測認為，人類女性演化出乳房的原因可能不是「為了區別年幼女孩與成熟女人，而是為了區別年輕女人與年長女人」。為什麼要在身上展示一個持續時間不長的標誌，向人宣告自己已然過期的生殖能力？有些生物學家認為，這種先天就設定了使用期限的視覺信號是合理的現象，因為自然界為女性身體所規劃的生殖時程是在年輕時期頻繁生育，而且女性生育能力衰退的時間也比男性早了許多。不消說，一樣有部分科學家對這種說法抱持反對意見。米勒問道，這麼說儘管沒錯，但是整體脂肪囤積的指標又怎麼說呢？於是，爭議也就不斷持續下去。

我的話如果冒犯了任何人，我只能說：「干你奶奶屁事。」

——桃莉・芭頓

直到今天，乳房仍然是個熱門話題。嬰幼兒用品公司不斷設法研發更適合吸吮的奶嘴，時裝設計師也總是儘量突顯胸部線條。胸罩強調集中與托高的效果，色情產業則利用冰塊讓女星的乳頭顯得更加堅挺。此外，醫學研究人員忙著研究乳癌細胞，影視審查人員則忙著爭論女性乳房在電視上可以裸露到什麼程度。生物學家與人類學家對於人類乳房的演化原因辯論不休，一般人則不是自身胸前有兩顆乳房，就是垂涎別人的乳房，甚至利用乳房謀取利益；無論如何，我們對乳房就是無法視而不見。

乳房名稱的演變過程和乳房起源的理論一樣多采多姿。人類以各種不同方式看待身體這個部位，因此也就給它取了許多不同稱呼。乳房的英文名稱「breast」一詞的前身早在公元一千年末期就已經出現，當時的「brest」這個字眼指的是男女兩性的乳腺，而與此相關的「breost」一詞則是個比喻，意指儲存情緒和思想的地方，正如英國十七世紀作家康格里夫的文句：「音樂的魅力足以撫慰粗野的胸脯。」其中「胸脯」（breast）一詞就是採取這種比喻性的意義。在歷史上的某些時期裡，即便是這個聽來頗為中性的字眼，也被列入禁忌的對象。在維多利亞時代，公然說出「胸脯」這個字眼就足以驚動四座，所以當時連雞胸肉都必須稱為「白肉」。雖然同樣指稱胸部的「bosom」一詞的來源眾說紛紜，但也是出現於維多利亞時代，當時意指單邊乳房。

直到一九九〇年代以前，儘管乳癌與隆乳的新聞司空見慣，「breast」一詞在上流社會裡還是屬於禁忌。今天，在英文指涉人類乳腺的各種名稱當中，「breast」卻是最文雅的字彙。其他許多名稱都帶有負面意涵，例如「tits」（奶子）這個字眼。這個單音節的字彙可追溯至十四世紀，經過一、兩百年之後，其所指稱的對象已然包括馬兒與年輕女子。這個字眼原本沒有負面意義，是在十八世紀用於指稱品行不端的女性之後，才發展出負面意涵。在十七世紀以前，「奶子」一詞僅用於指稱女性乳房。到了一九三〇年代，英語當中才把酷寒的天氣稱為「比巫婆的奶子還冷」。一九四〇年代，「tit man」（奶痴）一語則是用來指稱痴愛女性胸部的男人。許多女性都喜歡用「boobs」（波）這個俚語指稱乳房，原因是這個字眼聽起來頗為逗趣。這個字彙的起源可追溯至「充滿活力的二〇年代」，但是其前身包括了「bub」、「boobie」，以及「bubbie」，根據專家考據可追溯至十七世紀末期。有些語文學家認為「bubbie」一詞衍生自拉丁文的「puppa」，意指「小女孩」（這個字眼又與「pupil」〔瞳孔〕一詞的起源有關，第三章已經提過）。胸罩的俚俗稱呼「boob sling」（吊波衣）出現於一九六〇年代末期，而「boobs」一詞的變體則有「boobers」與「boobahs」。一九八〇年代開始有人把胸部整形稱為「boob job」（整波），後來一九八六年的美國小姐亞芹就曾在一九八〇年代末期公開表示：「我承認我整過波。」到了第二次世界大戰初期，「knockers」（撞鐘）一詞開始出現，通常只用於指稱大到會互相碰撞的乳房。不久之後，由於一九五〇年代的黑色漫畫當中出現的妖艷女郎總是穿著彈頭形的胸罩，因此這種類型的漫畫也就獲得了「頭燈漫畫」的稱號。到了一九八〇年代，同樣也是用於指稱巨乳的「hooters」（貓頭鷹）一詞在美國逐漸普及，後來也成為一家連鎖餐廳的名稱，而這家餐廳就是以胸部豐滿的女侍招徠顧客。另外一個俚俗稱呼「jugs」（罐子）是「牛奶罐」的簡稱，似乎起源於一九二〇年代左右的澳洲。美國作家湯姆・伍夫在《太空英雄》這部小說裡描寫了「年輕豐腴的女孩，罐子抬頭聳立」。另外還有許多稱呼，也一樣著眼於乳房的實用功能，例如「milk fountains」（奶泉）、「milk shakes」（奶昔）、「cremers」（奶油瓶），以及「dairies」（奶庫）。這類暱稱都屬於一種帶有貶意的換喻，把女性當成養育後代的工具。

文字發展不一定都有道理可言。在此要澄清一點，雖然有些幽默作家因為「titillate」（讓人興奮）一詞當中由「tit」這三個字母開頭，就將其解釋成「用乳房挑逗別人」，但這個字眼絕對與乳房一點關係都沒有，而是衍生自拉丁文裡「搔癢」一詞的過去分詞。不過，現在帶有褒意的「exuberant」（活力充沛）這個形容詞，原本的意思卻是「滿溢的乳房」，來自拉丁文的「ex-」（以外）與「uber」（動物乳房）這兩個詞語。這個字眼顯然不適用於大胸脯的女性。

史琵葛與塞白絲塔在《乳房之書：親密奇妙的乳房歷史》這部著作的最後，列出整整六頁稱呼乳房的各式字眼，有些頗為逗趣，有些則令人不快。其中有許多字眼都強調乳房的豐滿：「巨礫」、「救命傢伙」、「沙包」、「定音鼓」、「手鼓」、「興登堡飛船」、「齊柏林飛船」，還有英國《蒙蒂蟒蛇》喜劇影集所謂的「大片土地」。另外有些詞語則帶有暴力的意象，例如「子彈」、「砲彈」，以及「魚雷」。有不少人顯然看到乳房就聯想到水果或蔬菜，因此也就出現了「蜜桃」、「芒果」、「蕃茄」以及「甜瓜」等等稱呼（其中「甜瓜」一詞還有各種變體，例如「肉瓜」）。其他與食物相關的乳房暱稱，還包括「天使蛋糕」以及「杯子蛋糕」。有些稱呼則把乳房轉化為動物，例如「蜷伏小狗」、「小母牛」、「吉娃娃」、「毛衣小貓」。至於乳頭，則有「棕色大眼」以及「粉紅鼻子小狗」等暱稱。

人類乳腺為什麼會有這麼多的俚語稱呼呢?米爾茲在《女話》一書裡指出,根據《韋氏辭典》的定義,婉詞存在的目的就是為了「避免直接稱呼一項令人不快、痛苦,或者害怕的實際現象」。接著,她又問了一個非常有趣的問題:

乳房究竟有什麼可怕之處……男性乳房完全沒有俚語或者委婉的稱呼,就好像男性乳房根本不存在一樣。不過,以陽具為中心的異性戀思想本來就代表很少有男人發現自己乳房的性敏感特質。

乳川

人類早期社會中有許多馴養以及野生的動物,而由於自然界為這些動物提供的食物都是乳汁,因此乳汁在許久以前就獲致了近乎神聖的象徵地位。人類利用動物或甚至人類的乳汁向不少神祇獻祭,其中包括水澤仙女寧芙與繆思女神,以及古尼娜、古芭、盧米娜這三位看顧襁褓中嬰兒的羅馬守護神,甚至還有普里阿普斯這位以勃起陽具為代表的希臘豐饒之神。直到今天,世界上許多地區的人還是把牛乳視為不可或缺的營養來源。

各種乳汁不論多麼備受重視,還是人類乳汁的地位最為崇高。世界上只有女人的乳房,才能製造出專為人類設計的食品。和母乳相較之下,其他的食物——不論是花生醬、菠菜、龍蝦,還是牛乳——都只是世界這個糖果屋當中的碳基生命型態，供我們尋覓咬食而已。母乳則是人體工廠為自己的繁殖成果所特別設計的初期維生食品。由於母乳能夠傳遞母體內的抗體，因此哺食母乳也可讓新生兒對若干疾病具備抵抗力。難怪母乳——以及哺餵母乳的行為——在歷史上向來備受尊崇。長久以來，世界各地的雕塑家都雕刻過不少豐饒女神的形象，而為了表達這些女神的豐衍富足，她們身上甚至不只有一雙乳房。以弗所有一座雕刻於公元一世紀的黛安娜女神雕像，目前收藏在伊茲米爾博物館裡。這座雕像的整片腹部上，都是一顆顆充滿乳汁的豐滿乳房，看起來讓人覺得頗不自在。即使到了一七四六年，林奈在《瑞典動物百科》一書的扉頁上也放了一幅多乳雕像的圖畫。深富冒險精神的美國雕塑家布吉歐斯曾經拍過一張照片，可看到在她身上戴滿了雕塑而成的許多乳房。

每天晚上，夜空都會呈現出一幅景象，提醒我們母乳與哺乳在文化上的重要性。這則神話與希拉有關，她是奧林帕斯山上的諸神之后，也是宙斯身邊受氣已久的妻子。宙斯雖是希臘眾神之主，卻喜歡到處拈花惹草，不論是女人、男人、還是野獸，只要他看上了眼，一律來者不拒。在宙斯的眾多子女當中，有一名男孩叫做赫丘利斯，他和耶穌一樣有個凡人母親。為了讓赫丘利斯飲取永生之泉，宙斯於是把他帶到奧林帕斯山上，讓他接受希拉的哺餵。希拉不知道自己的丈夫就是小孩的父親，只知道赫丘利斯遭到遺棄，於是同意為他哺乳。不過，赫丘利斯卻吸得非常起勁，以致乳汁都噴濺了出來。而且，由於赫丘利斯天生具有神力，所以吸得希拉胸部隱隱作痛。等她終於把小孩的頭拉開之際，乳汁也隨著噴灑了滿天。結果，一滴滴的乳汁化作星星，也就形成了拉丁文稱為「乳川」（Via Lactia）的銀河。

哺乳這回事

性荷爾蒙對身體有許多奇特的影響，其中一種影響就是嗅覺的敏銳度。雌激素會讓鼻子對氣味更敏感，睪酮的影響則恰好相反。因此，女性對氣味的敏感度，整體而言會比同齡的男性還高。此外，女性在月經來臨之前也會對氣味特別敏感，原因是黃體激素在這段期間會下降，而讓雌激素居於主導地位。懷孕也會造成相同的結果。這種奇特的性別差異在嬰兒出生後就明顯可見。女嬰對許多氣味的反應，都比男嬰來得激烈。女嬰一旦聞到自己喜歡或不喜歡的氣味，就可能會踢腿、吸吮，或者號哭，而且呼吸頻率也通常會改變。目前的研究雖然尚未獲得確切結論，但是測驗顯示有些嬰兒會像成人一樣用基本的臉部表情表達他們對氣味的感受。這種敏銳度在出生後的最初幾天，通常會變得更加強烈。由這類觀察可知，我們先天就有辨別氣味的能力，而我們在睡夢當中也有類似的反應，則可見得這是一種無意識的行為。法國科學家蒙塔納把嗅覺的親密關係描述為「一種可讓嬰兒練習音階的機制，依照母體的遠近而發出由高至低的聲音」。

讀者也許會問，這一切和乳房有什麼關係？美國神經生物學家麗絲・艾略特寫道：「嬰兒在嗅覺方面的天份有高有低，但是辨認母親乳房氣味的能力卻精準得令人難以置信。」對嬰兒來說，母親乳頭的香氣才是最重要的氣味，因此他們察覺這種氣味的敏銳程度，也就遠高於其他氣味。新生兒比較喜歡在生產過後還沒清洗的母親乳房；而且，儘管新生兒從來不曾聞過母乳的味道，但是出生後才兩個星期的嬰兒，也會自動把頭轉向泌乳期間的婦女。此外，嬰兒對母親的腋下還有頸部的氣味也都一樣敏感。

我們和其他動物實在沒什麼兩樣，實驗室的白老鼠對於氣味也有同樣的偏好。而且，乳腺與氣味之間的關係也一點都不讓人意外，因為乳房不過就是形態不同的汗腺而已。哺乳類動物身上最重要的氣味，都是由特別的腺體為了特定目的而散發出來的結果。一項格外鮮明的例子，就是雄麆鹿的前額在發情期間會短暫出現一塊散發強烈氣味的斑塊。幾乎所有哺乳類動物的乳腺都會發出獨特的氣味以引導幼仔前來攝取營養。幼仔一旦接觸到母親的肌膚，這種先天的察覺能力又會更為加強，而母親懷抱哺餵幼仔的行為也會增加泌乳量。因此，互相碰觸是一種重要而且愉悅的行為，對於母子雙方都有情感上的撫慰效果。

泌乳哺餵幼仔是哺乳類動物的標準養育行為，不論是倉鼠、灰熊、駱駝、狗，都一樣如此。即便是有袋動物孱弱的幼仔，也會爬向母親扁平的乳腺。婦女為幼兒哺乳雖然是再自然也不過的事情，但是著迷於象徵意義的人類大腦卻不以此為足。亞隆在一九九七年出版了《乳房的歷史》這部簡潔流暢的著作，她在書中以輕描淡寫的筆觸提及乳房所引發的象徵意義：「乳房的若干特徵，例如泌乳的能力以及易於罹病的傾向，雖然看似恆久不變，但是我們賦予乳房的意義卻變化萬千。」即便是從亞隆這部著作的標題，也可看出乳房的隱喻地位：她所謂的乳房並非人類身上的器官，而是象徵性的文化概念。

亞隆在書中提到所謂的「哺乳聖母」（Madonna de latte）這種中世紀時期的繪畫與雕塑。這些個別出自不同藝術家之手的作品，在基督教聖像學的發展史上是一項頗為令人驚異的發展。超過一千多年以上的時間，聖母馬利亞哺乳的形象在藝術作品裡只是偶爾出現而已。不過，在這種新發展當中，畫面上呈現出來的人物卻比先前更加真實，只不過聖母露出的單邊乳房通常看起來像是額外附加上去的人工製品，而不是自然生成的器官。這種看來不協調的現象，可能是依循一種藝術傳統而來的結果，目的在於呈現聖母馬利亞不完全是凡人的本質。這是聖母的畫像在歷史上首度有寫實的嬰兒抱在胸前，而不再只是一個縮小的聖像而已。亞隆指出，這種畫像之所以會盛行於十四世紀的義大利，可能和當時發生的若干事件有關。由於當時遍地飢荒，不僅現實世界裡的母親深受其苦，聖母哺乳的形象也可能提供了當時的人所迫切需要的精神支柱。畢竟，教會在那一、兩百年間，也不斷自稱是慈愛的母親哺育著虔誠的子女。後來這項主題又出現了變化。十六世紀，德拉馬翠斯筆下的馬利亞筆直站立，右手抱著赤裸的聖嬰，裸露的乳房則噴出像光束般的乳汁，哺餵煉獄裡的靈魂。

另外一種特殊的哺乳畫像，則自有一段奇特的歷史。在羅馬神話裡，琵絲塔斯代表愛與奉獻。有些故事與藝術作品把她描繪成一位年輕女子，以豐滿的乳房哺餵年老的父母。公元一世紀，老普里尼引述了史學家馬克西穆斯所講過的一則故事：

一名地位低微的羅馬平民婦女剛生下一個小孩，她獲准到獄中探望自己的母親，但是每次

> 探監都必須接受門口的守衛搜身，以避免她偷帶食物進去。結果，卻發現她用自己的乳汁為母親補充營養。

老普里尼聲稱羅馬人在這項事蹟的發生地點建造了一座廟宇，宣揚孝親之道。這類故事長久以來都被人統稱為「羅馬人善舉」，在文藝復興期間，基督教又把故事吸納過去，而稱之為「基督徒善舉」。不同版本的故事經常把女兒哺餵的對象寫成父親，而不是母親。亞隆指出，把母親改成父親，使得這則故事染上了亂倫的色彩。舉例而言，在斯多梅的《羅馬人善舉》這幅畫作當中，年邁男子與年輕女子之間的親子關係就和他們的年齡差距一樣令人不安。

這項觀念在近代重現，最著名的案例就是史坦貝克在一九三九年出版的小說《憤怒的葡萄》。在小說的最後一章，多苦多難的裘德一家人受困於暴風雨中，後來終於找到一間穀倉可以避雨。這一家人的狀況雖然已經夠慘了，但是穀倉裡卻還有一個更不幸的人——一名飢寒交迫的中年男人。在整部小說裡，裘德一家人和其他流浪農工不斷對抗殘酷無情的自然力量以及雇主和地主。史坦貝克筆下的意象，顯示苦難的民眾只能自己互相扶持。於是，在小說的結尾，我們看到懷了孩子的羅撒茜把那中年男人的頭抱在懷裡，用乳房哺餵他。

精神分析學派雖然是在古老的神話沒落許久之後才出現的思想，卻仍然運用了神話當中的意象，同時對哺餵母乳這種哺乳類動物的自然行為又抱持非常不同的看法。儘管精神分析憑空想像出來的隱喻意象至今仍然盛行於語言學等若干領域當中，但是精神分析療法已經大致上不再受到採用。佛洛伊德的性心理發展理論雖然鼓勵人進一步探究，但是後來卻發現他的理論就像是對新大陸的初次探勘一樣，充滿了無知與幻想的成分。今天，佛洛伊德經常被人描繪成狡詰的自大狂，沉浸在個人的妄想當中。不過，在二十世紀期間，他對乳房的觀念卻深深影響了人類思想。

在佛洛伊德的神話體系當中，陽具和乳房是最主要的兩位神祇。他對人體上這兩個部位所投注的注意力，遠高於陰道與陰蒂。當然，其中最重要的就是讓佛洛伊德本身困擾不已的那個壞男孩器官。他認為男孩一生中都生活在閹割恐懼的陰影之下，女孩則因為嫉妒其兄弟身上的陽具而難以安睡。「不過，」亞隆寫道：「就像半埋在土裡的女神雕像一樣，乳房卻可聲稱自己存在的時間更早，而且從未喪失其自身所具備的力量。佛洛伊德一向都承認乳房的重要性，但是卻不肯拿陽具來換。」亞隆用這短短的一句話消遣了佛洛伊德有關女性性心理的論點。如果把陽具嫉妒換成乳房嫉妒，心理學的面貌顯然會大不相同。

佛洛伊德學說和大多數的神話一樣，都需要有男女兩性的神祇。他從一開始就極度推崇乳房的重要性，和陽具可謂難分軒輊。他在《精神分析綱要》這部晚期著作當中，更以一貫的果斷態度聲稱乳房與哺乳行為乃是「一生中所有情愛關係的原型——不論男女皆然」。不管是詩中提到一顆蘋果，還是夢中一隻小鳥啄咬女人嘴巴的情景，任何意象經過深究之後，都可能「揭露」出其中潛藏的意義乃是指涉哺乳的行為，以及這種在人生中首度體驗到的感官之樂所帶來的終生影響。佛洛伊德以他高超的修辭技巧，甚至聲稱所有人都強烈思念兒時的乳房，「不論一個人在幼年時期是真的曾經接受母親的哺餵，還是只吸過奶瓶上的奶嘴」。雖然照這樣看來，這個議題的重要性顯然與是否接受過母乳的哺餵無關，但是精神分析學家卻總是不忘對病患提出這個標準的問題：「你的母親有沒有餵你母乳？」

佛洛伊德認為幼兒發育會因為哺食母乳而經歷一段口腔期，這種觀念後來極為普遍。例如，美國史學家戴莫斯在一九七〇年發表的一篇論文〈十七世紀新英格蘭巫術當中潛藏的主題〉中提出這樣的揣測：

> 口腔主題在歷史記錄當中極為顯著，可見後來導致巫術罪的這種騷亂狀態必須追溯到人格發展的最初時期。我們若能知曉新英格蘭早期移民的哺乳習慣，想必會有極大的幫助。他們的斷奶方式也許足以造成極大的創傷經驗。

由於種種不同原因，數百年來一向有許多婦女不願或者無法為子女哺餵母乳。在這種情況下，新生兒就會交給乳母照養，而乳母通常是社會階級較低的婦女。由歷史記載來看，這種現象極為普遍，不論是古埃及，中世紀的法國，還是維多利亞時期的英國，都可見到乳母的身影。至於父母選擇把子女交給乳母餵養的原因則各不相同，有時候是因為母親去世或者生病；但在某些時期，雇用乳母則是社會地位的象徵。另一項在歷史上反覆出現的原因，則是認為不哺乳可以保持乳房的堅挺——有些時期若是崇尚小而挺的乳房，這種觀念就更加盛行。美國心理學家瑟爾在

《母性迷思》中寫道：「這種一度極為風行的育兒方式，現在竟然幾乎消失無蹤，實在是非常特別的現象。雇用乳母的行為似乎已從歐洲人的集體記憶裡完全抹除，原因可能是我們對這種行為的態度擺盪不定。」至於有能力雇用乳母的人，則一直等到瓶裝牛乳出現後才揚棄這種做法。

乳母的現象雖然非常普遍，但是長久以來也一直不曾擺脫爭議。十八世紀晚期的阿姆斯特丹醫師布蘭卡特以憤怒的語氣指出：「有母愛的人，絕對不可能在沒有醫學原因的情況下讓別人代她哺餵子女，而任由自己的乳房乾涸。」他的同僚貝維克也質問道：「什麼樣的母親會不願意為自己的兒女哺乳，不讓自己成為一位完整的母親，不讓自己天真無辜的下一代免於各種疾病的侵害？」盧梭也用一貫的果斷語氣宣稱道：「母親一定要哺餵自己的兒女……女人的這項責任不容質疑。」當然，這類說詞大多出自男性的筆下，他們總是習於對女人頤指氣使，命令她們該遵循哪些行為。大多數人都同意哺餵母乳非常重要，就算不一定都遵照施行，至少也認同這樣的觀念。早期的醫師雖然不知道疾病乃是細菌造成，也不知道母乳含有抗體，但是布蘭卡特卻還是提出一項非常簡單的理由：「幼兒早已習慣於母親體內的滋養。」那個時期的荷蘭風俗畫也把原本帶有神聖意義的哺乳聖母轉化為親子之愛的世俗象徵。普拉在《哺食熱情》一書中提到乳母的衛生與性格條件被人編纂成冊的情形：「布爾的《乳母挑選須知》建議讀者挑選乳母的時候，應該像購買牛隻一樣詳細檢查：牙齒與牙齦是否建康，舌頭與皮膚的顏色是否明亮，乳房是否堅挺；更重要的是性格是否良好。」

一九〇六年，比爾斯在《魔鬼辭典》一書裡嘲諷雇用乳母的行為，而把我們的物種類別給改變了：「哺乳類：名詞，脊椎動物下的一科，其雌性動物在自然狀態下以乳汁哺育幼仔，但接受教養之後，則把子女交由他人哺育，或者使用奶瓶。」今天大概沒有幾個評論家敢用這麼挑釁的態度論述這項議題，但是有些人仍然認為過去乳母盛行的現象，對於現代兒童的發育和教養模式一定有所影響。瑟爾的說法就是一個例子：

米開朗基羅、茱麗葉、郝思嘉、邱吉爾，都是乳母養大的。這不是一種罕見的行為。在歷史上的不同時代，歐洲若干城市裡所誕生的嬰兒都受過乳母的哺育。這種做法如果沒有壞處（我們也沒有證據能夠證明這種做法究竟是好是壞），至少也顯然違背了當今若干備受珍視的母愛及親子依附的觀念，包括心理學家與兒童專家在內，幾乎所有人都抱持這種觀念。

問題在於怎麼證明接受乳母哺育究竟有沒有壞處。上文提到的人物在社會中有所成就，並不表示品質較佳的養育行為就一定沒有幫助。有許多人一輩子都活在害怕遭人遺棄的恐懼中，也有許多人終生無法建立情感以及肉體上的親密關係。瑟爾舉這些例子只是用來顯示乳母哺育的現象有多麼普遍，但是這些例子也不足以支撐她的論點。米開朗基羅以性情古怪著稱，而且總是心神不寧，邱吉爾則冷漠疏離，而且處處爭強好勝。茱麗葉與郝思嘉雖然都是虛構人物，但是她們的行為也深具象徵性。茱麗葉年紀輕輕就自殺死亡，郝思嘉則絕對不是個好母親。

哺餵母乳的行為在肉體與情感上所建立的依附關係，對母子雙方顯然都有正面影響，這點有許多證據可資證明。《我們的身體，我們自己》是一部深具開創性的著作，波士頓婦女健康書寫小組在一九七三年的初版當中，對於醫療界在二次世界大戰之後逐漸盛行的反對哺育母乳之說提出反駁。他們指出，哺育母乳是一種「令人滿足、愉悅，而且充實的行為……可讓母親與嬰兒在愉快而且放鬆的情況下享受哺育的樂趣」。他們最後的結論是，哺育母乳的行為「是對我們身體的一種肯定」。

讓人意想不到的是，刺激乳房發育的荷爾蒙，竟和植物裡的一種化學物質有關。雌素二醇是主要的雌激素，來自於子宮。雌素二醇負責設計打造乳腺與生殖道，也會影響求偶行為。雌素二醇經證實與類黃酮具有類似的化學成分，而類黃酮則是一種存在於苜蓿以及其他莢果植物裡的色素。英國科學作家華特森指出，在二次世界大戰期間，澳洲因為羊隻繁殖數量銳減，導致農民生計遭受威脅。他們懷疑問題出在一種新品種的苜蓿身上，於是把這個問題稱為「苜蓿病」。結果發現，原來是因為這種苜蓿為了避免遭到動物啃食，而產生一種模仿雌素二醇的化學物質。這種情形看起來雖然頗為古怪，實際上卻是常見的情況。但這究竟有什麼目的？華特森寫道：「羊和苜蓿只有一個相同之處——牠們是食物鏈當中的夥伴：前者啃食後者，後者則盡力避免太常遭到啃食。」而類黃酮「相當於避孕藥，藉由減少食草動物的數目，降低食草的頻率」。

這種植物遏阻掠食者繼續繁殖的方法，就是製造一種化學物質，讓掠食者的身體產生錯覺，以為自己早已懷孕。哺乳行為也有同樣的作用（但不是完全可靠），可以抑制身體的生殖能力。

數百年來，聰明的婦女都懂得儘量延長哺乳期間，以免馬上又必須經歷一次耗盡體力的懷孕生產過程。

懷孕期間造成月經停止的現象，導致了一種奇特的副作用，也就是古代的一種觀念，認為乳汁與血液是同一種生命液體的不同型態。這種觀念甚至到了文藝復興時期之後依然盛行。十六世紀的法國醫師儒貝爾著有《常見的謬誤》一書，他認為自己的說法已足以總結這項議題：「乳房裡的血液，不就是來自子宮，而且經由生命元氣的自然溫度而漂成白色嗎？」美國史學家拉克爾在《身體與性屬》一書裡指出，早自達文西以降，解剖學家就知道人體內的血管與製造乳汁的腺體沒有明顯的關連，但是這項事實卻因為不符合一般的觀念而遭到漠視。拉克爾寫道：「子宮與乳房的連接管道，顯然比不上乳汁與血液的詩意想像來得重要。」

波濤洶湧的女惡魔

> 標準乳房……就是芭比的乳房。
>
> ——諾米・伍爾夫

芭比和許多名人一樣，從來沒有隱私可言。以她數十年來飽受批評的情況來看，如果有一天她決定隱居於夢幻屋內，只伸出她塑膠小手上的一根中指回應外界的謾罵，絕對也是情有可原。

藝術家常常利用她的形象鼓吹各種理念，心存質疑的觀察人士則嘲諷她的龐大銷售量以及她脫離現實的完美身材。小女孩對芭比多變的造型興奮不已，科威特政府則是在一九九五年發出教令，譴責她是敗壞道德的西方「女惡魔」。芭比的發展史，以及愈來愈多與她有關的迷思，主要都環繞在她那一雙尺碼超大的乳房上。芭比的前身也正是因為這樣的一雙乳房，才會受到一定程度的歡迎，從而獲得一家美國玩具製造商的注意。芭比不但象徵了人類迷戀乳房的現象，而且根本就是這種現象的化身。

一九五二年，德國漫畫家布提恩在《圖片報》這份廉價期刊上推出了一系列的連環漫畫，主角是一個行為放蕩，名叫莉莉的年輕女子。莉莉唯一的志向就是要釣上百萬富翁，而她顯然只有一個誘餌——她的身體。這位腿部修長的平面漫畫人物是個日耳曼美女，通常綁著馬尾，水汪汪的大眼睛搭配長長的睫毛，雙腿愈往下愈細，雙腳更是猶如綁了小腳一般。不過，她身上最引人注目的特徵，就是大得過分的胸部。莉莉賣弄風情的做法果然贏得男人的喜愛，而且就像獲得巫師實現願望一樣，因此轉化成為立體人物。莉莉以印刷面貌出現之後三年，一家玩具公司便開始販賣莉莉的塑膠射出成形娃娃，其中最突出的特色也和漫畫中一樣——身材前凸後翹，衣服也可輕易穿脫。莉莉娃娃的設計初衷顯然不是要給小女孩當做玩具，而是要給男人當做玩物，就像《花花公子》雜誌裡廣告的那種青少年情趣玩具一樣。

美泰兒公司是一家當時剛成立不久的加州玩具公司，韓德勒是這家公司的創辦人之一。她在一九五六年帶著女兒芭芭拉到歐洲，有一天在一家商店的櫥窗裡看到莉莉娃娃。韓德勒後來說她早就一直遊說公司為美國的玩具玩家生產成人娃娃。她買了三個莉莉娃娃帶回加州，結果從此改變了她的事業。莉莉娃娃原本是用來挑逗成人男性消費者，於是德國的男性漫畫家與玩具設計師便都熱切參與製造這個娃娃。韓德勒打算生產這樣的娃娃給小女孩玩，結果美國男人的態度卻是排斥抗拒。雖然已經有莉莉當做原型，美泰兒公司裡的男性成員還是不斷排拒韓德勒熱切的構想，聲稱當時的技術無法製造出活動幅度較為自由的娃娃，而且這樣的產品也絕對沒有市場。韓德勒認為這兩個理由都只是藉口，真正的原因是這些男人沒辦法接受一個有乳房的娃娃。男人會對乳房感到不安大概是正常的現象，但是對於以後也會發育乳房的小女孩來說，娃娃身上的乳房卻不會特別引起她們的注意。

美泰兒公司裡的部分男性設計師顯然同意佛洛伊德的見解，認為身體結構決定命運。這麼一個明顯為成人男性所設計的娃娃，怎麼可能轉化成為小女孩的玩具呢？最終，低俗的莉莉轉變為天真的芭比之後，還是保住了大得不成比例的胸部，而且也因此引來持續不斷的爭議。自從芭比誕生之後，曾有不少嚴肅的研究探討她對美國文化的衝擊，尤其是美國小女孩對於自己還有自己身上的乳房所抱持的想法。批評人士也抨擊芭比的迷你體重計永遠設定在一百一十磅，根本是對厭食症推波助瀾的凶手。至於芭比的支持者，例如美國作家麥唐諾，則沒好氣地回應：「大家難道都這麼瞧不起小孩子的智商嗎？真的以為他們會笨到讓玩偶牽著鼻子走嗎？」現在，芭比的塑膠肩膀上已經背負了許多思想觀念的重擔。麥唐諾在一九九九年出版的選集，書名為《芭比全記錄》，內容收錄了散文與詩，包括〈芭比的婦產科門診〉以及〈芭比十二守則〉這樣的作品。

芭比的胸部大小在她的職業生涯裡向來是爭議焦點，但有趣的是，她的胸部早在構想階段就已經是個讓人頭痛的問題。德國的莉莉娃娃雖然胸部豐滿，可是沒有乳頭。日本的洋娃娃製造商著手把莉莉轉變為芭比的時候，送到美國的娃娃原型卻一再都加上了乳頭。美泰兒公司的人員於是耐心把乳頭磨平，再把修改過後的原型寄回去。美泰兒的主管原本就已經擔心這個娃娃不容易賣，自然更不希望引起大眾的憤怒。要求一九五〇年代的美國社會承認女人不但有乳房，而且還有乳頭，根本就是不可能的事情。

多年來也出現過各種解釋芭比身材的說法，但這些說法聽起來都頗為可疑，像是事後捏造的脫罪藉口，故意隱去芭比的歐洲敗類出身。莉莉就像是家醜一樣，大家都知道，只是嘴上不提而已。不過，這兩個娃娃雖然有些細微的差異，芭比剛開始的時候卻幾乎是莉莉的翻版。這點就產生了一個有趣的問題。德國的異性戀男性既然會收藏莉莉，美國的異性戀男性為什麼不會收藏芭比呢？芭比不也一樣是個衣著清涼的豐胸美女嗎？其中一項原因是行銷訴求：芭比的電視廣告通常還在星期六早上的卡通時段播放，而不是星期一晚上的美式足球轉播時段。因此，美國男性要是在車子的儀表板或者家中的壁爐上擺了個芭比娃娃，別人可能不會對他會心一笑，而是會瞪大眼睛。一九九〇年代，芭比經銷商也是芭比專家的布里特曼說明過這個現象：「很少有異性戀男人會收藏芭比。我認為應該有很多異性戀男人會想要收藏芭比或者其他時尚娃娃，可是因為社會禁忌太強烈，以致他們根本不敢。」不論美國的異性戀男性是否收藏芭比，他們看待芭比的態度也和德國的異性戀男性看待莉莉的態度一樣。布里特曼表示：「異性戀男人看到這個娃娃，幾乎總是會盯著她的胸部看。男人跳脫不了這個層面，就是迷戀大胸脯的女性。」

上空

哺餵母乳需要裸露乳房，因此我們接著也就要談到上空穿著所引起的激烈爭議。在世界上的大多數地區，公共場所都禁止哺餵母乳。這種荒謬的禁令體現了我們對裸露乳房反應過度的現象，不論這樣的裸露是為了挑起情慾、哺餵幼兒，或者甚至是為了這兩者以外的其他目的。

人類設計的服裝向來都以乳房為重點。有些衣服讓乳房看起來呼之欲出。在禁止裸露乳房與生殖器官的文化當中，比基尼式的服裝就是社會所能接受的底限，而這種服裝在藝術作品裡出現的年代，遠比我們想像的還要古老。神聖羅馬帝國皇帝馬克西米利安在西西里的度假行宮裡有一幅鑲嵌壁畫，描繪女性運動員參與當地體育競賽的情景，而她們的穿著，就和紐澤西海灘上的女性穿著差不多。自古以來，世界上許多地區都有一樣的觀念，認為只要瞥見乳房的一部分，對於男性而言就會太過刺激，因此也就對社會有害。十八世紀，約翰生向演員蓋瑞克說明自己無法再到戲院和他會面的原因：「大衛，我再也不會到後台去了，因為那些女演員的絲襪與白嫩的胸部會刺激我的情慾。」有些神職人員顯然也覺得自己的情慾受到不當的刺激，因此教宗庇護十世才會在一九〇四年下令，禁止女性天主教徒在意志薄弱的教會人員面前穿著低胸衣物。

完全裸露的乳房在藝術作品裡向來非常普遍，從普拉克西特利斯的愛神雕像到德拉克洛瓦的

《領導民眾的自由女神》都是如此。許多新古典風格的公共藝術也都常常呈現出裸露的乳房。雷根手下的司法部長米斯曾經成立一個備受嘲諷的「色情委員會」。他在一九八六年召開記者會，嚴正公佈該委員會的調查結果。這份報告長達一千九百七十六頁，其中用三百多頁的篇幅描述書報雜誌、攝影作品，還有電影裡面出現的色情畫面，而且報告中的描寫方式也正是該委員會所極力抨擊的那種露骨文字。當時的美國公民自由聯盟主席史卓森指出，米斯的報告就像麥金能與朵金的反色情文章一樣，文中都大量引用了他們所要禁止的那些作品。另外一個深具諷刺意味的畫面，則是米斯一面針對美國社會道德淪喪的現象大發議論，但他身後的正義女神像卻傲然袒露著胸前的乳房。《君子》雜誌登出這幅照片的時候，畫面上的圖說寫著：「奶頭與蛋頭。」二〇〇二年，艾希克羅的道德標準也與前人不遑多讓，竟下令把這尊雕像給蓋起來。

在一九六八年的美國小姐選美抗議活動中，雖然實際上沒有焚燒胸罩，但是僵化的父權社會為了限制女性而出現的各種實體發明以及象徵做法，仍然在示威活動裡受到強烈抗議，胸罩也是其中之一。從古羅馬雕像可以看到當時的女性身穿所謂的「斯特羅菲厄姆」，也就是一種像皮帶般的衣物，用於支撐或者壓抑乳房。法國人稱之為「支撐吊帶」，但是英文卻借用了法文的「brassiere」這個意指緊身胸衣的老舊字眼，並且在一九三〇年代中期簡化成為「bra」（胸罩）。不過，胸罩的概念可追溯到一八八五年的一項專利，其中所描述的發明為「鐵線編織的健康衣物」。不過，真正的現代胸罩可能發明於一九一四年，當時一名年輕女子覺得貼身的緊身胸衣不但穿起來不舒服，而且還會露出於領口以上，於是用兩條手帕把自己的胸部包覆起來。罩杯則是等到一九四〇年才出現。胸罩和緊身胸衣一樣，也能夠對胸部線條造成壓抑、突顯，或者誇大的效果。一九六〇年代晚期至一九七〇年代初期，曾有喧騰一時的揚棄胸罩運動。這場運動顯然與胸罩代表父權思想有關，而不是像某些評論家所說的，是因為根雷在一九六四年發明上空泳裝的結果。上空泳裝是一種時尚宣言，雖然沒有普遍流行，卻象徵了那個忙著擺脫舊束縛的時代。亞隆在《乳房的歷史》中寫道：「把乳房當成情慾對象而將之包覆起來的做法，是四〇與五〇年代期間的常態。六〇年代晚期受到解放的胸部，則代表了一種不受法律支配的狀態，也是對乳房法規的鬆綁。這時候，乳房不但能夠自由垂掛在胸前，同時也預示了未來更多的自由。」今天，乳房與婦女所擁有的自由都更甚於一九六〇年代，但是有些研究卻也證實，由於胸罩能夠分擔乳房肌肉的支撐力量，因此穿戴胸罩確實有助於保持乳房堅挺。

不久之後，女性裸露的乳房也隨即遭到商品化，成為上空洗車服務、上空按摩院以及上空舞廳招徠顧客的手法。有些婦運人士為了反對這種剝削女性身體的做法，於是用同樣的武器反擊回去。例如在一九六四年，六十名男女在加州聖塔克魯茲市中心裸胸遊行，吸引媒體注意各種剝削女性乳房以及身體的相關議題。曾經擔任模特兒的婦運人士塞蒙頓，在一場激動人心的演講當中提出這個示威團體的觀點，而亞隆也在書中引述了她的話語：「如果女人的乳房不需要遮遮掩掩，如果我們不把乳房視為猥褻邪惡的東西，那麼不論是紐約的名店街，還是色情業者，或是電影電視，怎麼可能利用裸露的乳房牟取利益呢……我們拒絕讓我們的身體成為生意人的禁臠，我們拒絕讓廣告、選美、色情產業、上空酒吧、偷窺表演等等產業的業者剝削我們的身體。」

英文的「topless」(上空)一詞,在一九六四年以後才用來指稱裸露乳房的女性,而且原本似乎是舊金山一種泳裝的名稱。不過,這個詞語流行得很快。不到三年,《倫敦觀察家報》的報導中就已經出現了「上空女侍」的字眼。「上空」這個字眼現在不會用在男人身上,但是《時代》雜誌在一九三七年使用這個詞語的時候,卻是採取男性的定義:「泳裝季節又即將來臨,但是當地議員所提的法案,規範對象卻不是衣著清涼的女性,而是男性的上空泳裝。」

卡爾維諾在《帕洛瑪先生》這部短篇小說裡,用戲劇手法呈現了公開袒露乳房所引起的各種議題。這部作品的主題雖然是男性的偷窺目光,而不是女性身上引人注目的部位,但是仍然突顯出我們必須經歷一段複雜的思考過程,才能對裸露的乳房形成一種負責任的態度。觀察入微的帕洛瑪先生到某個海灘去渡假,作者在前面六頁左右的篇幅當中,仔細描寫他對海浪運動的觀察,而且對於細節的觀察程度簡直不遜於達文西。然後,他朝岸上走去,途中經過一位袒露著胸部享受日光浴的女人。他看到這幅景象,於是又像著魔一般地細細檢視自己的心態:

> 帕洛瑪生性謹慎,隨即轉頭眺望海平面。他知道在這種情況下,一旦有陌生男子靠近,女性通常會急忙蓋住自己的身體。不過,他認為這樣是不應該的,因為這樣不但打擾了那位安然享受陽光的女子,也讓路過的男子覺得自己侵擾了別人,同時裸體的禁忌也因此隱然受到肯認;這都是因為社會上那些不具強制力的傳統習慣,不但無法讓人自由坦率,反倒會引起不安全感以及不一致的行為。

為了這些原因而轉頭眺望海平面，當然是令人稱賞的行為，但是帕洛瑪仍然猶豫不決，而轉由另外一個角度看待這個問題。也許他把目光轉開的動作，反而強化了一般的觀念，認為公開袒露乳房是不正當的行為，結果因此在他的眼睛和那個女人的胸部之間造成了卡爾維諾所謂的「心理胸罩」。於是，他決定採取另外一種態度。後來他回頭往海邊走的時候，便以一視同仁的方式觀看海面、船隻、海岸線，還有「呈半月形隆起的淺色肌膚以及乳頭的深色乳暈」。結果，他發現這麼做等於把那位女子的裸體貶抑為自然景色的一部分，於是認為自己可能無意間落入了男性優越心態的陷阱。下定決心之後，帕洛瑪先生再次回頭走過那位女子身邊，這次則是以欣賞的眼光短暫停留在女子的軀體上。然後，他又想到自己可能還是會被人誤會。「他的眼睛這樣觀看對方，難道不會被人誤會成是一種優越的態度，一種輕視乳房的行為，好像是把乳房排擠到事物的邊緣，當成無關緊要的東西？」所以，他一定要再回頭一趟。

這齣哲學鬧劇的結局可想而知，那名女子覺得自己一定碰到了怪胎或變態，於是馬上跳了起來，遮住她那雙引人反覆思考的乳房，怒氣沖沖地離去。

天堂的枕頭與沉重的磨石

我們以現在的眼光去嘲笑前人的泳裝以及髮型，說起來可能並不公平。不過，嘲諷我們祖先那些同樣老舊過時的假設以及思想，有時卻頗具振奮人心的效果，因為我們的世界觀，就是那些老舊觀念所孕育出來的結果。歷史上最荒謬的現象，就是男人把女人當成一種抽象的概念，然後宣稱所謂的女人具有哪些永恆不變的理想特質。威爾斯藝評家李維在一九六二年出版《天堂的月亮》一書，其中就有這種可笑的說法：

女人就像山；女人之所以吸引我們注意，不是因為她們的年紀，也不是因為她們在歷史上的地位，而是因為她們的外形。她們存在於時間以外，只有男性在充滿肉慾、厭惡，或者愛意的情況下加諸於女體身上的詮釋，才把女人限制在以男性為主的歷史洪流當中。

李維接著又以最後這句話加以引申，一步步把自己逼向牆角：「女人超脫於狂暴洶湧的歷史洪流之外，只有在男人強迫她擔任各種虛幻角色的時候，才會涉入歷史當中。」他後來透露這些概念乃是研究藝術作品裡的女性乳房所得到的結果，但這時候他早已落入自我中心的陷阱裡，再也爬不出來了。不過，他還是繼續不停地寫下去，聲稱乳房是

天堂的枕頭，沙漠的仙人掌，旅程的起點，遊子的避風港……在女人所代表的各種象徵當中，不論真實還是想像，現實還是夢幻，乳房都是藝術家與詩人在美學與心理上迷戀的主要對象。男人對女性乳房之美的感受，是他在俗世裡最接近於神聖的經驗。

如果受不了李維這種胡言亂語，我們可以改看葛利爾的文章。她在《女太監》一書裡指出真相：在身上掛著這種讓男人迷戀的東西，其實一點也不愉快。

豐滿的胸脯其實是磨石，垂吊在女人的頸項上……女人的乳房只有在不發揮功能的情況下，才會受到愛慕：一旦顏色轉黑，下垂，或者萎縮之後，就會成為嫌惡的對象。乳房不是女人身上的一部分，而是掛在脖子上的誘餌，像黏土玩具一樣供人搓揉擠捏。

李維也許真的不知道女人對於所謂的男性歷史有多大的影響，但是他所代表的那種想法，就是女人在數百年來不斷想要打倒的對象。葛利爾的說法確實無可否認。不過，由於我們心中的樂觀傾向從不輕言放棄，因此我們在這種書籍當中還是能夠看到希望。亞隆在她的著作裡對於文化概念中的「乳房」做過一番精彩的探討，針對目前婦女在全球各地都愈來愈有發言權的現象，一方面回應過去的歷史，同時也思考未來的狀況：

以後保存下來的乳房不會是我們祖先身上的乳房，因為女人對於乳房的意義與功能將會擁有一定程度的決定權。我們過去設法發展出上空的穿著，促成更多的乳癌研究，爭取在公共場所哺乳的權利，同時也以真實的影像反制大眾媒體上那種誘人的乳房形象；未來我們也一定會找出方法，讓我們的乳房獲得保護與珍惜。

10 亞當的肚臍

她的一個姐妹拉著尖叫嚎哭的我來到這個世界。無中生有的創造。她究竟藏了什麼東西？一個誤產兒，拖著一條臍帶，包在紅潤的毛毯裡。一切的聯繫帶連接過往，是所有肉體纏繞糾結的纜線。

——喬伊斯，《尤利西斯》

誘人的部位

身體上許多部位所引發的頌讚，常常令人聯想到中古世紀的人體頌詞。不過，肚臍卻極為獨特，引發的反應混合了抒情與嘲謔的態度。為什麼許多人都覺得身體這個部位看起來很愚蠢？拿這個笑話為例：一個女子正在打坐靜思，結果她觀想肚臍的時候，卻發現肚臍孔裡面好像有個螺絲。她於是起身去拿了一把螺絲起子，然後又回來坐下。她用螺絲起子把肚臍上的螺絲旋下來，結果沒什麼異樣。不過，等她站起來的時候，屁股卻咚一聲掉到了地上。

肚臍如果可笑，為什麼同時卻又如此迷人？我們解去愛人的衣衫，第一眼看到對方的肚臍時，總是悸動不已。在海灘上，肚臍周圍的汗珠閃閃發光，同時點綴著三兩顆沙粒，這時候肚臍引人注目的程度，絕對不下於周遭的海岸風光。一九九〇年代末期，肚臍更是成為一種時尚裝飾——當然，這樣的肚臍一定要搭配社會認可的標準腹部，通常也就是光滑緊繃的模樣。有些流行歌星把肚臍當成自己的招牌標誌，於是洋娃娃、青少女和成年女性都一一模仿這種做法。

把肚臍視為美麗誘人的身體部位，也不是晚近才出現的概念。義大利有一則傳說，就聲稱義大利麵餃是仿照愛神維納斯的肚臍所做成的。好幾千年以前，聖經《雅歌》裡的其中一名敘事者，也曾經表達他對情人肚臍的愛慕：「你的肚臍如圓杯，不缺調和的酒。」自從所羅門王的時代以來，就總是有許多人忍不住對人體上這個「扭曲的孔洞，繁複的結節」（布朗爵士之語）議論一番。醫師暨散文家沙塞在《生命課題》這部文集當中，曾有這麼一段充滿想像力的文字：「肚臍這可憐的小殘墩，可悲的結節，是靈長類動物脫離母體後留下的唯一殘跡，緊緊纏結，以免我們的生氣隨著一道污穢的聲音流瀉出去。」散文家洛培特的坦率態度更是讓人覺得渾身不自在：「我的肚臍孔只是凹陷的一條細縫，不像我爸爸那樣是個渾圓的漩渦。不過，我喜歡手指戳進肚臍以後留在指尖的那種味道。」為了嘲諷二十世紀某些過於自我耽溺的藝術作品，葛登能曾經寫過一篇故事，其中描寫了一場肚臍攝影展，相片裡的肚臍看起來都像是名人的臉孔。

肚臍代表了自然力量對人類文化的影響，在這方面有兩項形成鮮明對比的論點值得一提。首先，在《藍調牛仔妹》這部小說裡，羅賓斯以他一貫天馬行空的想像力寫道：

臍帶完成作用之後隨即退場，只留下肚臍這個單純的印記：皺褶凹陷，迴旋圓拱。這隻眨起的盲眼，或者光禿貧瘠，或者毛髮叢生，或者汗水淋漓，或者施有脂粉。這個受到情人又親又咬的部位，或者因為除毛而顯得光滑嬌嫩，也可能長滿柔細的短毛；有人在此佩戴飾品，也有人對其視而不見。肚臍和乳房、精子以及生殖器官一樣，鮮明反映出無所不能的繁殖力量，照見自然之母泥濘的雙腳在其中擺盪。肚臍就像是個堵住的鑰匙孔，位在我們身體的中央，確實如此。但是肚臍啊，我們雖然禮讚你那靜止不動的母性象徵，以及那些糾纏在肚臍垢裡的幻夢，你畢竟只是個疤痕而已……

另外一段頌讚肚臍的文字，則是為了回應佛洛伊德在《夢的解析》一書裡所使用的比喻：「每一場夢境裡至少都有一點無法徹底檢視——這一點就像是個肚臍，是與未知聯繫的點。」批判論者費修珊在分析研究佛洛伊德的著作當中也檢視了這句話。她以興奮的筆觸強調指出，肚臍在我們充滿聯想力的腦袋裡，具有各種模稜兩可的意義：

佛洛伊德為什麼把夢境與未知的關聯之處稱為「肚臍」？肚臍是臍帶原本的接口，在分娩之後剪斷而留下來的痕跡。換句話說，肚臍同時標誌了母體與新生兒之間的「斷裂」與「連結」……因此，夢境的肚臍代表了夢境一方面與未知綁縛在一起，同時又斷裂於其知覺，不知道其本身的來源。

然而，斷裂本身又有「打結」的形態：在夢的理論裡，「肚臍」帶進了一種根本的矛盾，也就是一種糾結的斷裂，永遠也無法解開。

肚臍確實標誌了我們生理上與過往的連結——不只是我們的母親，以及母親的父母，甚至可一路追溯到我們的原人祖先，以及他們的猿類祖先——另一方面，卻也標誌了我們獨立於他們的存在現象。對於生育的婦女來說，肚臍也連結了未來，徹底體現了當下的演化進程。臍帶的矛盾象徵就像傳說中的哥帝安繩結❶一樣，無法解開，只能斬斷。「矛盾」一詞本身就代表不可置信。在《身體的頭緒》這部探討身體內外特色的精采著作當中，艾克斯坦指出肚臍的神秘色彩，這個標誌紀念了我們誕生於人世間這項如同神話般的遙遠事件：「每個人洗澡的時候，偶爾不免會看著自己的肚臍而興起一番思緒。肚臍證明我們勇往直前踏入了人世，但我們其實不是真的相信這一點……我們不相信自己會死，同樣也不相信自己曾經出生。」

羅賓斯畢竟說得沒錯：肚臍只是個疤痕而已。誕生的過程在我們身上烙下了終生的疤痕。由於肚臍凹陷在皮膚底下，因此我們常常會忘記肚臍只不過是個疤痕，而常常賦予它更多的意義。一九二〇年代名盛一時的靈媒瑪哲麗，雖然後來騙局遭到胡迪尼揭穿，但是在有些宣傳照片裡，

❶ 譯註：希臘神話中由葛帝斯國王（King Gordius）所設下的結，傳說誰能解開這個結，就能統治亞洲。後來亞歷山大大帝在西亞看到這個繩結，二話不說就揮劍加以斬斷。

仍可見到她全裸或半裸，從身上的私密孔洞裡分泌出因為降神而發出的外質——而肚臍就是其中的一個孔洞。在一九七〇年代的電視影集《神力女超人》當中，女主角每次要從平常的掩護身分變身為神力女超人之時，一股像是某種宇宙力量的光芒就會從她的肚臍附近散發出來。

在現實生活中，肚臍眼裡只會出現肚臍垢，而且只有凹陷的肚臍才會如此。這個位於腹部中央的凹陷剛好成為毛屑、皮屑，還有灰塵的聚集地。不過，即便是這種微不足道的物質，也受到科學家的注意。二〇〇二年，科學幽默雜誌《不可思議研究年報》把一項搞笑諾貝爾獎頒給克魯塞尼基這位科學教育家暨雪梨大學物理學教授。當年其他獎項的得獎人，研究題目也都非常重要，包括印度科學家發現測量大象表面積的新方法，還有德國科學家利用指數衰變定律研究啤酒泡沫的存續時間。克魯塞尼基博士和這些其他各國的科學家一樣醉心於科學，而他的研究對象則是肚臍垢。他自己出資進行研究，花了一年的時間調查將近五千人。其中三分之二的受試者發現自己有肚臍垢，三分之一發現自己的肚臍垢具有特定的顏色，其中以藍色最為普遍。克魯塞尼基確認皮膚與衣服的顏色都會影響肚臍垢的色澤。此外，肚臍垢的數量也與毛髮多寡成正比。克魯塞尼基認為腹部的毛髮具有輸送毛屑的功效，會把內褲的毛屑導入肚臍眼內。為了證實這項理論，他於是要求受試者刮除肚臍部位的毛髮，再向他回報是否有任何變化。大多數受試者都表示，毛髮刮除以後，肚臍垢便隨之消失，而毛髮長回來之後，肚臍垢也跟著重現。至於穿過孔的肚臍，也許因為會在肚臍穿孔的人大多是毛髮較稀疏的年輕女性，也可能因為穿孔的肚臍通常裸露在外，因此肚臍垢的數量最少。這項研究也發現，肚臍垢會隨著年齡與體重而增加。克魯塞尼基宣稱：「肚臍垢最多的人，通常是身材微胖的中年男人，而且腹部毛髮濃密。」就像第四章提過的耳垢研究，肚臍垢的研究計畫也許會為我們帶來意料之外的裨益，但是科學家還不至於對此屏息以待。

肚臍孔雖然不是真的孔洞，但是由於外表看起來像，所以這種孔洞的概念也就反映在古英文的兩個字彙當中。「Nafu」一詞意指車轂，也就是車軸所在的車輪中心。這個字眼與「nafela」關係非常密切，而「nafela」的意思就是「肚臍」。在長久的演變過程當中，「nafu」依序轉化為「nafogar」與「nauger」，最後則演變成「auger」，意指鑽洞用的螺旋鑽。有一種水果叫做臍橙，之所以得到這個名稱，不是因為與枝幹相連之處有個小疤痕，而是因為臍橙會長出一種貌似肚臍的贅生物，看起來就像是另一顆附屬的小果實。

一九三九年，蘇格蘭醫師布里第在格拉斯哥南方醫學會的一場演說上指出：「我們繞著肚臍旋轉，又向心，又離心。」他說這句話的時候，想到的一定是上述的字源。布里第和其他人一樣，認為這個疤痕「是我們與母體主幹相連的唯一殘跡。肚臍提醒我們自己是已經摘下的果實，遲早將會死去」。在生物學家眼中，肚臍代表我們是胎盤哺乳動物的一員。我們日常生活中看到的動物大多屬於這一類，包括我們的親戚、家裡的寵物、草地上的牛隻，以及動物園裡的大象。這種親屬關係可以從我們的骨骼、牙齒，以及毛髮上面看得出來——此外，嬰兒藉由臍帶與母親子宮的胎盤相連，也正是這類動物的基本特徵。胎盤是一層薄薄的細胞，由依附在子宮壁上的胚胎以及母體雙方的組織共同構成。懷孕期間，胎盤會把母體血液裡的氧氣與營養輸送給胚胎，並且把胚胎的排泄物與二氧化碳交給母體去處理。這種構造有一個問題：臍帶除了輸送維生所需的物質之外，也會連帶傳遞其他東西，例如尼古丁與咖啡因這類精神刺激藥物。因此，母親在懷孕期間才必須注意飲食。剛受孕後的一、兩個星期間，胚胎似乎沒有什麼變化；一般女性在這段期間甚至也不會發現自己已經懷孕。不過，即將形成胎盤的組織卻已經連接到母體的血液供給系統。到了第四個星期，胚胎的小心臟已開始藉由剛形成的臍帶而在卵黃囊與胚胎之間抽送血液。分娩之後，子宮會把胎盤一起排出。

單孔類與有袋類這另外兩種哺乳動物的特色，則突顯出人類胎盤的獨特性。這兩種動物現存的種類不多，包括針鼴、鴨嘴獸，以及食蟻獸。「單孔」這個名稱意指這類動物的生殖道與消化道都是同一條管道。這種動物的世系可以追溯到多久以前呢？這種動物會下蛋，由此即可看出牠們的歷史有多麼久遠。另一方面，有袋類動物雖然也是懷孕生產，但是生下的幼仔卻還沒發育完全，無法獨立生存，而必須在母親腹部的口袋裡待上一段時間。這種動物原本世界各地都有，但是存活下來的後代卻非常稀少，現在大致上只能在澳洲看到。有袋類動物沒有乳頭，乳汁會分泌到皮膚上讓幼仔直接舔食。

在懷孕期間，臍帶是連接母親與胎兒的維生系統，就像太空人與太空船連接的管道一樣，臍帶從母體的胎盤蜿蜒而出，接合在胎兒身上未來將會成為肚臍的地方。為了輸送新鮮與老舊的血液，臍帶裡有一條粗大的靜脈，周圍纏繞著兩條較細的動脈。發展完全的臍帶長約五十五公分，直徑約一公分。難怪分娩後必須把臍帶剪掉，否則新生兒就得像《綠野仙蹤》裡的膽小獅一樣拖著尾巴了。珍•古德和其他科學家都看過黑猩猩的幼仔在出生之後的頭幾天，臍帶與胎盤仍然連在身上，經過一段時間才自動脫落。我們的臍帶也會脫落，留下一個複雜的結節，提醒我們和這個世界之間的關係。

就像我們對各種事物的觀念一樣，我們看待肚臍的態度也是反覆無常。在迪米爾的《霸王妖姬》片中出飾主角的馬丘，在片中可以袒露他雄壯威武的肚臍，但是扮演大利拉的拉瑪卻必須用絲巾與珠寶把這個部位遮住。在一九三九年原版的《蠻荒世界》裡，女主角蘭蒂斯身穿一件獸皮製的連身泳裝，部分原因就是為了遮掩肚臍。即使到了一九六〇年代，電檢人員仍然擔心伊登在《太空仙女戀》裡露出肚臍的畫面會煽動觀眾的慾火，因此在頭幾季當中，她還是必須把肚臍遮掩起來。近年來，攝影師迪恩•布朗則反其道而行，在芭比娃娃身上加上肚臍，再把她裝扮成米羅的維納斯。

一九七一年，莫里斯在《親密行為》一書裡提出了他窺看肚臍的思考結果。他舉出一個沒有人問過的問題：好萊塢要求演員遮掩肚臍的理由是什麼？莫里斯說明指出，二十世紀中葉的電檢規範明文禁止裸露肚臍，「因此，在二次大戰以前的電影裡，帝王後宮的舞女都必須用某種裝飾物遮住肚臍」。這種做法有一種薄弱的藉口，聲稱裸露肚臍的畫面可能會引起兒童提出令人尷尬的性問題。不過，兒童難道就從不曾看過自己的肚臍嗎？莫里斯接著又詳細描述了若干奇特的研究。他發現在西方的影像呈現當中，肚臍的形狀似乎正逐漸改變。根據他的估計，當代女星與模特兒所展現的肚臍，呈垂直狹縫狀的比例約是過去的六倍。

從歷史上隨機挑選兩百件女性裸體的繪畫與雕塑作品，結果發現其中呈現的肚臍有百分之九十二為圓形，百分之九呈垂直狹縫狀。以同樣方式抽查當代模特兒與電影女星的照片，卻可發現一項驚人的改變：垂直狹縫狀的肚臍出現的比例提高到了百分之四十六。

莫里斯認為體形與姿勢的變化並不足以解釋肚臍形狀的變化，但是目前還沒有其他人對此展開研究。

亞當有肚臍嗎？

好萊塢對於肚臍這麼害羞，反映了人類長久以來看待肚臍的態度一直搖擺不定。這點在猶太基督教傳說中的兩個主要人物身上更是鮮明可見。由於其中的象徵意義非常強烈，難怪數百年來有許多評論家都紛紛對這個問題發表議論，或者至少思索一番——這個問題，就是亞當與夏娃的肚臍。十七世紀中葉，布朗爵士在《醫生的信仰》一書裡寫道：「那個沒有肚臍的人仍然存在於我當中。」在喬伊斯的《尤利西斯》裡，一名角色心中想著：「赫娃，赤裸的夏娃，她沒有肚臍。」杜勒在一五〇四年繪製的一幅亞當夏娃銅版畫中，不但可清楚看見兩人身上的肚臍，而且還特別突顯出來。不過，布雷克在三百年後所畫的《天使引領夏娃至亞當跟前》一圖裡，夏娃的腹部卻沒有肚臍，亞當則因背對畫面而看不見腹部。

維多利亞時代一位名叫戈斯的科學作家，對於這項看起來微不足道的神學議題所做出的反應，絕對是非常逗趣的例子。他聰穎博學，而且非常虔誠，寫過許多科學文章以及熱門書籍。在那個博物學盛行的時代，他也是炙手可熱的講師。不過，儘管他有這些傲人的成就，後來卻淪為笑柄，今天世人更是只記得他的一部著作，而書裡探討的其中一項主題就是亞當的腹部。這本書的標題為《臍：解開地質癥結的嘗試》，出版於一八五七年，就在達爾文出版《物種起源》的兩年前。半個世紀以後，戈斯的兒子艾德蒙描述了世人對他父親這部嘔心瀝血之作的反應：「他對無神論者與基督教徒一視同仁，欣然獻上他的作品……可歎的是，無神論者與基督教徒看過之後，卻都只是笑一笑，就把書給丟了。」

在這部奇特的作品當中，戈斯明確反對演化概念，而認為自然呈循環發展，我們所觀察到的一切變化進程，最後都會回歸原點。他對自己的循環論點總結指出：「我們身在發展過程裡的任何一個階段，都會發現自己不斷繞著圈圈，就像拉磨的瞎馬一樣轉個不停。牛來自於胚胎，胚胎也一樣來自於牛。」他指出，上帝創造萬物就和聖經裡的描述一模一樣，這點絕對無庸置疑。只可惜，這項論點有個問題：上帝既是從虛無中造出萬物，豈不是破壞了循環發展的模式？他堅稱：「造物只不過是一連串加諸於循環當中的現象而已。」

假設這種添加的現象隨機發生在循環中的任何一個階段，恣意改變循環裡的狀況，那麼我們就必然會得出這個結論：所有生物體從一開始就帶有先前存在物的記錄。不過，既然造物與先前的歷史並不一致，既然創造生物體的概念排除了該生物體在創造之前就已經存在的可能，因此這種記錄必然是虛假的，至少就時間上而言是如此。

然後，戈斯又在其他地方闡述了這個概念的意涵：

也許有人會說，我們如果假設造物主創造這個世界的時候，就同時把化石骨骸放在地層裡——這些骨骸都是從來不曾存在的動物——豈不是指控造物主刻意欺騙我們嗎？這個問題的答案顯而易見。造物主賦予樹木年輪難道是為了欺騙我們嗎？人類身上的肚臍難道是要欺騙人，讓人以為自己有母親嗎？

戈斯和歷史上其他思想古怪的人士一樣，也自創詞彙為自己的概念分類。他把發生在真實世界的事件稱為「歷時」（diachronic），上帝創造萬物之前的虛幻時代稱為「先時」（prochronic）。古爾德在一篇探討戈斯的論文裡指出，這項論點「經常被人拿來證明理性也可以荒謬到如此程度」。他並且從現代的觀點指出戈斯這種概念當中的缺陷：「如果生物體確實是由虛無中創造出來的，那麼戈斯對於先時痕跡的觀點自然應該受到尊重。不過，生物體若是經過演化而成為今天的狀態，則《臍》一書就根本毫無意義可言。」

波赫士指出戈斯的觀念有兩項優點：不但「簡潔得要命」，而且「無意間把自無而有的創造論貶抑為荒謬的說法，也間接證實了宇宙的永恆，一如吠檀多、赫拉克利特斯、史賓諾莎，以及原子論者的想法」。他接著指出，羅素曾在一九二〇年代以嘲謔的口吻指出，宇宙說不定在幾分鐘前才剛創造出來，而我們個人以及集體的記憶都只不過是幻象而已。羅素也不是最後一個嘲諷這種觀念的人。網路上有個諷刺宗教的蘭多華浸信會網站，其中一篇諧擬講道就巧妙戲謔了亞當的肚臍這項複雜矛盾的爭議。這篇文章的作者探討了先臍、中臍，以及後臍這三種在神學上互相對立的論點。第一種論點認為造物主依照自己的形象以塵土創造亞當，在塑形的時候就為亞當挖了個肚臍。「既然如此，我們必須注意到，亞當如果真的是依照上帝的形象所創造，那麼我們的主必然也有肚臍。我們甚至也可能因此立論指出，上帝身上一定曾經有過臍帶。」仔細研究宇宙的背景輻射，可發現大霹靂殘留遺跡的中心附近，可能就是上帝誕生的地方。中臍理論認為肚臍是上帝從亞當腹部抽出肋骨所留下的疤痕。後臍理論則指出，與神造論剛好相反，我們身上的肚臍是人類墮落的標誌。

許多人並不認為這種嘲諷宗教的文章有什麼好笑。不過，一九四四年的一場事件卻讓許多人竊笑不已。當時美國國會議員杜漢以及他所擔任主席的眾議院軍事委員會指稱，有一本題為《人類種族》的公共事務小冊，可能會引起基本教義派軍人的不滿。杜漢聲稱自己反對這本小冊子的理由，是其中一幅由萊茵哈特所繪的漫畫。萊茵哈特後來以抽象表現主義畫作聞名，最後更是轉向單色極簡主義繪畫。他在那本小冊子裡用漫畫的手法畫出亞當與夏娃，亞當的重點部位貼著一片無花果葉，夏娃則是穿著像比基尼泳衣的兩件式紗籠裙，而且兩人身上都用黑色墨水點出肚臍。不過，杜漢反對這本小冊子的理由卻沒有普遍獲得採信。有人質疑，思想極度保守的杜漢之所以反對這本小冊子，比較可能是因為其中一份軍方智力測驗的統計表。這份表格顯示美國北方黑人的智商比南方白人高出許多。另外一個理由，則可能是因為有人指控那本小冊子的作者是共產黨員。

可以想見，在基本教義思想揮之不去的美國，亞當夏娃究竟有沒有肚臍的問題，仍然不時會浮上檯面。一九八九年，一位名叫敏斯的人向《科學人》雜誌應徵擔任專欄作家。敏斯是美南浸信會的基本教義派信徒，反對生物學奉為圭臬的進化論。由於敏斯這種宗教信仰上的成見，《科學人》雜誌因此頗感遲疑，不敢聘請他為這本世界上首屈一指的科學雜誌撰稿。博學多聞的科學記者葛登能後來訪問了他，敏斯直截了當地指稱亞當與夏娃沒有肚臍，原因是他們沒有父母。「他倒是不確定夏娃有沒有頭髮，」葛登能事後寫道：

> 而且也沒有意識到頭髮其實和肚臍眼一樣是過往歷史的證據（毛髮是從髮根生長出來而死去的組織，和牙齒與指甲一樣，都是慢慢增長。上帝如果能夠讓亞當和夏娃憑空擁有毛髮、牙齒，以及指甲，自然也可以憑空為他們安上肚臍）。他承認自己也不確定最早的樹木究竟有沒有年輪。

最後再提一項來源非常可靠的消息。一九九七年，超商小報《世界新聞周刊》曾經登出這麼一則頭條：亞當夏娃生了女兒！

這個小女孩想必有肚臍。

觀想肚臍的自戀簡史

一八五七年，一位名叫魯德羅的英國人匿名出版了一本著作，標題為《大麻吸食者》。這本著作的內容結構模仿戴昆西在幾十年前出版的《一個英國鴉片吸食者的自白》，內容對於大麻的迷幻效果大肆渲染，簡直與《大麻瘋》❷這部電影不相上下。一名評論家指責魯德羅「想像過度」，但是魯德羅的用詞顯然也有修飾過度的問題。他在書中第十八章所使用的一個字眼，頗值得進一步探討。他描寫了一個人，「身材渾圓豐滿，根本是個觀想肚臍的靜修士，因為他只要一低頭，就不可能不把目光集中在背心下緣那個代表個人的身體部位」。魯德羅就是不肯直截了當指稱那人太胖，看不到自己腹部以下的部位。

魯德羅在文中寫到「觀想肚臍的靜修士」（Omphalopsychite）一詞，之所以首字母大寫，主

❷譯註：一九三六年推出的一部美國電影，由教會團體資助拍攝，內容講述青年學生因為吸食大麻而發狂犯罪的故事。該片原本是為了宣導大麻的害處，但是卻因內容過於荒謬，反倒被青少年當成反諷電影來看。

要與基督教的歷史有關。東方教會有一種隱修傳統，稱為「靜修」（Hesychasm），是拜占廷教會最主要的神秘主義派別。「靜修」一詞源自希臘文的「hesychia」，意指「神聖的靜謐」，據說是經由不斷祈禱冥想上帝而達到的境界。靜修所奉行的生活方式與修道院並無二致——禁慾簡樸、服從長上、不斷祈禱。遵守這些原則可以拉近修行者與上帝的距離，從此在世上的生活即可受到上帝的榮光所照耀。這種把靈魂與肉體都共同專注在靈修上的做法稱為智性祈禱，也稱為單純祈禱。由於修行者在祈禱過程中不時呼喊耶穌的名字，因此這種祈禱有時候又稱為「耶穌祈禱」。

靜修頗具爭議性，曾經引起激烈的神學論戰，例如爭論「神聖一體」與「三位一體」之間的細微差異。這種哲學上的細節後來逐漸與派別之爭糾纏不清，一派是拜占廷教會的支持者，另一派則是尋求與羅馬統一的拉丁語學者。靜修在中世紀末期逐漸發展出一種修行方式，要求信徒把禱告與呼吸的節奏調和，並且把目光集中在「身體中央」。這種修行方式正好成為反對者攻擊的理由。十四世紀上半葉，卡拉布里亞的巴蘭這位希臘修士強烈譴責這種修行觀，認為理性概念絕對不可能精確表達祈禱的神秘本質，就算是用隱喻的方式也不可能。在一篇充滿嘲諷的謾罵文章裡，巴蘭把靜修士謔稱為「肚臍觀想者」，諷稱他們的靈魂都存在肚臍裡面。不過，反對靜修的人士並沒有因為這種詆毀性說法而感到滿意。

現在，英文裡只要提到「觀想肚臍」（navel-gazing），指的就是浪費時間的自戀行為。《美國傳世詞典》對這個字眼的定義是：「過度內省，自我耽溺，或者過份專注在一件議題上。」這個字眼在近代出現的幾種不同用法頗為有趣。一九九八年，澳洲散文家戈茲沃西出版了一本散文集，標題為《觀想肚臍：散文，真假參半的記述，以及各種神秘的想像》。第二年，線上雜誌《沙龍》刊登了小說家碧提的文章，內容探討當前已然氾濫成災的自白式回憶錄，文章標題為〈把觀想肚臍當做藝術〉。二〇〇〇年，英國保守黨前教育大臣薛法德抨擊自己的政黨只會浪費時間，而不懂得全力爭取下次大選的勝利，後來又補充：「有時候他們時間太多，或者該說是精力過盛，結果全都花在觀想肚臍上。」一名線上雜誌作家甚至把現在的自己稱為「常駐的肚臍觀想者」，其中「肚臍觀想者」一詞的首字母不再大寫。對此，卡拉布里亞的巴蘭想必會非常滿意。

III 立定腳跟

11 私處

私處切勿公開暴露，
此舉最是可恥可惡。

——理查・維斯特，《言行舉止之書》

紛擾不斷

外生殖器是人類身體表面的生殖器官暨性器官——在生殖系統當中，子宮、卵巢，以及精囊等器官都隱藏在身體內部，只有外生殖器可由肉眼所見。從一般人看待生殖器官的三種觀點，可看出這個眾人共同關注的身體部位所受到的各種不同的對待。幽默作家巴瑞在一本著作的副標題裡，點明了生殖器官的演化功能：「用家裡現成的工具，在九個月內造人成功」。我們都知道，身體的這個部位看起來實在不僅僅是身體上的其中一個部位。加拿大作家雪柏倫在圖畫故事集《膜拜的型態》中寫道：「接下來談到生殖器官，這就是傳統上各種紛擾的來源。」惠特曼只用兩句話，就明確指出了我們如此關注生殖器官的原因：

衝動，衝動，衝動，
永不止息的繁殖衝動。

無性生殖生物能夠自己複製下一代，但是有性生殖動物卻一定要有適當的工具才能繁殖。這種生殖工具的基本型態大同小異，就是把卡榫插入凹槽，人類使用的也是這種方法。至於各種動物多采多姿的求偶活動以及交配行為，則顯示了生殖器官樣式的繁複多變。動物王國裡各種奇形怪狀的生殖器官，絕對是生物學裡最出人意料的領域。許多節肢動物——尤其是昆蟲——為了避免異族通姦，身上的生殖器官於是設計得誇張怪異，以致分類學家直接拿牠們的生殖器官當做分類標準。不過，在本書當中，我們的偷窺慾望只能侷限在我們自己身上的生殖器官，頂多包括我們的近親動物。

精卵結合之後，人類胚胎必須先發育六到八星期，母親體內忙碌的管理系統才有空指定胎兒的性別。我們雖然難以想像沒有性別的人類型態，但是胎兒在這段期間也還是如常發育。這時候胎兒的遺傳指示都早已確定，因此身上各項器官便慢慢開始生長，逐步發展出人類外形的主要特徵，只是還沒決定要發育成男性還是女性而已。由此可知，人類兩性之間的差異其實微乎其微。數十年來，科幻雜誌為了吸引青少年，經常在封面印著性慾沖天的外星怪獸，奴役著衣裝暴露的地球女性。不過，外星人要是真的到了地球上，可能根本分不清楚哪些是男人，哪些是女人。

我們認為男人和女人是「相對」的性別，認為這是自然界先天存在的二分型態，因此這種觀念也就不斷滋長，從同性戀恐懼症，女性迷思，乃至權力修辭，影響力幾乎無所不在。因此，偶爾提醒自己實際上的狀況，頗有令人耳目一新的效果。畢竟，自然力量是先讓身體發育完成之後，才來決定性別這件微不足道的小事，就連控制性徵的荷爾蒙也只有程度上的差異而已。男女兩性體內各自都有雄性激素與雌性激素，影響身體發育的因素只在其相對比例的多寡。只要其中一種激素稍微多一點或少一點，就會影響「正常」的性徵，導致女性下巴長出鬍鬚，或者男性胸前出現乳房。其他遺傳或發育上的問題，也可能造成各種雌雄同體的形貌，把男女兩性通常各自獨有的特徵結合在同一個人身上。

近來的研究對於子宮裡決定性別的複雜程序又發現了更進一步的證據。胎兒性別不是在一剎那間突然決定，而是許多因素影響之下所造成的結果。所有雌性哺乳動物都有兩個大染色體，科學家命名為「XX」。雄性的染色體則是一大一小，稱為「XY」。這種遺傳決定因子的分布差異最早發現於一九〇五年，發現者是美國布林茅爾學院的一位研究助理，名叫史帝文斯（她因為乳癌早逝，研究生涯提早中斷，所以很少人記得她的名字）。Y染色體上一個基因啟動之後，便決定胚胎究竟會發育出卵巢還是睪丸。為了方便起見，科學家於是把Y染色體上這個決定性別的部位稱為「SRY」（Y性區），新聞媒體通常稱之為「男性基因」。「SRY」這個開關要是沒有啟動（遺傳學家通常都用「開關」一詞指稱這個現象），胎兒就會依循女性的身體藍圖發展。要是啟動了，就發育成男性的身體。靈長類動物學家暨演化生物學家喬莉在《原始的傳承：人類演化的性與智慧》中指出：「這是我們所知唯一的開關基因，在人身上不論有沒有，都不影響生存或者生殖能力。」

女性和男性身上的染色體組合分別為XX與XY，由此可知喬莉說得沒錯：「對哺乳類動物而言，雌性的身體藍圖是預設的結構。」接著，她進一步探討人類加諸在哺乳動物這種預設模式上面的理想概念：

這是否表示女性就是「原始母親」、「大地母親」？女性是不是所有人的理想形象，我們的終極型態？夏娃是否才是完整的演化成果，亞當則是由她衍生而來，靠的不是抽出一根肋骨，而是變動了一個基因？或者從另一方面來說，我們是不是應該把女性視為一團原始粗糙的黏土，必須經過Y染色體這個雕塑大師的塑形，才會成為理想的男性？

喬莉後來回答了自己的問題，指出這種雌性身體的預設藍圖只代表哺乳類動物的演化結果。舉例來說，鳥類的性別系統就剛好完全相反。鳥類與哺乳類動物分家之後，逐步演化出一種不同的體系，雄鳥擁有一對彼此相似的染色體，科學家稱為「ZZ」，雌鳥的染色體才是一大一小，稱為「ZW」。昆蟲以及其他動物也都各自發展出許多不同型態。在成年人類身上最明顯可見的結果，就是男性身上的乳頭——這是胚胎預設的身體模型所殘留下來的遺跡，只是因為沒有收到指示，所以沒有發育成為乳房。

胎兒一開始就有一對性腺以及還未發育的生殖道系統，分別稱為苗勒氏管以及沃爾夫氏管。胚胎如果發展為女性，苗勒氏管就會發育成女性生殖道；胚胎如果發展為男性，沃爾夫氏管就會發育成男性生殖道。於是，沒有派上用場的那個管道會殘留在身體裡，成為我們發育初期雌雄同體的化石證據。以前，父母必須先想好一男一女的名字，等到分娩後才能知道胎兒的性別。現在，利用荷爾蒙測試即可在懷孕期間預知胎兒性別，超音波影像也能夠讓父母看到胎兒是不是長出小小的陰莖。直到晚近這幾十年來，我們才開始窺探子宮內部，從而得知在我們一生中紛擾不斷的性別問題，其實差異並不太大。

陰道對話

一九四〇年代晚期，波娃在《第二性》一書裡寫道：「男人的性器官像手指一樣簡潔俐落，女性的性器官則連女人自己都覺得神秘隱晦，不但隱藏在內，而且又濕又黏，每月流血，又經常沾滿體液。女性的性器官有其不為人知的危險生活。」她接著繼續沿用潮濕的意象，同時又表達出高度的厭惡。「男人會『變硬』，女人卻是『變濕』；光是這樣的字眼就足以讓人勾起兒時尿床的回憶，那種不由自主的排尿需求，以及隨之而來的窘迫感受……女人的身體如果漏水——就像老舊的牆壁或者死屍那種漏水現象——也不是噴濺射出，而是滲滴出來：猶如一種可怕的腐敗景象。」她列出一串詞彙，聲稱許多女人都把自己的性器官和這些字眼聯想在一起：吸吮、腐爛、瀝青、漿糊、黏稠。

即便是像波娃這樣的女性主義者，一旦寫起女性生殖器官，態度也是如此矛盾。這是一種令人痛心卻存在已久的傳統。史坦能描寫自己的童年，回憶了自己的母親雖然受過教育「啟蒙」（她的母親是著名的女性主義者），卻也一向避免提及女性生殖器官——不只是不提女性生殖器官的俚俗稱呼，而是任何名稱都不提。

> 因此，我不論是學習說話、學習寫字，還是學習照顧自己的身體，母親都會教我身體各個部位的名稱——唯一例外就是那個不可言說的部位。結果，我在學校碰到罵人字眼或者低級笑話的時候，也就完全沒有心理準備，後來也因此被一般的觀念牽著走，以為男人不論是情人或醫生，都比女人更了解女人的身體。

美國劇作家安絲勒寫出《陰道獨白》一劇，就是為了對抗社會這種共謀的緘默。這部劇本於一九九六年由安絲勒親自首演之後，至今演出次數已達千計，橫跨二十多個國家，而且也翻譯成二十多種語言。知名女星爭相演出這部劇本，而且大多數的演出地點都選在當地的婦女庇護所。劇中，安絲勒把陰道描寫成一個不斷遭到暴力侵害的地方，同時也用陰道來比喻女性人生中遭到壓抑忽視的一面。劇中的獨白，是她訪談兩百多名女性之後所匯集而成的結果。有些角色暢談陰毛以及生育的奇蹟；有些則猜想自己的陰道如果會說話或穿衣，究竟會說什麼話，穿什麼衣服；另外有些角色則憶述自己遭到的性侵害、生殖器所遭到的虐待，以及波士尼亞婦女遭到集體強暴的慘劇。安絲勒本身在童年就曾經遭到性侵害。在一次演出結尾，她請求有同樣經歷的受害者起立，結果觀眾席裡有許多人站起身來。

對於「陰道」一詞在劇中一再反覆出現，安絲勒說明指出：

> 我要把這個字眼說出來，因為我認為我們不說的事情，就看不見，認不清，也記不得。我們不說的事情會變成秘密，而秘密通常導致羞恥、恐懼，以及迷思。我使用這個字眼，原因是我們沒有另一個含義更廣的詞語，能夠把身體這個區域以及其中所有部位都包含進去……我擔心我們對陰道的想法，更擔心我們對陰道根本想都不想。我也為自己的陰道擔憂，因為它必須存在一個有其他陰道的環境當中——一個由眾多陰道所構成的社群與文化。

這齣作品推出之後，隨即有許多人證明了安絲勒的論點。這些人強烈反對公然說出這個身體部位的名稱，儘管世界上超過一半的人口都擁有這個器官。報社與電台的廣告主管，甚至戲院裡負責管理答錄機與字幕投射的人員，都經常自行審禁這齣劇作的標題，只取「vagina」（陰道）一詞的首字母，而把劇名寫為《V的獨白》，甚至簡化為《獨白》。像現在經常聽見的英文粗話「fuck」（幹），就經常婉稱為「F開頭的字眼」，「cunt」（雞掰）也常淡化為「C開頭的字眼」。結果，竟然連詞典裡收錄的「vagina」一詞也變成了「V開頭的字眼」。不過，許多其他反應行為，還不只是迴避這個字眼而已。美國媒體集團安德康通訊公司就在電台上禁播這齣作品，而且選擇禁播的城市不是別的地方，正是每年狂歡節都可見到女性袒胸露乳的紐奧良。一份天主教通訊刊物猛烈譴責這部作品，稱其粗鄙、下流，而且「假『啟蒙』之名，行色情猥褻之實」，最後宣稱道：「像這種低級的東西，就是造成社會道德淪喪、腐敗墮落的主要原因。」這齣劇作在德州農工大學演出的時候，一名主修政治學的學生——同時也是德州保守青年團的成員——宣稱該劇粗鄙、猥褻、激進，是「女性主義的垃圾」，而且是「左派的宣傳手法」。

只不過是說出一個字眼，並且探討這個字眼代表的實際現象，就引起這麼大的騷動。面對這樣激烈的反對聲浪，安絲勒以樂觀的態度表示：「只要有愈來愈多女性說出這個字眼，這個字眼就不會再有什麼大不了；如此一來，這個字眼就會成為語言的一部分，融入我們的生活中。」

陰道在我們的日常生活與心理世界裡佔有一席之地，原因是陰道在性與生殖當中扮演了關鍵角色——而至少就人類來說，性不一定等同於生殖。陰道是由肌肉構成的器官，主要是一條長約十公分的管道。這條管道在性交期間可發揮強大的抓握力，在分娩之際也能夠發揮同樣強大的擴張與排除能力。陰道的生態體系是人類身上共生現象的最佳例證。波娃之所以用水的意象描述陰道，因為陰道裡確實是個潮濕的環境。陰道內部的組織與口腔黏膜相似。陰道就像嘴巴（但是醫生認為陰道比嘴巴潔淨得多），必須維持穩定的細菌數量。存活在陰道裡的細菌是乳酸菌，和優酪乳內的細菌一樣。沖水最容易破壞這種生態平衡，不但會殺死這種有益的細菌，還會催生其他不良菌種。這個高度酸性環境的酸鹼值也會受到精液的影響，因為精子為了在其中生存，外表都包覆著人體內鹼性最高的物質。不過，健康的陰道能夠迅速恢復原本的均衡狀態。陰道內部的潮濕環境，和溫暖多汗的男性生殖器官一樣，也是滋生性病以及其他傳染病的溫床，而這還不過只是陰部各種常見問題的其中一項而已。如果是說話比較肆無忌憚的生物學家，也許會說因為有些性病病毒只發生在人類身上，一定是人類出現之後才演化出來的生物體，由此可見演化的最終成就不是人類，而是這些病毒。

就本書的主題而言，在陰道的生物現象當中，最引人注意的特色乃是陰道在體內的角度以及開口的所在位置。不同於其他靈長類動物，人類的陰道不論由身前或身後都同樣容易進入。長久以來，我們一直以為面對面的交合行為是人類所獨有，而這種體位之所以稱為「傳教士體位」，就是因為西方傳教士認為外邦民族所採取的各種性交體位看起來太過野蠻，而企圖強制推行面對面的性交方式。不過，後來科學家卻發現巴諾布猿也是以這種方式陶醉在性交的愉悅之中，就好像面對面體位是牠們發明的一樣。說不定實情正是如此。出版過《愛慾》及《兩性接觸》等書的美國人類學家費雪寫道：「人類向下傾斜的陰道可能是性擇演化的結果。」如果我們的女性祖先「擁有傾斜的陰道，而且偏好面對面的性交方式，其伴侶即可看見她的臉，對她低語，與她對視，察覺她臉上的細微表情」。當時還沒發現巴諾布猿的性交姿勢，於是費雪把疑問指向阿法南猿，也就是著名的化石「露西」所歸屬的那個物種：

露西是否也採取面對面的性交姿勢……現代女性都有向下傾斜的陰道，而不是其他靈長類動物那種偏向身後的陰戶。由於陰戶向前傾斜，面對面性交才能舒適進行。實際上，採取這種體位的時候，男性的骨盆會摩擦女性的陰蒂，形成莫大的刺激。

儘管人類的想像力都集中於陰道在性交與生殖當中所扮演的角色，但是在同一個區域裡，尿道開口就位於陰蒂下方。由於尿道口的位置，大多數女性排尿都採取蹲坐的姿勢。有些男性喜歡把站著排尿的能力解讀為一種優越的表徵，而至少也有一名女性接受這種看法。帕格里亞在《性面具》一書裡指出：「男性的排尿方式的確是種高度成就，一種超越的成果。」接著，她又繼續闡述這種荒謬的論點：

女人只能把尿液排洩在她所站立的地點……在每株樹叢上灑尿的公狗簡直是塗鴉畫家，每次舉起後腿，就可留下牠粗獷的簽名。女人和母狗一樣，都只能受限於地面，蹲坐排尿。

帕格里亞為排尿方式區分優劣的做法，再次證明了大腦總是迫不及待要為身體的各種自然功能賦予意義。《好色客》雜誌出版商佛林特以其一貫的老粗姿態所說的話，又比帕格里亞更勝一籌。他曾經宣稱指出：「女人生來就是要服侍男人。你看她們，她們得要蹲下才能尿尿。媽的，這就是證明了嘛。」

禁忌字眼，秘密歷史

英文的「陰道」一詞源自拉丁文，原意為「劍鞘」。這個字眼會以原本的形態存留在英語當中，主要是因為一部藝術作品裡的一句玩笑話。生在公元前三至二世紀期間的羅馬劇作家普羅特斯寫過一部喜劇，叫做《說謊者》。劇中一名角色以開玩笑的口吻向一位女子問道：「那個阿兵哥的劍和你的劍鞘尺寸合不合呀？」到了十七世紀末期，這個用詞在英文當中已經固定了下來。無可計數的隱喻總是把陰道與子宮描繪成柔順的容器，而且經常以暴力的意象代表性交行為——例如把性交比喻成把兵器插入被動接受的劍鞘裡。

史坦能提到自己曾經聽過一群年齡介於九到十六歲的女孩，嘗試找出一個理想的集合名詞，以便含括女性生殖器官的各個部位。最後，她們決定用「強力包裹」一詞。這個非正式的命名委員會選用「包裹」這個字眼，提醒了我們身體這個部位其實不只有陰道而已。安絲勒自己坦承指出，她使用「陰道」這個字眼所涵蓋的範圍，其實不只是連接女性子宮與外在世界的那條生殖管道。在所謂的私處當中，陰道只是其中一部分而已。

至於外在可見的部位，最明顯的就是陰阜，又稱為「維納斯之丘」。這個部位長有毛髮，覆蓋在骨盆上方。外陰的英文名稱「vulva」源自拉丁文的「volva」或者「vulva」，意指子宮。羅哲斯在《性的自然史》一書中寫道：「有些探討女性身體吸引力的研究顯示，外陰愈是豐滿突出，對男性愈有吸引力，因為這樣不僅代表健康，也代表在性交當中對陰莖的抓握力愈強，可增加摩擦力、刺激性，以及愉悅感。」但不是所有生物學家都認同這種理論。外陰那對形狀比較大而且具有保護作用的唇瓣稱為「大陰唇」；藏在裡面，比較小也比較敏感的那一對，稱為「小陰唇」。陰道開口處有個受到陰唇保護的部位，則是陰蒂。這個嬌小的器官，結構與敏感度和陰莖差不多，但是沒有那麼明顯可見。英文的「pudenda」是另一個指稱外陰部的字眼，歷史至少可追溯到十四世紀。這個詞語可以指稱男女兩性的外生殖器，但通常都用於指涉女性。這個字眼源自拉丁文，原意為「羞恥」。與此相關的一個詞語是「pudency」，現在已是過時的字眼，意指靦腆或者端莊；「impudent」則意指厚顏無恥。

女性生殖器官的俚俗稱呼來源紛繁眾多，光是「海狸」（beaver）一詞的來源，詞典編纂者就有不同說法。十九世紀中葉，「海狸」是鬍子的俚俗名稱，於是有一種說法便認為女性陰部呈現倒三角狀的陰毛狀似鬍鬚，所以挪用此一稱呼。有一名男性評論者（想必是個寂寞的森林巡邏員）甚至認為，女性的陰毛由上方看來就像是划著水的海狸。另外一種說法，則認為外陰之所以稱為海狸，乃是因為盛行於十九世紀的片語「像海狸一樣忙碌」。簡單來說，就是沒有人知道其來源究竟是什麼。不過，近代色情業者所謂的「海狸照」（beaver shot），指的就是暴露女性外陰的色情照片。女性生殖器另外一個粗俗的名稱「pussy」（貓咪），卻可能不是源於動物的名稱。雖然自從十六世紀以來，貓就有「pus」以及「puskatte」等別名，但是用「pussy」一詞稱呼女性生殖器官——以及由此衍生出「與女性交媾」的意義——很可能與此無關。陰道在一六六〇年代就已經有「pusse」的名稱，與此相關的詞語有古英文的「pusa」或「posa」，意指「提包」，還有古諾爾斯語的「puss」，意為「袋子」。因此，「pussy」一詞的來源很可能與陰道的正式名稱「vagina」一樣，意思都是指一個可供物體插入的空間。順帶一提，在《金手指》這部〇〇七小說以及電影當中的角色「貓多多」（Pussy Galore），當初讓許多電影觀眾頗覺反感，現在這個不雅的名稱則被一個樂團採用。

葛利爾在《女太監》一書裡寫道：「罵女人最難聽的話，就是雞掰。」這個名稱無疑是許多女性厭惡的對象，而且和「pussy」一樣，都是罵人的字眼。不論罵的對象是男是女，罵人「雞掰」就是非常低級下流的語言。過去幾百年來，使用這個髒話的社會階層不斷下降。這個字眼在十四世紀原本是女性生殖器的標準名稱，但是卻由此衍生出一組粗俗甚至帶有惡意的用語，有些極度露骨，例如單指一根陰毛的「雞掰毛」（cunt hair）、泛指整叢陰毛的「雞掰撣」（cunt tickler）；有些則是非常侮辱人，例如「冷雞掰」（cold cunt）代表冷漠的女人，「臭雞掰」（stingy cunt）代表追不到的女人。這些字彙在詞典裡都已經貼上了「禁忌」的標籤。語文學家帕特里奇對於「cunt」這個字眼曾經這麼說過：「這個詞語雖然是語言裡的標準用語，不是口語用詞，不是方言，不是術語，也不是俚語，但是卻因其指涉意義而成為最引人矚目的粗話。」

米爾茲在她包羅廣泛的著作《女話》當中，探討了這個禁忌字眼的秘密歷史——在現代社會重新使用這個字眼以前，曾有三百年的時間，印刷品上只要出現這個字眼就可能遭到控告——並且指出現代的詞典直到一九六五年以後才敢收入這條詞目。作家偶爾會不得不承認這個字眼的存在。一八一一年版的《粗話詞典》曾經提到這個字眼，其中的定義不僅侮辱人，而且其省略字母的方式，就像宗教裡迴避聖人名諱的做法一樣迷信：

> C**T：同希臘文的「xovvos」以及拉丁文的「cunnus」，是一種淫穢之物的淫穢名稱……

米爾茲指出：「不過，顯然不是所有的男性都認為雞掰是淫穢之物；這本詞典對於『Nickumpoop』或者『Nincumpoop』的定義就說：『意指傻瓜，也指從來不曾看過自己妻子之****的人。』」有許多人甚至也不覺得這個字眼有何淫穢之處，有些女性就拒絕用委婉的星號掩飾這個字眼。在我們目前這個時代，有許多原本用來罵人的字眼，後來都反而被那些遭到譴責的對象拿去當做親暱的稱呼，例如「酷兒」、「黑鬼」、「母狗」就是這樣的例子。於是，有些女權運動人士也就穿上印有標語的T恤，傲然宣揚許多男人長久以來的恐懼：「雞掰就是力量！」安絲勒曾經在一場《陰道獨白》的表演中貶損「雞掰」一詞，結果一名女性觀眾在演出結束後訓了她一番，指稱這個字眼其實一點都不壞。

女性生殖器官還有其他數都數不完的俚語名稱，包括「snatch」（窟窿）、「box」（盒子），以及「muff」（手套）。不過，即便是這些為數眾多的俚語，也遠遠比不上一般人自己所取的暱稱那樣多彩多姿。舉例而言，安絲勒就列出了許多傻裡傻氣的親暱稱呼：「布奇」、「芒果」、「粉餅盒」、「妹妹」、「軟糖」、「鮑魚」、「迪迪」、「半餡餅」、「玉米粽」、「尊嚴」、「夥伴」、「隧道」，甚至還有人把陰部取名叫「葛蕾蒂斯・席格曼」。厄普代克在〈免洗火箭〉一文裡所提的說法顯然不正確。他說情色文學肯認了「男性身體的雙重性」，因為這類作品「總是以戲謔的口吻為陰莖取名。即便是在極度激情的狀況下，陰道也從來不曾享有過這種個體化的待遇」。看看他的另一本書《邁向時間盡頭》，也許就能夠理解他為何對陰道的暱稱一無所知。在這部小說裡，憎惡女性的敘事者坦承自己為什麼偏好口交與肛交：「我自己的感覺是，即使活到了六十六歲，我還是在學著怎麼面對陰道——陰道就像遠古時代的蛇髮女妖梅杜莎，男人看見她就會變成石頭；也像是有唇墊保護的開口，通往那黑暗可怕的生殖源頭。即使已經六十有六，我還是不夠成熟，無法面對那因為充血而紫紅的皺褶，以及那黏稠的分泌物。」（稍後在陰毛的段落，我們會再回頭談梅杜莎這個令人膽怯的女妖。）

在《陰道獨白》裡，安絲勒提及她看到自己孫子誕生的過程，觀察到她媳婦的陰道由「羞赧的性交孔洞」轉變為「神聖的通道」。把陰道視為神聖，在當今的時代也許算得上是種革命性的看法，但是正如厄普代克的說法，這種觀念其實早就存在。安絲勒、史坦能和葛利爾三人提到那種沉默當中的羞恥感，不僅不是原始的現象，也不是舉世共通的情況。許多神話都歌頌人類的生殖器官。在印度教的傳說裡，陰莖稱為「靈甘」，陰戶稱為「雅尼」，兩者結合於性靈的平衡中。在基督教傳入愛爾蘭以前，當地的宗教裡有個神祇稱為「席拉娜吉格」，其畫像通常呈現出張腿袒露陰唇的模樣。即使到了十八、十九世紀，許多愛爾蘭教會的建築上都還有這些人物的石雕裝飾，甚至在有些英格蘭與威爾斯的教堂也看得到。後來嚴苛的基督教當局除去了大多數這類雕塑。現在，赫里福郡的基爾貝克教堂還有個十二世紀的席拉雕像，就像畢卡索早期畫作裡的人物一樣，帶著開心的微笑和魅惑的眼神，臉部呈心形。此外，她也用雙手掰開陰唇。

早期呈現身體這個部位的藝術品，有一種典型的作品稱為「無恥的維納斯」，在一八六四年發現於法國。這種雕像高三吋，由長毛象牙雕成，時間約在公元前一萬四千年，當初雕刻的模樣顯然就是今天我們所看到的這個樣子：沒有頭，沒有手臂，沒有雙腿，什麼特徵都沒有，只有一道垂直的陰道開口。這種只明確呈現出女性生殖器官開口的局部雕塑，在法國隆格朗河畔安格魯鎮的洞穴裡總共找到三座真人大小的作品。約在同時間，法國還有一種刻在洞穴石壁上的線條畫，稱為蓋比盧女人。這種畫像沒有頭也沒有手，只畫出仰臥的女體，而且身體線條看來像是美妙的地貌——胸部是山丘，陰戶則像是河口，嵌在大腿所形成的海岸線上。

一九七二年，美國在甘迺迪角發射先鋒十號太空船，任務是探索小行星帶，傳回木星地表環境的資訊，然後沿著軌道飛往外太空。這艘太空船上有一塊鍍金鋁板，板上刻著地球向其他星際旅人問候的訊息。這塊鋁板由天文學家薩根與德雷克負責設計。他們在板上以圖形呈現出地球的所在位置與年代，包括波霎的頻率還有氫原子的特性（氫原子是宇宙最常見的原子）。除此之外，板上還有一幅線條畫，呈現出一男一女的成年人類。薩根的妻子薩爾茲曼以達文西還有古希臘人的畫作為基礎，設計出這一男一女的輪廓畫。她刻意讓這兩個人像的特徵跨越種族，其中女子的眼睛有內眥贅皮，男子的臉上則有像非洲人一樣又短又厚的嘴唇以及寬扁的鼻子。這些細節在最後的成品裡都保存了下來，只是以輪廓線呈現出來的時候，兩人的頭髮看起來像是金髮，膚色也像是白色，而且在製作過程中還有人把男子的頭髮改成了微捲的髮型。

薩爾茲曼設計的是裸體人像。先鋒十號所搭載的這幅圖像在新聞媒體上大量曝光，也遭到許多人任意盜用，而因此引來各方矚目，結果其中大部分都是負面意見。有些人儘管自己身上也有生殖器官，卻還是對這幅道德淪喪的畫像提出抗議。《洛杉磯時報》登出這塊信息板的照片之後，一封讀者投書指出：「我們的太空總署官員竟然認為有必要把這種下流的東西傳播到太陽系以外的地方，這豈不是太糟糕了嗎？」《天主教評論》有一篇文章認為畫上祈禱的手還比較恰當，這樣才能宣傳地球人對上帝的虔誠信奉。相對之下，有一位讀者則投書給《洛杉磯時報》，諧仿「我們竟把那種骯髒的裸體圖畫送上太空」這類抱怨。這名投書人指出，應該用一張送子鳥叼著襁褓的圖片遮住生殖器官。「此外，我們如果真的想讓外星朋友知道我們的智識進展達到什麼境界，還應該加上其他圖片，包括聖誕老人、復活節兔，以及牙仙子。」

不過，倒是沒什麼人抗議信息板上男女不平等的現象。圖畫中的男子有陰莖和睪丸，但是女子卻沒有代表陰戶的垂直開口。薩根後來寫道：「我們之所以決定在圖畫中省略一條短短的線條，一方面是因為傳統的希臘雕像也總是省略掉這個細節。不過，真正的原因是，我們希望這幅圖畫能夠順利登上先鋒十號。」他承認自己和共事的夥伴可能小心過了頭，因為美國太空總署從頭到尾都不曾反對過裸體人像。他還堅稱，一般觀念中有關政府審查限制表達自由的迷思，確實就是個迷思而已。不過，直到目前為止，先鋒十號如果沒有撞上小行星，也沒有受到外星人所拾獲，就還是繼續在外太空飛行著，向全宇宙宣告地球人假裝陰道不存在的態度。

男人最重要的那一根

陰莖不是鐵面武士，絕不會掩飾自己的情感。

——博多

波娃說男性生殖器官先天就不像女性生殖器官那麼神秘，問題也沒有那麼多，許多男性一定不同意這種說法。陰莖在大腦沒有意識的時候完全不受控制，本身也有各種疾病，而且也和女性生殖器官一樣總是忙著分泌體液。陰莖的所在位置頗為尷尬，毫無保護，不但興奮的時候無法掩飾，該舉的時候不舉也勉強不來。不過，正由於陰莖暴露在外，又因為陰莖的反應明顯可見，所以男性對自己的生殖器官也就熟悉得多，不像女性對自己的陰道那樣陌生。今天，陰莖的能見度又比過去數百年來要高出許多。在千禧年的社會文化裡，陰莖活躍的領域除了色情電影和威而鋼廣告之外，在美國總統的彈劾案與家暴妻報仇的案件裡也都參上了一角。

約翰生一定不會喜歡當前這個開誠布公的時代。他在一七五五年推出那本歷史性的詞典，根本沒有收錄人類生殖器官的名稱。在約翰生這位偉大的詞典編纂家心目中，人體上這個麻煩的部位和不潔的慾望以及上天的懲罰密不可分，因此在他所謂「無害的苦勞」——也就是詞典編纂工作當中，不宜納入這個人體部位。在約翰生的詞典裡，「peninsulated」（形成半島）一詞之後緊接著就是「penitence」（懺悔），直接跳過男性生殖器官「penis」（至於陰戶〔vulva〕，詞典裡以「VUL」開頭的詞語，只定義到「vulgarity」〔粗俗〕即告結束，不願繼續列出後續的詞語，以免明示女性陰部的概念）。

然而，大多數的雄性動物還是有陰莖。發育正常的雄性哺乳類動物都有陰莖，只是型態和身體其他部位一樣多采多姿。我們實在應該感謝上天，沒有讓我們的陰莖像其他動物那樣奇形怪狀。有些雄性動物的生殖器官甚至還有刷子，可以刷掉情敵的精子——由這種一點都不性感的安排，可見大自然有多麼重視繁殖。相形之下，人類男性的陰莖可謂直截了當，其頂端稱為「glans」（陰莖頭），源自拉丁文的「橡實」一詞，女性陰蒂頭的名稱也同樣是這個字眼。陰莖頭裡滿布神經末梢，其中有些還是身體上的這個部位所獨有。陰莖頭的邊緣稱為陰莖頭冠，一樣充滿了特殊的神經；而陰莖頭底下稱為繫帶的皺褶皮膚也是如此。尿道的開口位於陰莖頭頂端，由此排出尿液與精液。由於精子需要較為涼爽的生存環境，因此睪丸也就垂掛於體外的陰囊裡。

有時候，陰莖本身就統合了男性雄風的各個面向。當然，這個器官必須發揮排尿管道以外的功能，才能為人賦予男子氣概。帕格里亞對於這條體外水管似乎頗為欣賞，但陰莖倒是不足以撐起男性的自尊，只有勃起的陰莖才能達到這個效果。男人要是無法勃起，就算只是暫時的現象，我們也都稱之為「無能」。我們稱為無能的對象不是陰莖，而是男人。

男人與陰莖之間的這種關係，在我們周遭到處都可看到相關的象徵。即便是表面上看起來與陰莖無關的話題，也常常出現勃起代表能力的這種意象。伯頓爵士以生花妙筆所「翻譯」的《天方夜譚》（他添油加醋的翻譯，就像愛德華・費茲傑羅翻譯奧瑪・珈音的《魯拜集》一樣）在十九世紀末出版之時，他向當時維多利亞時代的讀者保證道，他呈現給他們的絕對是「未經閹割的完整原本」。印度在一九九八年五月進行地底核武試爆，當時印度的報紙紛紛指出：「由此可向世界證明印度不是閹人；我們在世界上擁有力量。」《閣樓》雜誌發行人古奇歐深知性別平等會危及他的商業帝國，為此曾經說過一句名言，表達他內心所擔憂的象徵性閹割：「女性主義已經把美國男人給去勢了。」

女性主義人士顯然沒有注意到他們追求平等所造成的這項副作用。女性主義文化批評家博多以頗為讚賞的口吻問道：「人體上還有哪種特徵能夠如此明確地向人展現慾望高漲的現象，呈現出自己身體受到慾望掌控的模樣？」接著，她又提出異性戀女性對於勃起的觀點：「陰莖具有一種獨特的能力，可以把情慾感受化為別人明顯可見的形象。這種內心反應的透明呈現，可讓激起這種反應的對方不但深覺情慾上的感動，也感受到自己情慾上的能力。」

達文西並不認同博多的看法。五個世紀以前，他就私下抱怨過生殖器官毛病叢生。當時他向自己的筆記本慨歎道：「生殖的行為以及所用的器具令人作嘔，要不是參與者美麗的臉龐和裝飾，還有積壓在體內的衝動，人類早就從大自然裡消失了。」就我們所知，達文西本身並沒有生育。他描摹男性生殖器官的次數不知凡幾，但是除了解剖記錄以外，卻只畫過陰戶兩次——而且其中一次還把陰戶畫成陰森可怕的孔洞，猶如佛洛伊德式的洞穴。法國學者布蘭利指出：「他對女性的興趣似乎主要侷限在臉部、雙手，以及胸部的起伏，但他對年輕男子的注意力則多半放在大腿、臀部，大致說來就是肚臍以下的各個部位。」

觀察力敏銳的達文西既然自己也有陰莖，當然也就對這個器官的行為頗為清楚。他在一段忿恨不已的文字裡提出這方面的觀點，最後還明褒暗貶地對這個器官數落一番：

談到陰莖：這個器官與人類智慧互動頻繁，甚至本身也擁有智慧。儘管主人的意志渴望激起陰莖的反應，它卻執意走自己的路。有時候，它不經主人的思考或授權就自行活動；不論主人清醒或沉睡，它都為所欲為。常常主人睡著的時候它醒著，主人醒著的時候它卻兀自沉睡。常常主人想要辦事，但它卻不肯；它想辦事的時候，又常選在主人不能夠的時刻。因此，這個東西經常看起來像是擁有獨立於主人之外的生命與智慧。照這樣看來，人類顯然不應該羞於為它命名，也不該羞於把它展現出來。人類總是設法遮掩的這個部位，其實應該善加裝飾，像僕人侍奉主上一樣把它隆重展示在外。

席茲—強斯頓在一九九〇年發表一篇論文，題為〈人類兩足行走暨性選擇的理論〉。她在文中提議指出，兩足行走的一項主要優點，可能就是有助於展示陰莖。這種行為在我們的靈長類近親當中極為常見。席茲—強斯頓指出，大多數靈長類動物特別用兩足站立的時候，都是為了展示陰莖。不過，傑弗利・米勒在二〇〇〇年出版的《求偶之心》一書中反對這種理論的其中一種說法。他認為，人類的陰莖和其他動物比較起來，除了體積較大之外，實在沒什麼可看性，不像有些猿猴的生殖器官那樣色彩豔麗。此外，人類普遍習慣的張腿坐姿，也和黑猩猩張腿展示陰莖的姿勢類似。而且，米勒接著補充道，就算這種理論確實有任何可信之處，「反正現在向陌生人袒露生殖器官也已經算是犯罪行為，而不是承襲自我們靈長類祖先的求偶行為」。

法國拉斯科洞穴裡的古老壁畫有一個鳥頭人身的小人像，陰莖又大又挺直，遭到一頭野牛攻擊。這幅壁畫在一九四〇年納粹佔領法國期間被發現之後，有些對於壁畫真實性持疑的人士隨即指出，在報章雜誌所刊登的照片當中，這個鳥頭人身的人像根本沒有陰莖。他們於是認為這幅畫不僅是偽作，而且其作者還不斷修改圖畫內容。不過，實際上卻是維琪政府指派的雜誌編輯塗掉了照片裡這些大得嚇人的男性生殖器官。

男性對陰莖的關注顯然不是近代才出現的現象。薩波斯基是史丹福大學的神經學家暨靈長類動物學家，他的自傳《一位靈長類的回憶》不僅坦率真誠，而且充滿想像力。他在書中寫道：「關係友好的雄狒狒一旦遇到對方，打招呼的方式就是拉拉對方的陰莖。」他認為這種舉動就像狗兒「仰躺在地，讓對方嗅聞自己的胯下。在雄性靈長類動物之間，這種舉動代表信任。哥兒們都會互相這麼做」。我們和其他動物其實也沒有那麼不同。男性在更衣室裡鬧著玩的時候，也常常互抓對方的胯下，或者拍打彼此的臀部。歐洲有不少地方的舊石器時代壁畫，都可看到形體巨大的人像，帶著勃起的巨大陽具。這些人像難道是向好色神祇或者縱慾外星人致敬的圖畫嗎？或者只是新石器時代某個精力過盛的青少年為了自誇而畫出來的圖樣？有趣的是，其中一幅壁畫把罣丸畫成兩個圈圈，中間夾著像犀牛角的陰莖，而形成一個顛倒的臉孔，就像二次世界大戰期間流行的「基爾洛」塗鴉畫像❶，實在是一幅別具風格的圖畫。

實際上，英文的「fascinating」（迷人）一詞原本就是指涉陰莖。我們若是探求這個字眼的詞源，首先會追溯到拉丁文的「fascinare」一詞，意指「魅惑」。這個字眼的前身「fascinum」則有兩個意思，一個是陰莖，一個是邪惡的咒語。一個詞語竟然必須背負這兩種沉重的意義，原因是這個字眼與「Fascinus」一詞有關，這是一位神祇的名字，據傳掌管巫術。至於這位神祇的象徵是什麼呢？就是陰莖。驅邪儀式裡經常可見到陽具的蹤影，羅馬人佩戴陽具護身符以反射邪眼害人的目光。希臘豐饒之神普里阿普斯的信徒經常祈求勃起持久以及性生活美滿。至於印度教徒崇拜「靈甘」——也就是代表造物主濕婆的陽具符號——則不為個人性福，而是盼望和世界的精子創造力結合為一體。

還有一個奇特的地方也可以看到象徵性的陰莖，就是基督教的宗教藝術作品。許許多多的圖畫都畫出幼兒耶穌裸露的生殖器官，而且有許多畫家還不甘於消極的描繪。在十四世紀至十六世

❶譯註：二次世界大戰期間，麻州昆西市一位名叫詹姆斯・基爾洛（James Kilroy）的造船廠工人，在船隻的鉚釘上寫下「基爾洛到此一遊」的字句。後來這句話就在美國大兵之間蔚為流行，美軍所到之處都可見到這句話的塗鴉，並且加上一個由簡單線條構成的臉孔。

紀末期之間，數以百計的歐洲畫家——全是虔誠的基督徒——都畫出聖母撫弄著她幼兒的小小生殖器官。不論是佛隆尼斯的油畫，巴爾東的蝕刻畫，還是各種時辰之書裡的頁面裝飾，都可看到這種描繪。藝術史學家史坦伯格有一部著作名為《現代人遺忘的藝術主題：文藝復興藝術的基督性徵》。他在書中宣稱道，在這些畫作裡，幼兒基督的生殖器官「受到特別的精心描繪，足堪與典型的聖傷痕描繪相提並論」。

在基督教歷史上的其他地方，也可以看到耶穌基督神聖的生殖器官。由於陰莖大小的變化頗為極端，因此必須包覆在鬆弛且富有彈性的皮膚裡。包皮和眼瞼的皮膚一樣又薄又敏感，而且非常鬆弛，可以向後拉扯露出龜頭。包皮又稱為「prepuce」，宗教史上提到包皮通常都是使用這個字眼。割禮的起源早已不可考，至於其英文名稱「circumcision」則源自兩個拉丁字眼，意為「切割一圈」。在男孩與男人身上，割禮表示割除包皮，手續頗為簡單，而且不像女性割陰手術那樣會影響性快感。實際上，割除包皮後的龜頭卸除了保護外皮，裸露出的部位反倒更敏感。

喜劇演員羅賓・威廉斯雖然曾經說，芭蕾舞者的褲子非常緊身，可讓觀眾一眼看出舞者的宗教信仰。不過，除了猶太人以外，其實有許多人也都會割除包皮。然而，在古代的地中海地區，割禮卻與希伯來人緊密相關，以致羅馬詩人賀瑞斯與馬西亞勒都指出，許多男性為了融入希臘文化，都必須接受非常疼痛的手術植回包皮。耶穌是猶太人，所以也一定受過割禮。聖經明確指出耶穌的割禮乃是依照傳統，在出生後第八天實施，天主教於是在每年一月一日慶祝割禮節。但儘管如此，在中世紀以及文藝復興時期，有些畫家還是拒絕在幼兒基督的身上畫出猶太人這種可憎傳統的痕跡。聖阿奎那以及有些作家認為，基督兒時所受的割禮，是降生世間的神靈首次感受到的人類痛楚，因此這也就是人類獲得救贖的關鍵時刻。後來的評論家於是藉此推論，如果耶穌的肉身後來升上天堂，那麼他也一定還是在人世間留下了包皮這一小片肉體（至於他還剪過頭髮、掉過睫毛、脫過皮、遺留了三十三年的排泄物，倒不是這些人關注的對象）。由於這片皮膚非常獨特，有許多人便聲稱他們握有這片神聖的包皮，能治療疾病、促進生育或增強性能力。

中世紀時期由於迷信現象普遍，因此產生了許多真十字架的木片、遠比耶穌門徒人數還多的門徒墓地，還有一瓶瓶聖母馬利亞的乳汁（雖然已有千年歷史，新鮮程度卻絲毫不減）。路德與喀爾文都譴責過這種騙人的把戲。不過，聖經的《出埃及記》卻也記載了包皮的神奇力量。有一次，耶和華不知什麼原因攻擊摩西，「想要殺他」，這時摩西的妻子西坡拉為了保護丈夫，便用一塊尖石割下他們兒子的包皮，丟在摩西腳前。

許多教會都聲稱握有聖包皮或者聖包皮的一部分。其中一個聲稱藏有聖包皮的地方就是查理曼大帝的皇宮，收藏在割禮聖物包內，而這個聖物包也因此成為一種流行時尚提包的設計靈感來源。聖艾格妮斯聲稱自己有一次領聖體的時候，想像自己吞下了聖包皮。聖加大利納雖然沒有這麼誇張，但也堅稱自己所戴的戒指是聖包皮的變體。佛來曼出版過一部陰莖文化史著作，題為《那話兒》。他在書中寫道：「由於聖包皮大量出現，而且全都在蓬勃的聖物市場上賣得高價，因此也就出現了一批特殊的鑑賞家，同時發展出若干檢驗方法，以確認物品的真實性。」他接著以若無其事的口吻指出：「其中最常見的檢驗方式，就是品嘗法。」

我們探討的對象既然是陰莖，那麼要從神聖的議題轉向世俗的話題，自然沒有什麼困難。當前這個時代雖然和中世紀時期一樣古怪迷信，但是由於我們以俗世為主要關注對象，因此也就出現了一個專門羅列陽具暱稱的網站。網站上的邀約口號寫著：「來這裡為你的小弟弟取名吧！」底下列著一大串各式各樣的名稱。這份名單自然包含了既定的俚語詞彙，諸如「dick」（屌）、「putz」（老二）、「boner」（炮管）、「tool」（工具）、「dong」（槌子）、「pecker」（小鳥）、「cock」（雞巴）、「schlong」（靈蛇）、「peter」（彼得），還有「johnson」（強生）。最後的這個名稱還有幾種變體，包括比較正式的「強生先生」，還有顯然是他故鄉的「強生郡」（有一則關於巴比特❷的笑話，說他把遭到妻子割斷的陰莖接回去之後，便改用化名「小強生」）。與工具有關的名稱則包括「打樁機」、「活塞」、「螺絲起子」、「小儀器」。令人沮喪的是，有不少名稱都與軍事有關，包括故作正經的「亞當的火藥庫」，以及讓人聞之生畏的「刺刀」，另外還有「手槍」與「寶劍」。至於生殖器大軍的成員，則有「小上校」、「小將軍」，甚至還有「紫頭戰士」（美國小說家梅勒在《性的俘虜》一書裡有一段謾罵女性的可笑文字，他在其中把自己的陽具稱為「復仇者」）。把睪丸與陰莖都包含在內的名稱，有「家族珠寶」以及「大吉姆與雙胞胎」。有些熱愛動物的人士還會拿其他動物的身體部位為自己的生殖器官命名，但奇怪的是從來不援用其他動物生殖器官的名

❷譯註：巴比特是一名美國人，一九九三年遭其妻割斷下體，丟棄在馬路上。後來警方尋獲這根陰莖，巴比特於是得以動手術接回。這起事件在當時轟動全美。

稱。這個稀奇古怪的標本集包括「禿頭鼠」、「雞翅」、「驢耳朵」和「象鼻子」。有些動物則是本身就直接成為陰莖的代名詞，例如「鱈魚」、「蜥蜴」、「猴子」，以及傳奇海怪「大烏賊」。

顯然很少有父母會教小孩認識生殖器官的正式名稱，所以小男孩總是模仿無意義的聲音，稱之為「雞雞」或「底迪」。該網站裡收錄這類無意義的聲音，還有「wigga-wagga」（威嘎瓦嘎）以及「wang dang doodle」（汪噹都朵）。這類婉稱常常會出現在意想不到的地方。在歐威爾出版《動物農莊》的一九四五年夏天，這位平常腦筋總是非常清楚的政治諷刺作家看著一名新來的女僕為他收養的小兒子洗澡，而焦躁不安地問她說：「你會讓他玩自己的小蛋蛋吧，對不對？」

歐威爾的口中說出「小蛋蛋」，真是不敢置信。

大小絕對是問題

> 我和佛洛伊德在維也納合作，結果因為陽具妒忌的概念而吵得不可開交。佛洛伊德認為這種心態應該只限於女性。
>
> ——柴利格「博士」，伍迪．艾倫電影《變色龍》中的角色

約翰生雖然拒絕在他的詞典裡定義陰莖一詞，但是他的傳記作者倒是不怕在自己的日記裡寫到陰莖的事情。年輕的包斯威爾原本很可能只是另一個生活放蕩的未來地主，在倫敦花天酒地。

不過，他卻選擇在文學史上一位重要人物的身邊扮演記錄者的角色。約翰生在去世之前雖然已是家喻戶曉的著名人物，但卻是包斯威爾把這位怪老頭的機智、焦慮，以及怪癖永遠保存在一部偉大的傳記當中。包斯威爾的日記主要記載約翰生的事情，但也記錄了他自己喝酒、鬥雞的行為，以及所做的白日夢。除此之外，還有他和各社會階層的女子發生性關係的經驗。舉例而言，一七六二年十一月二十五日星期四，他在日記裡寫道：「我在城裡已經有一段時間沒有女伴作陪，但我決意不找妓女，因為身體健康對我而言非常重要。」實際上，包斯威爾似乎總認為征服誘惑最快的方法，就是向誘惑臣服，因為如此即可馬上擺脫慾望的糾纏。多年來，他曾經染上各種型態的淋病，而且感染地點遠達羅馬與都柏林。

在他寫下日記的這一天晚上，包斯威爾先是找些舊情人，結果發現舊情都已然不再。於是，他終於還是違背自己的誓言，找上了專業從業人員：「我在市區找了個女孩，把她帶到暗巷裡，打算戴上盔甲享用她，可是她身上沒帶。」他說的盔甲就是保險套。當時這種實用的科技產物可能是以羊腸做成，用絲帶綁在陰莖上。那個時期的歷史學家詳實記載指出，絲帶可以按照個人喜好的顏色訂做，顯然可算是今天五彩繽紛的保險套——有些甚至還有各種口味——的前身。至於保險套的各種暱稱，則讓向來不對盤的法國人與英國人又有機會互相羞辱一番。法國人把保險套稱為「英國帽」，英國人則稱之為「法國信」。

包斯威爾說自己和這名姑娘「玩」了一陣子，但終於還是沒有放縱慾望，以免再次感染淋病。接著他又忍不住寫下這段細節：「她對我的雄偉深為讚嘆，說我如果為處女開苞，一定會讓對方尖叫不已。於是我給了她一先令。」這種讚美能夠這麼快獲得報償，還真是少見。當然，我們也無從得知這名女子的話究竟真不真誠，說不定她這句台詞在當天晚上就用過好幾次了。

許多男人都會因為這樣的讚美而感到安心。自古以來，世界各地的男性都擔心自己生殖器官的尺寸有所不足。這種焦慮產生了各種藝術作品、宗教儀式、外科手術、在胯下塞進陽具替代品的行為、不願在更衣室裡袒露身體的心態、各種無聊的笑話，還有人服用以其他生物的下體所製成的各種藥劑，當然也有數不盡的儀器和藥物，用來幫助小弟弟長大。

到了近代，這種焦慮更是助長了陰莖增大手術的產業。美國整形醫師協會與美國泌尿科學會都不願為目前的各種陰莖增大手術背書，但是技術仍然不斷進步。佩利在《陰莖之書》裡提到，「這種手術屬於美容手術，除非病患的陰莖尺寸符合發育不良的定義。如果陰莖勃起之後長度不及三又三分之二吋，直徑不及三又二分之一吋，就能接受由醫療保險給付的陰莖增長手術。」有興趣的讀者可以向自己的保險機構確認這項規定。

許多男人顯然都認定大陰莖能夠帶來性與愛，從而確保人生的美滿。這種想法無所不在。《愛經》就以陰莖大小為男人分類，再用大小不同的動物加以命名——包括野兔、公牛，以及馬匹。女人也一樣由陰道大小分類——命名為鹿、牝馬，以及大象——並且指出男女如果大小層級相當，性生活會比較美滿。這種說法倒也不無道理。一九九〇年代末，美國重拍日本經典怪獸片《酷斯拉》，當時的預告片就呈現出這頭巨型蜥蜴恣意摧毀建築物的畫面，宣傳口號則寫著：「要看就看大的！」二〇〇〇年，一本男性健康雜誌向讀者建議道，和一位女子首次上床之前，應該連續幾天避免自慰，屆時勃起才會達到最高的仰角與最粗大的體積。只要隨意瀏覽一下網路上免費的色情網站，就可發現人類男性最迫切需要的不是世界和平，不是真愛，不是有意義的人生，也不是保有一頭烏黑的頭髮。有一則廣告問道：「你走路的時候，它會晃嗎？」在數位合成的照片上，可看到足堪比擬豐饒之神普里阿普斯的巨大陽具，連接在身形瘦小的男子身上。這些廣告不論內容是健身服務、內服藥物、還是外用藥膏，其實都是騙人的玩意，但偏偏就是有大批男人禁不住要嘗試。有一個網站還刊登了兩張使用前後的照片。照片裡的男人拿著一把尺放在陰莖旁邊，只是在第二張照片裡移動了尺的位置，讓龜頭更接近符合男子氣概的目標尺寸。

與陰莖大小有關的笑話不可勝數。關於拿破崙征服慾望的市井傳言，不僅拿他的身高作文章，也不免扯到他那與皇帝身分不大相稱的陽具尺寸。軍事史上的這則趣聞不知道和以下這段軼事有沒有關係。馮內果在《冠軍的早餐》這部小說裡羅列了幾個人物的陰莖尺寸，後來他向《陰莖之書》的作者佩利表示，曾有西點軍校的讀者向他抱怨指出，小說裡一名陸軍軍官的陰莖長度竟然只有十六點五公分，作者這樣安排實在有不愛國之嫌。

不論士兵或帝王，還是其他所有男人，聽到以下這個消息應該都會感到非常欣慰：人類的陰莖是高等靈長類動物當中最大的。過去幾十年來各項研究所測量過的男性陰莖，百分之八十的勃起長度都在十二至十八公分之間；大多數人都是約十五公分，或者比十五公分再稍長一點——也就是馮內果筆下那位軍官的陰莖長度。陰莖軟垂的時候，長度大約只有一半，但是陰莖愈小，勃起時增大的比例就愈高。因此，從陰莖平時的大小，不一定看得出勃起之後的尺寸，所以性學大師馬斯特與強森把陰莖勃起稱為「重大的平等機制」。一般人的陰莖，就算在沒有勃起的狀態下，也比紅毛猩猩或者大猩猩那只有約四公分長的器官看起來雄偉許多。不過，生理學家戴蒙曾經指出，人類與猿猴的陰莖除了大小不同以外，功能倒是差不多。紅毛猩猩在樹上交配，能夠採取各種不同姿勢。戴蒙並且補充：「至於陰莖大小與持久度是否有關，紅毛猩猩在這方面也勝過我們（意思是說，紅毛猩猩的持久時間為十五分鐘，美國男性則平均只有四分鐘）。」

這種對尺寸的著迷，在號稱為異性戀取向的色情影片裡倒是產生了一種奇特的副作用。這些影片通常都刻意突顯超乎尋常的大陰莖，反倒不強調女性的肉體（許多女性都聲稱這些色情演員的超大陰莖看起來可笑、噁心，而且根本也不可能插得進女性的陰道裡）。這類幻想讓人不禁要問一個問題：那些愛看色情片的色情狂如果真的擔心自己不夠大，為什麼還要去看那些超大陽具來折磨自己？人類男性對其他男人陰莖大小的關注，有許多複雜的生物與文化因素。別的不提，觀眾在觀看色情影片的時候，其實不是在「觀察」那巨大的畸形器官，而是在自慰幻想中暫時化身為影片中的男主角。由這種心存羨慕的想像，可知約翰・霍姆斯與藝名叫「銀色長屌」的這類色情影星為什麼會深受男性影迷的喜愛。一九九一年，銀色長屌還曾經在他的職業領域之外短暫成為鎂光燈的焦點。在美國最高法院大法官提名人湯瑪斯的參院確認聽證會上，曾經與他共事的希爾作證指出，湯瑪斯曾經對她有過多次言語上的性騷擾，其中一次就是把自己的生殖器官與銀色長屌相提並論。

這場聽證會中所潛藏的一項議題，就是白人對黑人陰莖大小的關注。從歐洲人探索非洲、奴役非洲人，到後來非裔美國人的民權運動，一直都可看到這種心態迴盪其中。這種心態的關注焦點通常都集中於非洲人著名的巨屌上。作曲家羅連曾經說過：「我們一旦把一個種族視為劣等人種，就說該族群的男性有大屌。同性戀都有大屌，黑人都有大屌，亞洲人則有小屌。」他接著指出，在他自己豐富的同性戀性經驗當中，從來不曾觀察到這種族群差異。

白人在這方面的焦慮，在一九八六年又因為一部革命性的攝影集而有火上添油之虞——這部攝影集就是梅普索普的《黑書》，是美國史上黑人男性裸體攝影集當中第一部合法的重要作品。三年後，華盛頓特區準備舉辦一場梅普索普回顧展的時候，北卡羅萊納州參議員赫姆斯卻氣得跳腳，原因是這項頹廢的「色情」展覽竟然有部分資金來自美國國家藝術基金會（後來展覽遭到取消）。梅普索普的另外一幅作品〈穿著西裝的男人〉，引起的爭議至今還餘勢未消。在這幅照片裡，一位非裔美籍男性身著盛裝，只有未割包皮的陰莖垂露在褲襠之外。

白人眼中的黑人陰莖總是帶有劣等種族以及野蠻獸性的聯想，而且關注的焦點通常是這個器官的巨大尺寸。在《那話兒》一書裡，佛來曼談到梅普索普的攝影鏡頭下那位模特兒毫不保留的性徵，其實就隱含了一般人對於黑人獸性的假設：

> 這位穿著西裝的男人在照片裡看不到頭——所以也就代表他沒有頭腦——只是更加突顯了

這幅作品當中不言而喻的「真相」：他是黑人。他有一根黑色大屌。他就是一根黑色大屌。

不論什麼種族，除非在極端的情況之下，陰莖的長短與粗細都不影響排尿與生殖的功能。排尿功能的正常與否取決於尿道和膀胱，而生殖功能的決定因素則是陰莖必須能夠勃起、插入陰道並且射出足量的精液與精子。表面上看來，男性關注陰莖的大小，主要應該是為了確保床上的伴侶願意和他再有下一次聚會；不過，陰莖尺寸的象徵意義卻不僅止於討好異性的渴望。

當然，有些男人想要讓其他男人嘆為觀止，並不只是一種靈長類動物的優勢展現行為，而是具有直截了當的性意圖。儘管沒有什麼佐證資料，評論家卻都一致認為，陰莖的問題在同性戀關係當中又更加複雜。有一則同性戀笑話是這麼說的：「在性關係當中，最怕男人對陰莖大小念念不忘，但是有什麼情形比這更糟糕？答案：兩個男人都對陰莖大小念念不忘。」有一本同志色情雜誌，刊名就叫《尺寸》。

不論同性戀還是異性戀男人，陰莖的大小與形狀都和身體其他部位一樣變化多端。「但是尺寸不一定有影響，」羅哲斯在《性的自然史》一書裡這麼寫道：

男人雖然那麼在意陽具的大小，實際上女人卻通常不會有機會度量或者比較男人的陽具。而且，儘管許多女人聲稱自己在乎男人陽具的大小，但她們其實根本不需要在乎。所有研究都一致確認，陽具的長短粗細並不影響女人在性行為當中所獲得的快感。總而言之，成年男性的陽具雖然大小各自不同，從女人的觀點來看卻大致上沒有差別。

換句話說，正如一名女性主義文化批評家所說的：「色情工業裡的陰莖和女性無關。」就這方面而言，男性幻想中的陰莖和實際上的陰莖並不相同。佩利毫不修飾地指出男性的野心：「男人如果可以自己選擇的話，他們的陽具一定大如彎刀，或者棒球棒，或者大砲，這樣他們便可真的用來互相威嚇。」接著，她又提出一項極佳的論點：「所幸，大自然的『反汰擇』限制了陰莖的大小。就演化上而言，陰莖一旦大得插不進陰道，就失去了意義。」

露毛，還是不露毛

談到這個身體部位，就不能不談談男女所共有的成年表徵。首先簡單探討一下詞源。在拉丁文裡，「pubes」一詞可以指涉鼠蹊部，或者這個部位的體毛，也可以代表成年。在動物學裡，「pubescent」指的不是性徵，而是昆蟲和其他若干動物身上的細毛。在植物學裡，同樣這個詞指的則是葉片與莖梗那毛茸茸的表面。形容詞「pubic」意指身體上「恥骨聯合」周圍部位的各種面向，而所謂的「恥骨聯合」，就是兩塊恥骨在下腹部接合的區域，形成骨盆前方部位——亦即腹部底端，兩隻大腿相連的地方。

「puberty」（發育期）意指我們開始具備生殖能力的時期。在此值得注意的是，不論就詞源學或生理學上而言，這個字眼都標誌了顯著的體毛開始出現的時間。本書其他章節曾經提過，喚醒我們性能力的荷爾蒙具有其他副作用。在女孩身上，臀部與乳房會逐漸變大，同時月經也會開始來潮；在男孩身上，則是聲音轉低，肩膀變寬。儘管男女各自有這些不同的發展，卻也共同都會經歷成長過程中一項重要的里程碑：體毛的出現，尤其是在腋下、雙腿，以及私處。這些體毛開始生長的時間在每人身上各自不同。為了因應體毛生長遲到的問題，日本的小町毛髮公司於是推出了一種假陰毛，稱為「夜之花」，以實際的人體毛髮製成。在二十一世紀初始，該公司的老闆指稱銷售業績最好的時間，是在六月這個「婚嫁季節」。此外，假陰毛在春天與初秋也賣得不錯，「因為這是學生集體出遊的時節，女生必須一起洗澡」。他堅稱小町公司提供的服務非常實用，可協助年輕人度過青春期初期這個尷尬的階段。

陰毛和其他體毛一樣，不僅生長時間因人而異，其質地、密度、長度，以及顏色也都各自不同。美國作家維多提到自己在二戰期間所受的美國陸軍訓練，其中包括「如何辨別中國人與日本人，一方是我們優雅的盟軍，另一方則是我們殘忍的敵人」。在維多受訓期間，一名情報官提出一項超級實用的區辨方法：「主要的差別在於陰毛。日本人的陰毛濃密粗硬，中國人則是又直又軟。」維多說，當時只有他舉手發問：「我們該用什麼計策來辨識敵友呢？」

經過長年的演變，我們祖先身上的毛髮逐漸脫落，形成目前這種稀疏的模樣。我們的體毛逐漸減少到只剩下幾塊分散各處的毛叢，而這種變化也帶來了若干奇特的後果。大自然非常體貼，為大多數的哺乳類動物都個別分派了獨特的蝨子，而人類身上的三種蝨子也分別發展出了牠們最喜愛的棲息地。體蝨棲息在身體上，和我們靈長類近親身上的蝨子類似。不過，隨著人類的體毛愈來愈稀疏，這種蝨子也就必須適應棲息地減少的狀況。體蝨和其他生物一樣，都需要有個棲身之處，以免遭受自然力量的危害。為了在活動的人體表面上生存，牠們需要間距在一公厘以內的毛髮。美國生物學家暨作家紐森如此描述體蝨的艱困處境：「隨著人體上的毛髮叢林愈來愈稀疏，最後形成目前這種一撮撮各自分散的毛髮聚集處，體蝨的棲息地也就只能侷限在一撮毛髮當中，可能永遠也見不到另一撮毛髮裡的鄰居。」現在，體蝨通常躲在髒衣服的摺縫裡，可是。如果沒有宿主可以啃咬，就只能存活短短幾天的時間。和體蝨關係相近的頭蝨，有時候會棲息在我們頭顱頂端滿是毛髮的斜坡上。頭蝨是學童身上常見的問題，以色列有些藥局販售通電的髮梳，可以電死頭蝨。不過，我們身上這些害羞的房客竟然也會成為詩作主角，倒是大出牠們意外。蘇格蘭詩人彭斯曾經寫過一首詩，標題為〈致頭蝨，因在教堂一位女士的圓帽上看到一隻〉；丁尼生也曾經把另一位作家貶斥為「寄居在文學髮絲裡的頭蝨」。

往身體下方走，則可看到陰蝨，以高明的演化成果適應於陰毛的棲息環境。這種六腿生物惡名昭彰，體形比另外兩種蝨子還要雄壯，棲息地的毛髮間距必須有兩公厘寬。符合這個條件的毛髮有眉毛、睫毛，以及腋毛，但是陰毛最為理想。對於陰蝨，紐森描述：「牠們的附著能力比其他蝨子更強。至於牠們為什麼需要這樣的能力，則頗值得探究。」牠們也不是永遠都緊抓著不放，只要在兩個人的陰毛互相接觸的時候，陰蝨就可能跳往新環境，繼續繁衍孳生。

二〇〇一年，英國導演佛瑞爾斯推出新片《童言有忌》，故事背景設在經濟大蕭條時代的利物浦，講述一名七歲男孩在宗教與貧窮之中的悲慘生活。其中一幕，主角連恩向神父告解，表示自己不小心看到母親的裸體，母親身上的陰毛玷汙了他心目中的母親形象，而且也和他在繪畫當中所看到的裸女不同。

連恩的困惑不禁讓人想起歷史上一項流傳已久的猜測（這可能也是導演刻意的指涉），也就是魯斯金與妻子葛蕾為何從來不曾圓房的原因。據說這位著名的藝評家從來不知道女性有陰毛，因此第一眼看到妻子身上的陰毛便驚駭不已。呂恬絲和其他學者對這項不太確切的證據提出以下這種詮釋，而且看起來也頗為合理：魯斯金無疑非常害怕女性的性徵。文學滋養了他想像中的完美女性，繪畫與雕塑更是讓他以為理想的女性身體就是光滑無毛的模樣。魯斯金與葛蕾對於男女之事都一無所知，也都是高度性壓抑的受害者。從今天的眼光看來，這樣的性壓抑實在無法想像。結婚多年之後，魯斯金向一位朋友表示，他在新婚之夜解下妻子的衣物之後，卻發現她的身體「無從激起情慾」。一八五四年，葛蕾在寫給父母的信中坦率表示，魯斯金向她坦承了自己不願和她行房的理由：「他想像中的女性和他所看到的我頗為不同，而他之所以沒有和我圓房，原因是他在新婚之夜就對我的身體感到噁心。」《陰道獨白》裡一個角色的台詞，也許正可貼切表達出魯斯金的問題：「你要是不愛毛，就不可能愛陰道。」

文學批評家蘿絲認為，就算只是看到葛蕾的乳房，都足以讓魯斯金不願（或者無法）辦事。不過，古典與新古典藝術裡常可見到乳房的蹤影（儘管是理想中的乳房），但是陰毛卻極為罕見。安格爾就小心翼翼地避免畫出陰毛，以免玷汙他筆下那些極度優美的裸體人物。在《奴隸伴隨的宮女》這幅畫作當中，宮女的肚臍以下應該就可看到陰毛的蹤跡，但是除了在布料以下若隱若現的生殖器官以外，整個下腹部卻只見一片光滑無瑕的肌膚。德拉克洛瓦是安格爾在繪畫領域裡的對頭，他畫裸體人物的時候倒是不會略去陰毛，但是會刻意安排模特兒的姿勢（或者利用陰影）把陰毛隱藏起來。庫爾貝畫出不完美的女性大腿這種傷天害理的作品之後，接著又違犯了其他藝術傳統，而《世界的起源》則是這些罪行的集大成之作。這幅畫從一名愛人的觀點呈現一名女子張開的雙腿，畫面裡不但可見到陰毛，在叢生的毛髮下還可隱約窺見陰戶。這幅畫是庫爾貝為土耳其收藏家卡利爾・貝所創作的作品，完成後有長達多年的時間一直沒有公開展示。這幅畫作一方面象徵了寫實主義的進展，同時卻也代表又一名女性被化約為生殖器官：畫中女子的頭蓋在布底下（就這方面而言，這幅畫倒是和馬格利特後期的作品《強暴》有異曲同工之妙。在馬格利特的畫作裡，一個女人的臉遭到自己的軀幹所置換——眼睛變成乳房，鼻子變成肚臍，嘴巴變成陰毛）。值得一提的是，泰德美術館在二〇〇一年舉辦一場展覽，主題為「維多利亞時代的裸體畫」，其中完全看不到陰毛的蹤影。不過，魯斯金雖然在許多方面都算是個道地的維多利亞時代人物，但他同時也是博學過人的藝評家。他怎麼可能沒看過巴爾東在一五一七年所畫的《死與少女》？這幅畫作可是清楚描繪出了少女身上的陰毛呢。

藝術家不是唯一把全副心思都投注在陰毛上的群體。佛洛伊德就推測過戈耳工女妖梅杜莎這則古老神話的起源。梅杜莎的頭上沒有頭髮，而是一條條扭曲纏繞的小蛇，任何人只要看到她的眼睛就會變成石頭。三句話不離生殖器官的佛洛伊德認為，梅杜莎的神話其實代表了男人首次窺見女性的陰戶與陰毛之時，所感受到的極度驚駭——她竟然「欠缺」陰莖。在佛洛伊德的論述裡，陰毛的形象極為鮮明，以致成為這幅視覺畫面的焦點，於是陰毛也就幻化為蛇，代表情慾的可怕。佛洛伊德執意把自己個人的感受轉為普遍的現象，充其量不過是充滿問題的做法。在這方面，蘿絲曾以譏誚的口吻指出：「有一點也許值得一提，魯斯金晚年經常提及梅杜莎，而且深深著迷於蛇的幻覺。」

魯斯金罹患精神疾病達十一年之後，終於在一九〇〇年去世。這位壓抑的藝評家活到了視覺藝術表現較為自由的時代，在比亞茲萊逝世之後還活了兩年。比亞茲萊在罹患肺結核的短暫人生當中，為亞里斯多芬以及王爾德的劇本繪製插圖。他以新藝術的手法描繪女性身上的陰毛，曾讓那個世代的觀眾驚駭不已又興奮莫名。在同一個時期，克林姆早已開始創作他的《貝多芬壁畫》，為一九〇二年的第十四屆維也納分離派畫展所作，表面上看來是在頌揚十九世紀末的貝多芬狂熱（畫作裡的黃金武士據說是以他的朋友馬勒為依據所畫成）。這幅壁畫的主題雖然是藝術與愛的救贖力量，卻也把女性的情慾描繪成男性在追求救贖的過程中所必須克服的野性力量。若是把維也納分離派的政治背景納入考慮，也許這幅作品也是個人對抗社會的隱喻。不過，一如魯斯金的恐懼和佛洛伊德的論點，在這幅畫作裡幾位身上陰毛明顯可見的人物當中，其中三位正是滿頭蛇髮的戈耳工女妖。

不過，也不是所有人對陰毛都避之唯恐不及。陰毛美麗而且富有光澤，是生殖器官周圍一道芬芳而且搶眼的裝飾，甚至還可成為情感的表徵。小說家卡洛琳夫人是後來當上英國首相的梅爾本子爵之妻，她和拜倫曾有一段不倫之戀，而且還把自己的一撮毛髮送給男方當做紀念。這撮毛髮如果是從她頭上剪下來的，歷史學家就不會吃吃竊笑了。

時至今日，陰毛早已不再需要躲躲藏藏。男女兩性的陰毛，都可在許多藝術家的作品裡看到，不論是詩萊、霍威、妮爾，還是佩爾斯坦。但儘管如此，像克林姆與比亞茲萊等人的早期作品還是足以對觀眾產生震懾效果。一九七〇年，澳洲的賀伯特控告顧特里一案，法院判決比亞茲萊為亞里斯多芬的劇作《利西翠妲》所畫的插圖構成猥褻，原因是圖中畫出了女人身上的陰毛。法官哈特看過這部劇本以及一個翻譯本的一條註解之後，隨即認定比亞茲萊的作品不但淫穢，而且也不符史實。他堅稱那個時代的女性都會用脫毛劑除去陰毛。這種奇特的論點仍然有待證實。

古希臘婦女如果真的會除去身上的自然裝飾，那麼她們這種舉動絕對不是空前，當然也不會是絕後。公元前七十九年八月二十四日，長久以來一直處於休眠狀態的維蘇威火山突然爆發，噴出的火山灰、泥土、熔岩，還有石頭與沙塵，徹底掩埋了鄰近的龐貝城，同時也活埋了其中的兩千名居民。此後數百年間，一般都以為龐貝城永遠不可能再重見天日，於是也就逐漸遭人遺忘。儘管這個地區的歷史寶藏在一百五十年前就已陸續出現，但是整體的開挖行動卻直到一八六〇年才終於展開，由義大利工務署署長菲奧勒利負責規劃及督導。後來，一名工人的鑿子在土裡鑿到一個空洞處，從此便發現了歷史上最奇特的死亡記錄。這個空洞處是一具屍體的體腔，也就是火山爆發當天身亡的居民所留下的遺跡。其中的屍體早已腐爛消失，但是卻在周圍的浮石與火山灰裡留下了一個完整的模子。菲奧勒利深知這項發現非同小可，於是在這個空洞處注入石膏，製成模型。自此以後，他的挖掘工作就進行得非常小心，避免破壞這些屍體體腔形成的模子。結果，他造出了數以百計的石膏雕塑，保存了那些居民逃命的模樣——或者捨身保護孩子，或者急忙打包珠寶，或者在街道上死命奔跑。

這些石膏模型當中最驚人的一項細節，剛好也不是其他東西，就是陰毛。一名男子顯然脫衣服脫到一半的時候遭到活埋，於是我們也就有機會窺見古代的身體妝扮。菲奧勒利寫道：「有一項奇特的特徵仍然清晰可見，這個人的陰毛剃成半圓形，就像在雕像身上所看到的那種模樣。我相信過去一般都認為這種陰毛造型只是一種雕塑傳統。」

不僅如此，這種特別的風尚也絕不只是古代的遺跡。直到今天，人類這種會為狗兒織毛衣，也會用人造花裝飾墓碑的動物，其中有許多成員還是會修剪自己的陰毛。男性色情演員修剪陰毛以強調陰莖的長度，女性色情演員則修剪陰毛以突顯陰唇，但也有一部分原因則是有些男性看到無毛的陰部，就會聯想到青少女而倍感興奮。有些女性為陰部熱蠟除毛，以免穿比基尼的時候露毛曝光。也有些女性把陰毛剃成心形當做情人節禮物。在電視喜劇影集《慾望城市》裡，一名男性角色把女友的陰毛修剪成閃電的圖案。這名女子原本覺得頗為有趣，後來卻在三溫暖澡堂裡碰見另一名女人，下體也有同一個男人所剪的閃電圖案。

電視影集開陰毛的玩笑是近年來才出現的現象，而且陰毛也很少會出現在畫面上。不過，儘管大多數的文化都認為陰毛不宜公開展露，但在情色與色情作品當中，陰毛卻向來是不可或缺的要素。男性雜誌《花花公子》在創刊之後的頭幾十年間，刊登出來的無數裸女都沒有袒露陰毛。為了達到這個目的，一方面需要模特兒擺出各種優美的姿勢，另一方面也需要在暗房裡多所加工。這種不露毛的政策一直持續不變，直到市場對手《閣樓》雜誌在一九七一年八月登出了第一幅模特兒正面全裸的圖片。塔吉里是《花花公子》雜誌當時的圖片編輯，他後來表示自己原本無意跟進，但是「海夫納卻開始細數每一期《閣樓》雜誌裡的陰毛數目」。觀察家把後來這兩家雜誌社滿足讀者偷窺慾的競爭過程稱為「陰毛大戰」。就像歷史上的各場戰爭一樣，這場大戰的結果也造就了一個龐大的帝國。

一九七二年一月號的《花花公子》雜誌裡，跨頁女郎傲然袒露陰毛。羅素・米勒在《兔女郎：花花公子雜誌的真實故事》一書裡寫道：

> 海夫納對於採取這一步深感猶豫，因此要求員工準備兩份樣張：在第一個版本裡，跨頁女郎瑪莉蓮・柯爾把一隻手臂嬌羞地擺在身前，遮住下體；在第二個版本裡，她則把雙手擺在身旁。直到最後一刻，印刷時間再也不能延後，海夫納才終於同意把正面全裸的版本付印。

這場當代新聞界的危機，也許不足以和《紐約時報》刊登五角大廈文件的決定相提並論，但也造成了不小的影響。越戰期間遭到敵軍俘虜的美國戰俘終於獲釋回國之後，就對《花花公子》

雜誌的跨頁女郎突然長出陰毛感到震驚不已。

《閣樓》雜誌老闆古奇歐聲稱，《花花公子》不願呈現陰毛，是一種否認自然的心態：「如果那種心態是不自然的，那麼呈現陰毛當然就是自然的做法。我想過我們如果遭到起訴的話，我的辯詞將會指出陰毛是自然的現象，不這樣呈現出來才是不自然的行為。」他的說詞實在偽善至極。這位出版商所發行的雜誌不但以歧視女性聞名，他本身更是不折不扣的沙豬，而且他從來也沒有因為推崇自然而遭人指控。古奇歐在一九八〇年代譴責佛瑞蘭德的照片，就是因為他的作品以不加修飾的方式呈現出真正自然的女人。佛瑞蘭德作品裡的許多模特兒衝擊了古奇歐細膩的感受，因為她們的腋下以及腿上都有毛。

到了這個時候，電影和劇場也都開始見到陰毛的蹤影。由於裸體本身就是一種戰勝電檢制度的象徵，因此展露陰毛雖然只是一種商業伎倆，看起來卻猶如是藝術上的突破。有時展露陰毛是為了劇情需要，但有時根本不是。無論如何，由於正面全裸的影像開始大量出現，因此在一九七〇年代中期，年邁的英國作家普利斯萊針對當代電影和戲劇指出：「陰毛不能取代巧思。」

不過，有時候隱匿陰毛反倒比展露陰毛還要令人不安。現在的色情業者似乎都同意《陰道獨白》裡一名角色所說的話：「毛的存在是有理由的——就像紅花旁的綠葉，住宅旁的草坪。」英國媒體慣稱為「色情大王」的億萬富翁戴思蒙在二〇〇〇年買下了《每日快訊》。英國作家溫特森於是詳細檢視了戴思蒙所出版的幾本雜誌，包括《二八佳人》、《裸體素人妻》，以及《超越極限》，從而發現了其中所隱含的社會訊息。她憂心指出：

對我來說，在這些貧乏單調的照片裡，最令人憂心的元素就是剃掉陰毛的女體。有多少女性真的會把陰毛剃掉？若是從色情雜誌來看的話，所有的女性都這麼做。但在現實生活裡，只有小女孩才沒有陰毛……我們的私處真有那麼可怕嗎？我們竟然必須將其化為幻想中的童稚模樣，或者是手術檯上的病體嗎？

確實有許多人這麼認為。馮內果在《金錢之河》這部小說裡描繪了一個人物，就完全認同古典藝術裡那種無毛的陰部。這個人物是小說主角的父親，印第安那州參議員羅斯瓦特。他對於哈特法官譴責比亞茲萊的說法一定深感贊同。他在民意代表任內最自豪的成就，就是訂立「羅斯瓦特法」，在其中一舉解決了「猥褻」這個概念的定義問題：「猥褻意指各種圖片、照片，或文字記錄，其中突顯出生殖器官、人體排泄物，或者體毛。」羅斯瓦特最感同身受的就是這句話的最後這部分。他質問他兒子的精神醫師，結果那位醫生反而問他為何厭惡體毛。羅斯瓦特回憶起這段對話，身體還不禁顫抖：

我請他行行好，不要再繼續談論這個話題。就我所知，只要是有教養的人都會對體毛感到噁心……這就是色情的判斷關鍵。有人說：「你怎麼分辨得出來？你怎麼看得出色情和藝術的區別？」我早就把判斷基準寫在法條裡了！色情和藝術的差別就在體毛！

12 我們當馬騎的腿

人類卑微的出身，在其身體型態中留著無可磨滅的印記。

——達爾文

利特裡是坦尚尼亞一處多風的高地，位於塞倫蓋提平原的南端，就在著名的恩格龍格羅火山口正西方，奧都洼峽谷南方三十二公里處。保育人士所謂「迷人的巨型土壤動物」——諸如大象、牛羚、狒狒、羚羊、長頸鹿——仍有少數可在這個區域見到。這裡有一座還算溫和的火山，名稱為「歐爾多因佑連蓋」（馬賽語，意為「神山」），定期會噴發富含碳酸岩的火山灰。碳酸岩具有一種深受古人類學家所喜愛的特性：灑落地面的時候是乾燥的狀態，但一碰到水就會轉為自然的混凝土，硬化成石頭，而為其所包覆的物體留下記錄。歐爾多因佑連蓋還有個脾氣比較暴躁的姐妹火山，名稱為「薩迪門」，定期會噴發大量碳酸岩火山灰。三千六百萬年前，這座火山正好在一個重要的日子上爆發。這天對我們之所以重要，原因是在當時的幾個小時裡，恰好有各種條件同時交互作用，從而為人類的家族相簿留下了極早的一頁。

古人類學界著名的李基家族大家長瑪麗・李基，在一九七八年發現了這頁失落的歷史。她根據非洲同僚先前的發現繼續探索，結果找到兩隻生物的足跡——旁邊可能還有第三道比較小的足跡——顯示牠們當時一同在薩迪門火山的落塵當中行走。這道獲得永久保存的足跡，似乎屬於久已絕種的人科動物「阿法南猿」所有，我們後來把這種著名的早期人類暱稱為露西。這些足跡顯示，許久以前就已經有動物直立行走在非洲乾草原上，有時縱排前進，有時齊肩並行。這些足印可以清楚看見腳趾的型態，還有腳跟、腳弓，以及腳趾的重量分布，顯示牠們的腳和我們極為相似，只是形狀較小而已。李基宣稱：「這些在利特裡發現的足跡，一舉證明了人類最早的祖先乃是以兩足跨步行走。」

潮濕的火山灰形成非常可靠的石膏模，瑪麗・李基甚至還在其中發現了雨滴噴濺所留下的痕跡。在這片火山灰上，可看到當天在此奔走的動物不只有南猿，還有早已絕種的三趾馬、拖著腳步行走的長頸鹿、象牙下彎的絕種大象，以及侏儒長頸鹿與劍齒虎。這些生物所留下的記錄更加突顯了利特裡的獨特性。其他哺乳類動物都以四足行走，只有南猿單用兩足。

四腿好，兩腿壞？

在歐威爾諷刺蘇聯共產黨的小說《動物農莊》裡，動物佔領了曼諾農莊之後，就把名稱改為「動物農莊」。歐威爾筆下代表托洛斯基的角色，是一頭名為雪球的豬；而後來把牠逐出農莊的則是拿破崙——一頭凶狠的肉豬，代表史達林。由於牠們的革命同志大多不識字，雪球於是把牠所擬定的七誡濃縮為一道基本信條：「四腿好，兩腿壞。」

遭到點名的兩腿動物自然不同意這種說法。十八世紀，德國物理學家暨諷刺作家李希騰堡概括了人類的觀點：「人類以兩腿行走也許不自然，卻是一種崇高的發明。」艾克斯坦也用類似的字眼強調這項發展在人類演化當中的重要性，同時又以標準的演化學論述方式表彰我們祖先的輝煌成就：「最早的前人類用後腿直立，搖搖擺擺了幾千年，最後終於昂首挺立，達成筆直的姿勢。那天想必是令人傷感的一天，但是自有一股宏偉的氣勢。」我們踏出的每一步，都在重現當初的那個時刻。每一位芭蕾舞伶以腳尖旋轉的舞姿，也在在肯認了我們的信念：儘管其他動物的行走方式各有優點，但我們把最佳表演獎頒給自己，顯然不是沒有道理。

自從達爾文以來，許多人都把地球上生物演化的過程——尤其是靈長類動物緩慢「進化」到我們目前這種崇高地位的經過——視為一段故事，而最後的圓滿結局，就是這則故事的敘述者終於出現。不論是李希騰堡所說的「崇高」，還是艾克斯坦所謂的「宏偉」，都是符合這項傳統的用詞。自然科學的發展雖然推翻了《創世記》裡的創世傳說，但是取而代之的卻是科學的神話。奧斯本在一九二〇年出版的著作，其書名正是這種神話的代表：《登峰造極的人類》。只有體積愈來愈大的大腦，以及對生拇指的出現，才足堪與兩足行走相提並論，在這則白手起家的故事裡同列為成功的關鍵時刻。

多虧膝蓋周圍的肌肉，我們才能固定膝蓋的彎曲角度，立起身體——而且不需思索即可做出這種動作。我們用力不必完全依賴大腿前側的四頭肌。大猩猩如果有需要的時候，也可以做出近乎直立的動作，但是由於牠們的膝蓋無法固定成直立姿勢，因此四頭肌也就必須不斷使力。我們一眼就可看出大猩猩的直立姿勢並不穩固，只能維持短暫的時間。人類可就不一樣了。只要看看銀行裡排隊等待的長龍，即可了解這一點。我們雖然會換腿承擔體重，但我們的膝蓋卻會固定保持直立的姿勢，就像有些鳥類睡覺的時候，腳也會牢牢抓住樹枝一樣。

這種適應演化非常神奇，但究竟是怎麼出現的呢？有關兩足行走的起源，目前眾說紛紜，有些對立，有些互補。古生物學家以及其他科學家都紛紛推測各種因素的影響。根據各種現象看來，我們志向宏大的祖先所踏出的第一步，顯然是由許許多多的影響因素所共同促成，並且經過適應調整，才終於達到完美（這是與本來的原始狀態相比而言，兩足行走本身絕對稱不上是完美的移動系統）。許多四足動物都可以暫時直立以評估周遭環境是否安全，或者藉此取得食物。福爾摩斯曾經告誡華生：「沒有事實的佐證就逕行推論，是最嚴重的錯誤。」然而，演化生物學就像犯罪偵查一樣，只能由手上的線索推想確切證據的所在地點與本質。

那麼，對於人類如何演化出飯後散步、步態舞、兩人三腳，以及莎莎舞等種種行為，我們又能知道些什麼呢？只要稍微想一想，就可發現這個問題的範圍有多麼大，以及要回答這個問題所必須探討的議題有多麼繁雜。首先，在構造上與行為上和我們最相近的動物，諸如黑猩猩、巴諾布猿，以及其他高等靈長類動物，我們可以研究牠們的行為。此外，我們也需要化石的實物證據。這種關鍵證物不斷累積，而且宗教信徒崇拜聖人的遺骸也沒有科學家研究化石這麼虔誠——

科學家以滿懷虔敬的態度對化石加以測量、秤重、拍照、電子顯微攝像以及解剖，並且還繪製骨骼結構切面圖、測量腦容積、分析DNA。兩足移動方式需要骨骼上附著有幾種特定的腿部肌肉，才能承受直立行走的壓力；而在狀況良好的化石樣本上，仍可看到這類肌肉的附著痕跡。當代的生物力學能夠以化石上的肌肉與現代人的肌肉互相比較。正如第七章所提過的，人體上較大的肌肉都集中在四肢上，也就是負責移動、舉重，以及打鬥的部位。

科學家辨認出人類最早的化石祖先之後，科學界就一直存在「雞生蛋還是蛋生雞」的爭議：我們的祖先當初是先演化出哪一項特徵？龐大的腦容量，對生拇指，還是兩足行走的能力？或者說這些特徵都同時出現？這個問題和其他許多問題一樣，還需要有更多的證據才能回答。一九二四年，達特研究了一具骨骼的遺骸，這是一名腦容量不大的兒童骨骸化石，稱為唐恩小兒，出土地點在盛產鑽石的南非金柏利一處礦坑裡。達特在研究之後宣稱這是一個新物種（現在學界認為唐恩小兒屬於阿法南猿，和露西一樣）。於是，古生物學家從此發現我們的祖先原來早在腦容量增加以前，就已經採取了直立姿勢。自此之後，其他證據又不斷出現。等到瑪麗・李基在利特裡發現露西的足跡之後，就很難再質疑這種說法的正確性。現在，露西的足跡已經比恐龍的腳印還要著名，而且大多數的科學家也都同意留下這些足跡的動物，是一隻至少在三千六百萬年前就已經直立行走的靈長類動物。我們現在已經大致沒有疑問，可以確定兩足行走是靈長類動物演化過程中的第一項重大變化。經過長期的演變之後，人類才終於達到芭蕾巨星巴瑞辛尼可夫與短跑傳奇人物葛瑞菲絲這樣的成就。

有關這種奇特的適應演化，也有各種不同的理論。不過，只要看看其中幾項，就可知道我們要重建這段演化過程有多麼困難。在《動物農莊》裡，雪球提出「兩腿壞」的口號之後，隨即受到鳥類抗議。這位獨裁者為了安撫牠們，便趕緊解釋說鳥類的翅膀負責推進身體而不是操控事物，因此鳥類也算四腿動物。雪球接著又對自己反對兩腿動物的立場提出補充，也就是先前在第八章曾經引用過的那句話：「人類的特徵是手，也就是人類從事種種惡行的工具。」雪球這句話倒是與人類的看法相同。關於兩足行走的演化原因，最早的一種看法就認為這是為了解放雙手，讓人得以用手製作及使用工具，並且用手蒐集食物。與此相類的看法至今仍然存在。一九八一年，美國人類學家洛夫喬伊提議指出，在阿法南猿發展中的社會結構裡，兩足行走方式的出現有可能增進配偶的情感。在他的設想當中，雙手擺脫行進的任務之後，便成為覓食與打獵的工具：「你的伴侶若能直立行走，就更能攜帶食物，也比較有可能把食物帶回來給你。」洛夫喬伊假設一夫一妻制比兩足行走更早出現，而且也是雄性動物扮演供應者角色的必要條件。這種預設的雄性優越論，是行為學模型的中心信條，當然也充滿爭議。

《人類演化期刊》在一九九一年刊登一篇由英國生理學家暨古人類學家惠勒所寫的論文，其中提出兩足行走方式出現的另一種可能原因。惠勒認為，直立的姿勢可以減少身體受到陽光曝曬的面積，又可以抬高身體，接觸地面上較高部位的涼風，從而增進散熱效果。我們一旦筆直站立，身體受到正午太陽曝曬的面積就比較少，同時也減少暴露於水分蒸發狀態下的身體表面部位，而有助於水分的保持。這項理論的一個問題是，根據我們所發現的證據，最早把樹木稀少的乾草原當成棲息地的是人屬動物。至於更早以前的人科動物，包括露西所屬的南猿，卻都是在林蔭環境裡直立行走。演化作用對於溫度調節最有貢獻的發展，可能是後來人類身高的增加。

在不久之前的一九九六年，杭特提出了他所謂的「覓食姿勢假設」，認為猿類以兩足站立通常是為了摘取食物，因此經過長久的時間之後，汰擇作用便可能提高猿類對兩足直立的依賴。他指出，黑猩猩以兩足站立的時間當中，有百分之八十都是為了覓食，一手採集水果，一手穩定姿勢。南猿的軀體構造顯示牠們的身體適合手臂垂吊，於是有些古生物學家便據此推論，認為牠們演化出兩足行走方式的原因，和黑猩猩所表現出來的行為相同。

二〇〇二年十月，由於法國古生物學家布呂內在不久之前發現了「薩赫勒古人猿」的化石（暱稱為「圖麥」，意指「生命曙光」），結果科學界便對這種動物在人類族譜當中的地位爆發了爭議。人類學家沃爾波夫等人檢視圖麥人頭骨上頸部肌肉附著部位的印記，以了解其頸部與脊椎的連結型態是否顯示出兩足直立的姿勢。沃爾波夫以圖麥人不具備兩足直立姿勢為由，將其排除在人類的範疇之外，而他所說的話正代表我們對其他動物的看法：「牠沒有人類的姿勢，因此不是人類。」

顯然，兩腿直立的姿勢是我們定義人類的一項要件。科學家經常忍不住對兩足行走方式產生浪漫想像，因為這是一種令人著迷的發展，改變了人體的許多面向。不過，現在已經很少有人會再落入過去那種演化論的思考陷阱，以為所有毛茸茸的靈長類動物都是在歷史的邊緣拖著四肢行走，熱切渴望成為手提公事包的直立白人。

不幸的是，我們祖先採取四足行走的身體，似乎難以承擔直立生活的壓力。兩足行走姿勢帶來了各種病痛，除了頸背酸痛的問題之外，還有人類母親在分娩期間所經歷的巨大痛苦。光是背痛問題，就供養了無數的醫生與江湖術士。美國神經外科醫師佛杜錫克在《聽疼痛說話：神經外科的十三個故事》一書裡提到這個問題。他指出坐骨神經痛與椎間盤手術之所以如此普遍的原因——因為我們雖然以兩足行走，身體骨架卻是四足動物的結構，脊神經與椎間盤的距離太近：

人類身體的體重與脊椎軸平行，這是一種極大的改變。把設計供水平使用的脊椎拿來支撐直立的身體，就像是用螺絲起子敲釘子：雖然釘子還是敲得進去，卻不免敲壞許多螺絲起子。我們為直立姿勢付出了什麼代價呢？就是許多椎間盤因此碎裂。

除此之外，直立姿勢還有其他許多問題。由於人類幼兒必須緩慢發展兩足行走能力，因此依賴父母的幼年期就拖得特別長。即便是成年人的雙腿也經常會碰到各種意外。我們的腿和眼睛、鼻孔、耳朵、肺臟，以及手臂不同，兩條腿沒有互相遞補的作用。一條腿一旦受傷，另一條腿也無法發揮太大的效果。就算只是扭傷腳踝，也會大幅影響行走能力，而只能杜著枴杖蹣跚前進。隨著社會發展，我們不再需要獵捕其他動物，更不需要和其他動物搏鬥以求生存，於是我們就轉而把時間花在從事各種激烈運動，以便發洩多餘的精力，同時也促成利潤豐厚的運動醫學產業。

約翰生在一七六三年所說的這句話雖然充滿男性沙文心態，卻刻劃出一個鮮明的形象：「女人講道就像狗用後腿走路，雖然表現不佳，但光是這個現象本身就足以令人感到驚奇。」暫且把幻想中的動物拋在一邊，不管是米老鼠，還是拉森的《遠端》漫畫裡那些趁著周遭沒人而偷偷直立的牛隻，也不論是穿著衣服走來走去的兔子大哥與鼴鼠先生，或者是迪士尼版的《森林王子》裡那隻愛跳舞的猩猩；在現實世界裡，人類是唯一用兩腿行走的哺乳類動物，而且完全不需要雙手的輔助。我們先前已經提過，四足動物演化成兩足動物的過程，可不像辦公室裡的職務升遷那麼簡單。這樣的演化需要搭配各種改變，有些劇烈，有些細微，而且對身體許多部位的構造與功能都有所影響。鑒於我們用後腿走路所產生的各種負面影響，也許我們應該承認人類用兩足行走的表現並不高明。不過，光是人類以兩足行走的這個現象本身，想必就足以讓其他動物深感驚奇了吧。

稻草人學跳舞

許久以前，我們的祖先發現自己是動物當中唯一用後腿行走的族群，於是我們從此就對這種奇特的能力深感興趣。舉例來說，十九世紀末期一位名叫馬海的法國生理學家，為人類行走的動作攝製了許多多重曝光的照片。他受到美國前衛攝影師麥布里吉的啟發，創作出科學性的藝術作品，分別捕捉住身體活動的各個階段。不過，每一種姿勢的照片就像是交響樂裡的單一音符。人類行走時的協調動作，需要許多角色的共同合作——包括骨頭、肌肉、神經、雙眼、大腦，以及可靠的平衡機制。

由科學界對兩足行走方式起源的爭議可以看出，演化當中最複雜的一個議題，就是在種種交互作用裡辨別何者為因，何者為果。我們在超市的走道裡瀏覽商品，而不必依賴手推車支撐身體，是眾多因素共同作用所產生的成果。由於這個原因，我們的老化過程不只看起來像是個人成長過程的逆轉，也像是人類演化過程的倒帶。每個幼兒的發育過程，都重新體現了兩足行走的文化里程碑。《綠野仙蹤》電影裡的稻草人，可說是具體而微地呈現了我們每個人發展這種能力的歷程。這個角色由傳奇歌舞巨星雷・鮑嘉演出，一開始連用兩腿站立都站不穩，必須藉助桃樂絲的攙扶才能站立，然後慢慢學會走路。最後，則跳起了舞蹈。

人類嬰兒也必須經歷同樣的階段。一般幼兒在一歲左右就至少會嘗試走路。我們把這種行為視為一大成就，更是需要拍照留念的時刻，但是其他動物大概都不會覺得有什麼了不起。我們的小孩開始蹣跚學步的時候，其他哺乳類動物早已跑步跑了好幾個月（或者飛行，或者游水），甚至還生了自己的下一代。不過，這些動物所做不到的，則是用兩腿長久站立，更別說用兩腿帶領身體行進了。兩腿行走是一種複雜的活動，需要無意識的高度平衡能力以及強勁的力量，而這兩者在嬰兒的身體當中，都必須花上很長一段時間才能發展成熟並產生互動。

幼兒早在身體發育到能夠實際行走的成熟程度之前，就已經有採取雙腿行走的衝動。就像我們稍後在腳趾的部位會提到的運動障礙，以規律方式擺動四肢是原始即有的衝動。這種衝動的來源不在大腦，而在脊髓裡，在一個稱為「中央形式產生器」（簡稱CPG）的神經中心裡。神經生物學家麗絲•艾略特寫道：「大多數的動物，不論行走、小跑，還是游水，都是利用一個類似的脊髓迴路控制身體兩側肢體肌肉的屈曲與伸展。」整體來說，在我們的演化歷史當中愈古老的反射動作，發育成熟的時間就愈早。受孕六個月後，子宮裡的胎兒就已經發展出行走的CPG。如果把新生兒抱起來，讓雙腳剛好接觸到地面，他們就會交替舉起雙腳，即便是早產兒也會如此。但艾略特提醒：「這種踏步行為看起來雖然像是高度發展的成果，卻絕對不是自願性的行為：就算是天生沒有大腦皮質的嬰兒也會表現出這種行為，而且動物實驗的研究也證明，這種最基本的運動發展形式，並不需要大腦皮質的干預。」這種反射動作在後來會消失好一段時間，原因是嬰兒體重增加的速度，比增加力氣和肌肉控制力的速度還快。此外，實際的行走行為還是必須等待大腦皮質發育完整。一旦時機成熟，幼兒只要拉住父母的手，就會用力把自己的身體往上抬。接著，他會自行站立，蹣跚邁步，走路，跑步，然後離家追求自己的人生。

在二〇〇一年其中一期的《自然》期刊裡，科學作家菲利浦•鮑爾對於行走的複雜程序提出一項重要的論點：「自行車騎士、踩高蹺的人、還有喝醉酒的酒鬼都能夠體會這種感覺：行進的時候沒問題，但一停就會跌倒。」研究行走現象的科學家所提出的解釋非常複雜，其中包括摩擦力、滑動、平衡，以及推進力等因素的交相作用。鮑爾寫道：「傳統的看法認為我們走路的時候之所以能夠保持平衡，是肌肉精確控制的結果，並由生理平衡機制以及視力搭配調節。」我們的直立行走方式當然需要複雜而且快速的神經反應，以處理身體不同部位所傳來的各種訊息——包括腳趾、內耳，還有眼睛。不過，晚近的研究發現，我們在街上走路的時候，不一定都會用上體內所有交互連結的機制。

鮑爾探討的是麥基爾與考曼這兩位機器人工程師的研究內容。麥基爾在一九九〇年提議指出，行走的行為本身可能就足以為步履蹣跚的機器人增進平穩。這表示工程師不一定需要模仿人體各種錯綜複雜的機制，也能夠設計出具備行走能力的機器人。結果，麥基爾的原型機器人至少可以在兩腿張開的時候平穩站立，因此這個問題和他的預期並不完全相同。但在一九九七年，康乃爾大學一個以考曼為首的團隊卻製造出一具只有在行進當中才能站立的機器人，而且又在二〇〇一年建構出這種運動型態的數學模型。這具革命性的機器人是利用「萬能工匠」這種兒童組裝玩具所裝配而成的。一九九八年，由考曼等人共同撰寫的一篇論文，其標題就似乎代表了人類一項引人注目的特性，至少是幼兒具備的特性：〈一具毋需操控也無法靜止站立的行走玩具〉。

美臀女神

雙腿的頂端所連接的一個身體部位，我們通常都將其視為獨立的個體。正如本書裡的許多範例所示，有時候我們看待事物的不同面向，互相之間常有讓人意想不到的關連。在這類古怪的關連當中，有一項就是膝蓋、臀部，以及直立能力之間的關係。兩足行走的演化結果有一項奇特的副作用：在所有的靈長類動物當中，只有人類會欣賞別人的臀部，然後讚許道：「好個俏屁股！」多虧我們兩腿直立的姿勢，我們才會成為唯一真正「有」屁股的靈長類動物，至少就我們對屁股一詞的定義來說是如此。從人類的觀點來看，我們的靈長類近親根本都沒有屁股。你若是願意稍微窺看黑猩猩或者大猩猩的臀部，就會發現牠們的臀部實在沒有什麼曲線。牠們形狀扁平而且皮膚粗厚的臀部，絕對不適合穿丁字褲，但我們的臀部則是渾圓豐滿，墊著厚厚的一層肉——但是偶爾也有例外，例如一名女星提到新聞媒體批評她身材太瘦，就對那些媒體喊話道：「我的骨感屁股干你們屁事！」

和大猩猩等其他動物比較起來，人類的臀部肌肉發展程度較高。這種差異是直立行走所造成的結果，因為這種行走方式需要有比較強壯，從而也比較大的小腿與大腿肌肉，才能把腿前後拉動。我們每跨出一步，結實的臀大肌和其他肌肉就會像划船奴隸一樣用力把身體拉到腿的前方。臀大肌——另外還有臀中肌與臀小肌——覆蓋了臀部大部分的範圍，是人體上最重的一塊肌肉。我們從椅子上站起來，或者跨出步伐的時候，都會用到這塊肌肉。這塊肌肉能夠讓腰與腿形成直線，使我們能夠走路、跑步，以及筆直站立。大猩猩就是因為沒有這塊特化的肌肉，所以用兩腿站立的時候，頂多只能踉蹌走個幾步，偶爾才會因為衝力奔跑一小段路。派特森在一九六七年拍攝了一段惡名昭彰的影片，據說內容捕捉到一個在野外閒步的大腳野人。許多人士之所以質疑這段影片的真實性，其中一個原因就是影片中那個生物擁有大而渾圓的臀部。這種人類典型的特徵，是其他靈長類動物所沒有的（那個冒充的怪物還有毛茸茸的胸部，但是所有高等靈長類動物以及大部分的哺乳類動物胸前都沒有毛髮）。

早自古代以來，人類就熱中於欣賞自己的屁股，尤其是女性的屁股。古希臘人有許多代表美麗的女神，其中一位稱為「愛神佳麗屁股」，也就是「美臀女神」的意思。那不勒斯博物館裡有一座著名的大理石雕像就是以此為名。這座雕像是近代的仿製品，原版雕像源自公元前一世紀左右，原本供奉在西拉庫斯的神廟裡，讓人祭拜這位著名的美麗女神以及她著名的美麗臀部。這座雕像呈現出一名近乎全裸的年輕女子轉頭後望的模樣，採取螺旋式的創作手法，因此由任何角度觀看都一樣充滿美感。多神信仰顯然比一神信仰要來得有趣許多。

我們又大又重要的臀部肌肉非常引人注意。許多異性戀男性雖然不崇拜愛神佳麗屁股，還是會把情慾注意力放在女性身體上的這個部位。美國社會把這種男人稱為「戀屁男」，以便和戀胸、戀腿，以及戀足的族群區分開來。至於單純欣賞女性美，而不迷戀特定身體部位的男人，我們顯然沒有特定的名詞可以稱呼。

有時候，科學家能夠為自己的戀物癖爭取到補助資金，於是有一名科學家便在女性走路時的屁股運動方式當中發現了一項有趣的事實。女性對直立姿勢的適應演化，至少在一個方面與男性不同。當初瑪麗蓮・夢露發揮到極致的擺臀動作，似乎具有演化上的來源。這種現象雖然在當今講求纖瘦的女星身上比較不明顯，但在現實生活裡的女性身上還是明顯可見。女性的兩足行走姿勢有些微的傾斜，因為女性的骨盆必須維持較大的形狀，才能讓嬰兒的大頭通過。一般人對女性臀部的注意雖然在各個文化裡稍有不同，但是似乎都源自於一種自然的偏好。女性臀部的曲線通常比男性明顯。和其他猿類的雌性成員比較起來，人類女性的臀部與大腿在比例上都比較大，還有乳房也是一樣，原因是演化作用增加了這些部位的脂肪囤積。關於這種發展的成因，曾經出現過各種不同理論。在《性的史前史》一書裡，泰勒認為直立姿勢促使女性發展出比較大的臀部當做性徵，因為原本四足行走之時展露在身體後方的陰戶，直立之後便隱藏在兩腿之間。直立人類渾圓的臀部肌肉就像是顯眼的看板，能夠展示性訊息。不過，這項理論有個問題，就是女性也會欣賞男性的屁股——而且對這個部位的評論絕不少於男性身體的其他部位。此外，同性戀男性也會品評其他男人的臀部曲線、股溝，以及牛仔褲的合身程度。

有些生物學家認為這些身體特徵是性汰擇的結果。性汰擇的作用就是說，經過無數世代的長久演變之後，伴侶所喜好的特徵就會慢慢影響異性的體格。大自然進行這種緩慢的塑形過程，首先挑選出若干特徵，再把這些特徵傳給後代。男性特徵，例如鬍鬚和獨特的陰莖——先前在第十一章已經說明過，人類的陰莖不但比其他高等靈長類動物來得大，也比較柔軟——很可能就是女性選擇的結果。英國生物學家傑弗利・米勒指出：「人類兩性各自演化出互不相同的性徵，由此可見女性和男性的選擇在人類演化當中扮演了相當重要的角色。」我們的身體不但和靈長類近親差異甚大，而且還具有性別差異的特色，也就是說人類兩性成年之後會有鮮明的身體差異。相較之下，猿猴的性別差異就顯得微不足道。在二〇〇〇年出版的《求偶之心：性選擇如何塑造人性演化》一書裡，米勒詳細說明了兩性對於彼此的身體所可能造成的影響。他也認為我們的大腦之所以極富創意，一部分原因可能就是為了因應伴侶選擇的相互影響。在第六章探討嘴唇大小與顏色的部分曾經提過，男孩和女孩身上的重大差異開始出現的時候，就是他們需要宣告自己具備生殖能力的時候。米勒表示：「在性成熟與性興奮之際才完整呈現的特徵，可能是經由性選擇演化而來的結果。」

過去有許多時裝設計都是為了突顯女性臀部。十六世紀的女性為了強調臀部曲線，不惜穿戴各種支撐物和鐵架，並且在服裝裡塞進各種墊子。十九世紀末，這種做法演變成為裙撐，也就是用鐵絲編成的籠子，把衣服高高撐起，形成誇大至極的臀部。二十世紀中葉，美國內衣廠商在雜誌上所登的廣告也告誡女性：「別當扁臀族！」廣告內容販售活動式襯墊，可讓女性墊高臀部，呈現出「年輕、自然、嬌俏的妳」。到了二十世紀末，則轉為流行苗條的身材，以及比較低調的曲線。

有些人不只欣賞別人的臀部。也許是因為納西瑟斯的神話，大多數人都認為愛美就是注重面容；不過，有許多人愛美卻是針對身體的其他部位。有些男女顯然對自己的臀部深感滿意，於是穿上緊身的牛仔褲或裙子大方展現自己的優點。十六世紀的義大利畫派有一幅雕版畫，通常稱為《虛榮寓言：女子受到死神驚嚇》，畫面中的女子顯然就是對著鏡子欣賞自己的臀部。至於手裡拿著沙漏當做名片，以骷髏形態出現的死神，之所以能夠出其不意，嚇到那名女子，則是因為她看自己的屁股看得入迷了。

不過，大多數人還是比較常看別人的背影。例如伊斯科維多的歌曲〈響板〉當中帶有暗示意味的歌詞：「我比較喜歡她離開的身影……」由於臀部具有情慾意涵，又不是生殖器官本身，因此在視覺藝術裡向來深受歡迎。繪畫裡最著名的屁股，大概要算是布雪為奧莫菲女士所畫的裸體像。十八世紀的法國君主路易十五放蕩淫佚，討得他歡心的女子都得以獲取些許權勢，而奧莫菲就是其中之一。她在這幅畫裡俯臥著，就像是不經意間被人捕捉到的畫面。她裸露的臀部曲線佔據畫面中的注目焦點，也是這幅畫所以存在的原因。當初布雪一面調和顏料的時候，心裡很可能想著：「嗯，這才是名副其實的美臀。」就是因為這類引人垂涎的香豔畫作，狄德羅才會譴責布雪不守道德分際。

有個神話人物，其形象也幾乎總是以裸露的臀部面對觀眾。這個人物就是優美三女神，希臘人稱為卡里忒斯，羅馬人稱為恩典女神，雖然不一定都由三位女神構成，但都是美麗與優雅的化身，負責啟發藝術創作的靈感。不少文藝復興時期的畫家與雕塑家，因為受到希臘羅馬時期的浮雕所影響，因此都以這種臀部面對觀眾的方式描繪優美三女神。在大多數的畫作裡，例如拉斐爾與柯雷吉歐的作品，三位女神要不是把手臂搭在彼此的肩膀上，就是環繞彼此的腰。左右兩端的女神面對觀眾，但中間那一位則背對觀眾，通常可看到她全裸的背部。大英博物館收藏義大利雕塑家卡諾瓦在十九世紀初所創作的一尊新古典大理石像，就是優美三女神的典型形象。不過，立體創作使得卡諾瓦不必受限於傳統，因此他的三位女神都面對同一個方向，共同展現她們完美的臀部。這群希臘神話的美臀三人組至今仍然引人注目。艾瑞克森在一九九〇年代晚期所寫的一首詩裡，摻雜了不少虛構書名，其中一個就是《優美女神的屁股》。

時尚流行以及臀部的情慾意涵都因地而異。醫學術語當中有一個字眼叫做「steatopygia」（臀脂過多），源自希臘文的「肥胖」與「屁股」這兩個詞語。在《漂亮馬駒》這部電影裡，保羅・

賽門用這個字眼嘲諷一名男子，但對方卻誤以為是讚美之意。有些文化當中，所有人都具有集體臀脂過多的現象，主要是又大又突出的臀部，而且這種誇大的特徵不但是情慾焦點，甚至也是社會地位的象徵（至於大腿脂肪過多，則稱為「steatomeria」）。有些冰河時期的小雕像具有超乎尋常的大臀部，可能代表臀脂過多在史前時代普遍可見，也可能只是一種藝術傳統而已。這種雕像當中最著名的是維倫朵夫的維納斯，發現於奧國，其他還有在捷克發現的朵尼維斯多尼斯的維納斯與法國的雷斯布格的維納斯。這三具雕像的材質分別為白堊、燒黏土，以及長毛象牙，歷史可追溯至兩萬五千年前。當今只有兩個文化還在遺傳上保有臀脂過多的傾向，一個是安達曼群島上的原住民族，位於印度外海，另一個則是南非的庫伊族人。隨著西方殖民所造成的種族離散以及種族滅絕，目前南非已然消除部落習慣的文化，正逐步侵蝕庫伊族獨特的文化面向，因此臀脂過多的傾向也逐漸消失。通常，小族群一旦喪失地理上的隔絕狀態，並且放寬異族通婚的限制之後，原本鮮明的族群特徵就會受到其他較大族群的稀釋。這種現象在其他動物身上也是一樣。

侵入非洲的歐洲人把庫伊族人稱為「哈騰托人」，西方社會至今還是比較熟悉這個名稱。臀脂過多最著名的例子，就是一名庫伊族女子的悲慘故事，現在一般人都只記得她的藝名——「哈騰托維納斯」。她生於一七八九年，就在今天的南非境內，在阿非力康語中的原名為莎娣・巴特曼。一八一〇年，一位名叫鄧勒普的醫生欺騙巴特曼，誘使她做出一項無可挽回的錯誤決定——鄧勒普向她說，她只要把自己壯觀的臀部展露給狂熱於怪胎秀的歐洲人觀賞，就能賺進大筆財富。結果她的決定不但毀了自己一生，也從此造成歐洲人對非洲人的刻版印象。她在馬戲團和博物館裡像動物一樣供人觀賞，博物學家對她細細檢視，漫畫家則對她譏諷訕笑。十九世紀初期的一份印刷品描繪一群觀眾對著巴特曼的臀部嘖嘖稱奇，其中一人甚至還站在遠處用望遠鏡觀看。由這群人所發出的各種評語，可見得巴特曼當時所遭受的屈辱有多麼難以忍受。一名觀眾喃喃低語道：「啊，自然現象多麼滑稽！」另外一名觀眾則大喊著：「他媽的，這簡直是一塊烤牛肉嘛！」當然，新鮮感不久即告消退，巴特曼於是當了一陣子妓女，過著難以溫飽的生活，後來在一八一六年客死巴黎。她死後的骨骸展示在巴黎的人類博物館內，直到一九七〇年代中期為止，而且展示品還包括了她的大腦與生殖器官（巴特曼的陰唇和臀部一樣異常肥大，居維葉解剖之後，竟把她的身體和猿類相提並論）。非洲脫離殖民統治以後，巴特曼隨即成為庫伊族的象徵。一九九四年，庫伊族支族格里夸人所成立的一個委員會，和南非政府一同向法國要求返還巴特曼的遺骸，後來終於在二〇〇二年取得法國的同意。

現在，整形醫師通常都以抽脂術治療臀脂過多的症狀。實際上，臀部過肥的狀態在美國人身上已是普遍存在的問題，在世界其他地區也愈來愈常見，原因是愈來愈多人都吃太多垃圾食物，而且運動量又不足。二〇〇〇年，英國一名電台主持人指稱英國可能會像美國一樣成為「胖子國度」。不過，除了庫伊族人以外，還是有許多人認為大屁股性感誘人。網路上甚至還有相關的俱樂部，其中一名愛好此道的人士還把自己的電子郵件名稱取為「臀脂過多哈騰托」。

肛門：極佳的發明

股溝上端——在彎腰撿拾扳手的胖水電工身上最常看見——在英文裡曾經一度稱為「nock」。這個字眼至今仍然存在，意指箭尾端的扣弦處。有些歷史學家認為一般常見的心形圖案原本其實是描繪臀部的曲線，所以才會一點都不像實際上的心臟。有些漫畫家採用了這種觀點，而把心形圖案與邱比特的光屁股還有靦腆的情人連結在一起，而為情人節那種陳腔濫調的象徵符號注入了新意。

接著，且讓我們短暫窺看一下兩股之間的部位。所有人都知道，肛門是消化道的終點，等於是陰溝的開口，負責排出無法消化的食物殘渣，還有附帶產生的氣體。肛門是個極佳的發明。想想看，要是沒有肛門，我們的生活會是什麼模樣。像水母這類無脊椎動物，消化系統都頗為簡單，也沒有廢棄物的出口，因此牠們必須吐出無法消化的物體，進食和排泄都用同一個孔洞。大多數的脊椎動物都只有一個泄殖腔——英文稱為「cloaca」，源自古羅馬帝國的大下水道「Cloaca Maxima」這個名稱——一方面用於排泄，另一方面也用於生殖。不過，我們身為胎盤哺乳類動物，因此有不同的開口，一個屬於生殖泌尿系統，另一個則是肛門，分別排泄液體和固體的廢棄物。像鴨嘴獸與針鼴這類天生的混種動物，雖然屬於哺乳類，卻又具有原始的身體結構，而以排泄用的泄殖腔產卵。由於這種噁心的構造，牠們於是獲得「單孔目」之名。不論排泄物有多麼不符我們追求聖潔的志向，我們的排泄方式顯然還是比其他許多動物的方法要來得簡單而且優雅許多。至於我們完成消化程序所採取的姿勢，雖然蹲踞似乎是最自然的姿勢，但是文明總是要求我們抗拒自然的傾向。在《身體的頭緒》一書裡，艾克斯坦比較了幾種動物的排泄姿勢，最後以人類的姿勢作結：「人類採取坐姿。人類是思想家。」

然而，即便是這種沉思的姿態，也不足以代表我們所渴求的獨特性。先前提過，根據珍・古德以及其他靈長類動物學家的觀察，黑猩猩也會牽手、擁抱、使用工具和武器，相遇和離別的時候也會親吻致意，害怕的時候也會伸手向同伴求助。古德甚至提到自己看過一頭母黑猩猩在腹瀉之後用樹葉擦拭肛門——而牠的幼仔也隨即模仿這項動作，拿樹葉兩度擦拭自己乾淨的屁股。

肛門及其周遭的組織是非常敏感的部位，而我們享樂派的大腦也總是不肯放過任何可能帶來快感的神經末梢。因此，原本應該是出口的肛門，長久以來也就一直有人拿來當做入口使用。由於肛門可供手指、陰莖，以及其他物體插入，而且把精液射入直腸又不會導致懷孕，再加上這個孔洞恰可供男人與男人之間的性交使用，因此我們的後庭也就出人意料地忙碌。肛交是傳染愛滋病病毒的管道之一。不論異性還是同性之間的肛交，在歷史上都頗為常見，早自古希臘的陶器，晚至二十世紀下半葉美國藝術家凱斯・哈林的塗鴉畫作，都可看到肛交的圖像。達文西在他的一本筆記簿當中，也畫了一根勃起的陰莖，正對著男性的臀部，中間還有一滴恰到好處的墨跡。他還留下了一系列的素描，內容描繪肛門括約肌的五條肌肉，看起來像是相機光圈，接著又幻化成五片花瓣，最後則形成五角型的碉堡。這些圖畫當然免不了又讓我們想起佛洛伊德——在這裡我們只需要提一件事：佛洛伊德一生深受便秘之苦，於是發明了肛門便秘型人格的概念。

> 我可以夾緊屁股，但應該沒辦法搖尾巴。
>
> ——凱文，沃特森著《凱文與虎伯》中的人物

英文的「屁股向後」一語意指由錯誤的方向處理事情，或者逆轉事件順序。這句話的歷史之古老，頗為出人意料。現在英文用「preposterous」一詞指稱愚蠢、荒謬，或者違背自然的事情，但是這個字眼的拉丁文字源，意思卻是後方朝前，屁股向後。至於「piece of ass」❶這個片語，主要不是來自「ass」（屁股），而是來自「piece」一詞：這點由過去數百年來與此同義的其他片語「piece of tail」以及「piece of flesh」（字面意義分別為「一條尾巴」及「一塊肉」）即可看得出來。早在十三世紀，「piece」一詞就因為古怪的舉隅修辭用法，而用於諷稱團體內名譽不佳的成員；到了十六世紀，更是演變成主要用在女性身上的稱呼。在過去兩三百年間，這個字眼用於指稱女性，還有女性生殖器官，以及和女性交媾的行為。在英文裡，「一條尾巴」這個片語至今仍然存在，其中「尾巴」一詞也可用來指稱人類的屁股——例如有一名美國婦女就對小孩吼道：「你那條尾巴馬上給我進到車裡來，否則我就在那上面打個結！」這個威脅和「親我的屁股吧

❶譯註：粗話，字面意義為「一張屁股」，意指女人或性交。

你！」這樣的粗話屬於同一類。另外，美國南方也有一個代表不當行為的常用片語：「露屁屁」。顯然，屁股和乳房以及生殖器官一樣，都屬於危險的身體部位，不該展露出來，不論是就實際上還是象徵上而言。一九四〇年代，天主教的道德審查會下令連卡通人物貝蒂寶也不得露出吊襪帶和大腿，以及臀部上端的曲線。這些畫在賽璐珞膠片上的黑線由於形狀模仿女性臀部，因此情色意味太濃，不宜大眾觀看。

「尾巴」一詞的歷史起源可讓我們看見臀部的最後一個面向——或者該說是臀部所缺少的一個東西。過去至少一千年間，「尾巴」一詞向來用於指稱動物身上那條通常頗為靈動的裝飾品，從蜥蜴乃至馬匹身上都可看到。希臘牧神潘——後來成為野性精神的象徵，而且名字也衍生出「panic」（恐慌）一詞——自然也有一條尾巴搭配他頭上的角、腳上的蹄，以及毛茸茸的身軀。羅馬神話裡的牧神法烏努斯也是如此。半人半羊的森林之神薩特與方恩，通常也都有尾巴，代表他們未經馴化的野性。「薩特」（satyr）這個名稱是希伯來文「sa'ir」的粗略翻譯，後者在聖經裡原指公山羊或羊形惡魔。尾巴與野性的聯想至今仍然存在。小木偶走入歧途的時候，最早的徵象就是長出一條驢尾。在目前這個時代，人類只有模仿其他動物的時候才會有尾巴，例如歌舞劇《貓》裡的舞者，以及蜜雪兒・菲佛在《蝙蝠俠大顯神威》一片裡演出那名充滿性暗示的貓女。一度是男人性幻想對象的兔女郎，屁股上也裝了一條毛茸茸的短尾巴，雖說應該是兔子尾巴，實際上卻比較像是白尾鹿的尾巴。

人類在自己身上裝上尾巴，就像我們為天使加上翅膀，為獨角獸加上馬的身軀一樣，都是為了增加自己的形象變化，重新擁抱那些我們自認為役使在手底下的動物，把牠們當做圖騰，分享牠們的純真與力量。這種衝動通常是無意識的。在大腦的其他區域，我們甚至對自己沒有尾巴的狀態也沾沾自喜。達爾文在《人類原始論》裡寫道：「在一般人的印象裡，沒有尾巴是人類獨有的特色。不過，和人類關係相近的猿類也一樣沒有這個器官，由此可見尾巴的消失並不是專屬於人類的發展。」

在古代的地圖裡，有些空白區域都會寫上：「Homoni caudate hic」，意指「這裡住著有尾巴的人」。從一向輕信易欺的普里尼到公然撒謊的馬可波羅，許多旅人和作家都聲稱世界上仍有像動物一樣長著尾巴的人類部落——不過當然都是在偏遠地區。就像傳說中的事件總是發生在朋友的朋友身上，各種奇觀也總是藏匿在地平線的另一方。

功能特異的腳趾

在《吸血鬼》小說中，主角哈克在吸血鬼德古拉公爵的城堡裡，晚上無處可去，只能打開窗戶透透空氣。他早就已經發現這位雙手冰冷，口氣惡臭的城堡主人在鏡中沒有倒影，而他望出窗外所看到的情景，更是令他驚疑不已。德古拉公爵房間的窗戶旁邊有些動靜，吸引了他的注意力。哈克傾身觀看，剛好看到德古拉從窗戶裡探出頭來。他原本只是好奇想看看這位公爵在做些什麼。

但是我的好奇心頓時化為厭惡驚恐，只見他整個人從窗戶裡慢慢冒出來，沿著城堡的外壁往下爬，高懸在那深不可測的懸崖上，臉朝下，斗篷垂掛在身周，就像大翅膀一樣……我看到他用手指與腳趾抓著石磚的角落，縫隙裡的灰泥都早已因為年歲久遠而脫落。他就利用石壁上凹凸不平的表面往下迅速爬去，如同蜥蜴在牆上遊走。

要點出反派角色的邪惡本性，把他的行為描述成和其他動物一樣，不正是最好的方法嗎？作者史杜克描寫吸血鬼用他野獸般的手爪腳爪爬在城堡上，也許沒有刻意要表達這層隱喻意義，但是吸血鬼在峭立的石壁上爬行，卻營造出了極為鮮明的形象。

老普里尼在公元一世紀寫道：「有些人的某些身體部位天生就有特殊稟賦。」這位向來沒有什麼判斷力的百科編纂者提出一項極佳的例證：「只要碰一下國王皮洛士的右腳大拇趾，就能治療脾臟發炎。據說他死後身體火化，大拇趾卻完好如初，於是收藏在匣子裡，保存在廟宇中。」像皮洛士這樣具有治療效果的大拇趾雖然不多見，但是其他大拇趾也留下了不少奇特的軼事——在文學裡有吸血鬼乃至波赫士等各項例子，還有醫學與演化生物學，漫畫以及皇室醜聞，甚至連通靈歷史也不例外。

大多數人都能夠用腳趾勾起襪子，或者搔抓另一腳的腳背。不過，和刻意練習腳趾靈活度的人比較起來，我們這種腳趾活動實在是太小兒科了。胡迪尼的身體極度靈活，甚至連各個肢體的末端也不例外。最早以這位魔術暨脫逃大師為主角的電影，是一套通俗濫情的系列電影，片名為《神秘大師》，片中揭露他所採用的脫逃方法，全都是先前不曾呈現在觀眾眼前的幕後實況。根據傳記作家席維曼所言，胡迪尼的腳趾和手指一樣靈活：「他如果被銬在牆上，就會把腳從鞋襪裡抽出來，從失去意識的惡棍口袋裡勾出鑰匙圈，從中找出正確的鑰匙，然後打開面前的門。這所有動作——偷取鑰匙圈，挑選鑰匙，打開門鎖——全都只用腳趾完成。」

不過，可以用手做到的事，還會特別訓練自己用腳去做的人畢竟不多。我們通常不怎麼注意自己的腳趾，平常根本就忘了腳趾的存在，只有踢到椅子的時候才會把注意力集中在腳趾上。美國散文家洛培特曾說：「我的腳趾很長，像猴子一樣，我對它們沒什麼認同感，它們離我那麼遠，感覺上根本不像是我的。」其他人倒是一點都不覺得和腳趾疏離。腳部的神經末梢排列方式與手部不同，因此觸摸物品的觸感也就與手相異。赤腳走路，尤其是走在土地上，會有一種踏實的感受。我們平常穿鞋的時候，這種踏實感會變得隱而不顯，就像車窗把我們和車外的世界隔離開來一樣。不過，我們刮鬍子或者化妝的時候，在鏡中確實看不到腳趾。我們不會用腳趾打字，舉起咖啡杯的時候也不會看見腳趾甲。看看許多人穿拖鞋的模樣，即可發現他們對身體的自覺往往不及於肢體的末端。至少在西方世界裡，女性還會因為塗趾甲油而注意到該修整身體的這個外圍部位。不過，由於腳和手相隔甚遠，所以塗趾甲油的時候，要不是必須把身體蜷曲起來，就是得用一腳站立，再把另一腳舉高。

我們的腳趾和身體其他部位一樣，背後都有一段非常有趣的歷史。美國古生物學家拉克里在一九九九年出版一部著作，書名為《永恆的足跡：從足跡看演化》，書中探討了腳趾在我們的兩足直立姿勢當中所扮演的角色。他指出：「傳統的演化書籍向來都會提到『動物的揚升』，從原本低微的出身，到後來較高的地位。」拉克里說明指出，跖行動物的初期發展確實合乎這項隱喻。跖行動物——例如兩棲類——是用整個腳掌穩穩站在地面上，後來則演化出趾行動物，包括有蹄哺乳類動物、鳥類，以及其他以腳趾行走的動物（第八章已經談過，英文的「digit」一詞源自拉丁文，意指手指和腳趾，後來又衍生出「數字」的涵義，因此英文提到「計算數字」的時候，便呈現出非常適切的原始意象）。拉克里補充指出，動物從原本趴伏的姿勢解放出來，目前所達到的最高成就即是鳥類與人類。不過，「我們的雙手雖然獲得釋放，雙腳卻仍然維持跖行型態，因為我們站立或者行走的時候，腳跟與腳趾都一起接觸地面」。這種行走方式於是衍生出屹立不搖的象徵意義。在希臘神話裡，巨人安泰俄斯雙腳穩站在地面上的時候，赫丘利斯就打不過他。直到今天，我們也還是尊重腳踏實地的人。

我們的手指與腳趾為了彼此不同的任務，而演化成各自不同的工具。我們從靈長類祖先身上保存下來的許多特徵裡，其中包括了指甲，也就是扁平化的爪子，還有移到相對角度的拇指，以及比其他腳趾都大，並且具有抓握能力的大拇趾。五趾動物後腿最內側的腳趾，專有名稱為「大趾」。英國解剖學家伍德·瓊斯在一九四〇年代出版過一部經典醫學著作，書名為《腳部結構與功能》，他在書中寫過一段令人難忘的大趾頌詞：

在人類的身體上，若要說有哪個肢體能讓我們引以為傲又算是恰得其分，不致淪於自戀之譏，這個肢體就是大拇趾。我們的哺乳類腦體積龐大，結構簡單，直到晚近才獲得解放，常是哲學家稱頌的對象；女性身體上主要由皮下脂肪造成的曲線，總是藝術家致敬的對象；至於人體上各種最單純的生物特徵，則是詩人讚揚的對象。然而，大拇趾卻乏人問津。

大拇趾顯然真的需要有人讚賞。即便是在大詩人莎士比亞的作品中，也可看到我們對這個身體部位的鄙夷態度。在《考利歐雷諾斯》裡，阿格里帕總是為考利歐雷諾斯嚴苛的政策辯護，並且因此把一位憤怒的市民罵為議會的「大腳拇趾」，指責他煽動民心。

這位市民困惑不解，問道：「我是大腳拇趾？為什麼是大腳拇趾？」

阿格里帕以諷刺的口吻解釋道：你是暴民當中「最低賤的、最卑鄙的、最窮苦的人之一」，卻又竟然「走在最前面」。

儘管遭到這樣的毀謗，大拇趾仍是身體上不可或缺的辛勤成員，雖然常遭虐待，偶爾卻也具有迷人的魅力。在沃特森的漫畫《凱文與虎伯》當中，六歲的主角凱文回顧自己短暫但又充滿冒險的人生之後，便對他最要好的老虎朋友說道，他唯一遺憾的只有一點：「可惜我沒有對生拇趾。」在樹屋上玩耍過的小孩都能體會他的感受。除了人類以外，所有靈長類動物天生都有和其他四根腳趾相對的大拇趾，因而能夠用於抓握樹枝。我們的大趾雖然無疑是腳趾當中的領袖，卻不能像松鼠的拇趾那樣轉動。這就是為什麼德古拉在城堡牆壁上爬行會讓哈克感到如此驚恐。

我們的拇趾為了支撐人類直立的身體重量，雖然喪失靈活攀爬的能力，卻轉而成為兩足行走的基本要件。腳趾抓附地面，固定我們的位置，同時也推動我們向前，必要的時候也充當煞車。腳趾對自己的工作勝任愉快，甚至也能做出墊腳尖的滑稽動作，跳出優雅但是完全違反自然的芭蕾舞蹈（新古典芭蕾大師巴蘭欽總是要求舞者：「落地的時候要像貓咪一樣」）。女性穿著高跟鞋危步而行，也必須靠大拇趾保持平衡。我們平凡無奇的大拇趾比黑猩猩等其他動物的拇趾還要顯眼，原因是我們的拇趾為了承擔直立行走的壓力，而和人體其他許多部位一樣必須產生相應的變化。雙腳會依照我們行走的動作，隨時以不同部位承擔身體的重量。一腿向前跨出之後，首先由腳跟接觸地面，接著是腳的側邊，然後是腳底的拇趾球。大拇趾是腳和地面的最後一個接觸點，一方面具有穩定作用，另一方面也推動身體向前。比較人類和黑猩猩的足跡，不但可發現兩者的腳形不同，也可發現兩者腳掌各部位承受壓力的順序不同。人類的大拇趾和腳跟骨都與黑猩猩差異甚大，部分原因就是承擔壓力的方式不同。

不是只有靈長類動物才有能夠抓附地面的腳。舉例而言，負鼠就有像拇指一樣的大拇趾，而且包括變色龍和老鼠等不少動物也都有類似的適應發展。這些動物共同的特色就是都棲息在樹上。人類學家卡米爾觀察指出：「經過比較可見，這種特色確實是為了適應樹棲生活而出現的發展。因此，現存靈長類動物的最後共同祖先，一定和這些後代一樣都是樹棲動物。」

有時候，我們循規蹈矩的大拇趾也會發生故障，從而顯露其遠古的演化歷史，比樹棲哺乳類動物的創新發展還要早出許多。身體分節的動物演化出神經系統的時間，比其他動物早了好幾百萬年。只要在中學生物課裡解剖過蚯蚓，就一定看過這種構造——同樣的區塊由肌肉壁分隔開來。經過一段時間的發展之後，每一段最初的分節不但會演化出本身的肌肉以及外層包覆的皮膚，也會各自演化出神經，連結到那原始的脊髓。最後，這些分節就像不同國家為了互利而建立貿易關係一樣，逐漸發展出彼此的連結，產生共同合作的能力。愈來愈複雜的神經結構可讓體內生態系統的合作愈形緊密，從而又導致更加複雜的神經系統與大腦。這種發展過程和身體許多面向一樣，也足以象徵我們互惠合作的社會體系。

人體上保有這種分節記錄的部位很少，其中一項記錄位於腹部肌肉，另外一項證據則是我們仍然保有原始分節形態的脊髓。這種原始結構表現在外，則是一種影響大拇趾的病痛。所謂的運動障礙，就是因為神經障礙，引起異常的不隨意運動，或者對自體運動造成阻礙，但是痙攣與肌肉無力不算在內。有一種較為罕見的運動障礙，名稱非常直截了當，就叫「腳痛趾動症候群」。在《怪異行為：神經演化故事》這部著作裡，神經科醫師克羅文記載了一件這樣的病例。他描寫一位病患，左腳持續疼痛，卻又說不出確切的疼痛部位，而且腳趾又一直不斷自行活動。

她的腳趾一根根依序擺動：先往上，再往下，接著回到原本的位置，然後輪到下一根……她的腳趾一再依循同樣的順序來回擺動，就像網球賽現場觀眾玩的波浪舞，反覆不斷。就算她站起身來，就算她舉步行走，腳趾的波浪舞還是持續不停。

克羅文不必翻查醫學文獻就知道這位可憐的女士患了什麼疾病，只有一種病才會出現這種症狀。病患說疼痛的感覺散布於整隻腳掌上，但是又沒有辦法指出任何一個特定部位，這樣的描述也進一步確認了克羅文的診斷。在身體各分節統合為一體的演化過程裡，初期的一項發展就是神經系統集中於脊椎上的幾個部位。想想看劍龍的兩個腦，一個監控身體前半部，另一個監控後半部。許多動物都還保有這種結構的殘跡，例如恐龍的後代——雞——被砍掉頭之後還是會繼續亂跑。雞的腦袋被砍掉以後，雙腿之所以不會馬上停止運動，原因就是雙腿不受頭腦控制。人類的脊髓有兩處隆起，一處位於頸部，是兩臂神經的交會點；另一處位於腰部，是雙腿神經的交會點。就像本章先前提過的嬰兒行走反射，這名病患的腳趾運動也不受大腦控制，而是受脊髓操控。由於問題出在脊髓神經上，因此她的大腦才會無法指出疼痛部位所在。

我們的腳趾是直立行走不可或缺的要素，但是在歷史上卻很少扮演主角。儘管如此，腳趾在十九世紀中葉也曾經風光一時，主要是因為當時橫掃美英兩國的精神主義運動。正是由於精神主義的普及，今天電視上才有那些詐人錢財的神棍。在那個時代，一方面科學發展突飛猛進，另一方面民眾也對宗教權威逐漸喪失信心，於是精神主義便似乎提供了安撫人心的「證據」，證明死後世界確實存在。一般認為精神主義始於瑪格麗特・福克斯與妹妹凱特的一場惡作劇，時間地點是一八四八年的紐約州北部。後來，瑪格麗特把她們這場歷史性的惡作劇稱為「一項絕妙的發現……而且一開始只是為了淘氣好玩而已」。她們發現自己只要彈動大拇趾或甚至腳踝，就能發出極大的聲響，聽起來猶如發自地板本身。瑪格麗特後來寫道：「只要利用腳部肌肉控制，腳趾就可神不知鬼不覺地敲擊地板。實際上，只要用膝蓋以下的肌肉，就可讓整隻腳掌發出碰擊聲。」鄰居只要來問問題，都會聽到碰撞聲響的回答。至於為什麼亡魂會選擇透過兒童用這種像摩斯電碼的方式與活人溝通，顯然當時沒幾個人感到狐疑。亡魂和神祇一樣，總是靦腆得很。

不久之後，瑪格麗特與凱特的大姐便強迫她們利用自己天賦異稟的大拇趾出外巡迴表演。長大成人之後，瑪格麗特與凱特還是繼續冒充通靈術士，前往世界各地舉行降靈會，信徒還包括著名報人格里利與勃朗寧夫人等深富影響力的名人。很少有江湖術士會承認自己的欺騙行為，因此瑪格麗特晚年全盤托出真相，倒是讓信徒與懷疑人士雙雙大吃一驚。一八八八年，她在數以千計的觀眾面前，公然示範了她和妹妹假冒亡魂碰擊聲的做法。第二天早上，《紐約世界報》登出一篇報導，介紹瑪格麗特的「超自然腳趾關節」。由三名醫師組成的委員會「一致認定碰擊聲乃是由她大拇趾的第一個關節所發出」（赫胥黎堪稱是維多利亞時代博物學家的薩根，後來也學會這種技巧，而且絕不遜於通靈術士）。

儘管這名老婦人聲稱多年來的欺騙使她深感良心不安，但是虔誠的精神主義信徒卻不肯相信她。他們堅稱是懷疑人士逼她自承訛詐，以遂行其邪惡的理性教條。四十年後，柯南・道爾在《精神主義史》一書裡對福克斯姐妹大為讚揚。他這本書雖然寫得認真，內容卻令人捧腹，因為他不但不相信瑪格麗特的自白，還舉出幾種可能性，說明她也許不知道自己其實擁有超自然能力。於是，柯南・道爾也就為她的大拇趾冠上奇稟異能，足堪與皮洛士的大拇趾相提並論。他寫道：「且看……我們能否找到合理的解釋，證明這兩位姐妹的能力根本是異常現象，但同時又至少有一定程度是在她們的控制之下。」他引述一項說法，認為碰擊聲是由外質所造成。柯南・道爾以晦澀的文字，把外質定義為「從靈媒身上延伸出來的一長串物質，其中具備某些性質，以致與其他各種物質形態完全不同……有一種看法，認為靈力的中心形成於身體上的某個部位，也就是外質延伸而出的地方」。既已推論至此，柯南・道爾接下來自然只能得出這樣的結論：「假設靈力中心位在瑪格麗特的腳……」

腳趾除了在歷史上深富影響力之外，腳趾上的趾甲也進一步顯示我們的腳和其他動物的爪子其實具有親屬關係。柏拉圖曾經把人類歸類為沒有羽毛的兩足類動物——這就是為什麼他沒有以分類學家的身分聞名——據說後來戴奧吉尼斯帶著一隻拔了毛的公雞前往柏拉圖學園，指稱：「這就是柏拉圖所謂的人。」柏拉圖的門人只好為這項定義加上一道限定條件：「並有寬大扁平的趾甲。」柏拉圖確實需要這兩項定義。儘管我們直立的姿勢還是與眾不同，但是寬大扁平的趾甲這項定義卻也納入了我們近親的靈長類動物。我們用來抓癢的工具，是個古老的祖傳之寶，也就是獨特的靈長類動物指甲，至少演化於五千五百萬年前。靈長類動物和其他哺乳動物不同，前腳和後腳都有扁平的指甲，像是保護指尖的盾牌，而不像是延伸指尖長度的利劍。

以前有許多演化生物學家都認為這種特徵是為了因應樹棲生活所需。可惜的是，樹棲理論沒有辦法解釋在這麼多的樹棲動物當中，為什麼只有靈長類動物演化出這樣的指甲。靈長類動物的指甲和其他哺乳類動物的爪子非常不同，即便是會爬樹的哺乳類動物，也有彎曲的銳利腳爪，可以用來挖鑿切割（在小說和寓言當中，如果要表現人的獸性，通常都會為他加上爪子）。指甲與爪子之間的差異如果和樹棲習性有關，其他樹棲動物為什麼從來不曾想過要換掉自己的爪子？北美洲灰松鼠的腳趾大致平行，拇指則從多用途的工具退化為抓握器具。有些靈長類動物，例如狨猴與指猴，牠們原本扁平的指甲卻反向演化成爪子。

對於人類身上這項常見的哺乳類動物特徵，阿根廷裔的寓言作家波赫士曾經莞爾指出，他自己的腳趾只有興趣「生長趾甲——具有彈性，像角一樣的半透明物質，可用來防禦——什麼呢？我的腳趾不但野蠻，而且滿腹猜疑，整天不停生產這種脆弱的盔甲……監禁在子宮裡的第九十天凌晨，我的腳趾就開啟了這座奇特的工廠」。波赫士說趾甲像角一樣，真是一點也沒錯。我們的腳趾甲和手指甲都與牛角一樣，主要由角蛋白構成，第一章就曾經提過這種不會溶解的蛋白質。角蛋白的耐久性不但可解釋為何毛髮總是會堵住排水孔，也可說明為何人死後指甲看起來似乎還會繼續生長：因為身體組織逐漸腐爛，使得原本埋藏在皮膚底下的角蛋白也都顯露出來。

腳趾和肚臍一樣，都具有滑稽的形象。一九九二年，醜聞不斷的英國王室又面臨了另一波譏嘲，因為狗仔隊不但拍到約克王妃袒露胸脯的照片，還拍到德州億萬富翁布萊恩親吻她的腳趾（顯然還伴隨著吸吮）——而且那時候她還是安德魯王子的妻子。布萊恩熱情的嘴唇如果是親吻她身體上的其他部位，看起來想必不會那麼可笑。

不過，腳趾一旦喪失機能，我們就會突然感受到它們的重要性。以終生為小兒麻痺所苦的美國小羅斯福總統為例，在他於一九四五年逝世之前，羅斯福經常由表妹蘇克里隨侍在側。當時羅斯福因為小兒麻痺逐漸惡化，已到無法站立的地步，即便是用他有力的雙手緊握欄杆，也無法再把身體直立起來。當時蘇克里的天真心態令人鼻酸，她認為偏方與按摩一定能夠打敗這種退化性疾病，卻不知道這個疾病就像當時的盟軍一樣，推進之勢已無可抵擋。她在日記裡樂觀地寫著，羅斯福在一次按摩之後覺得身體狀況已有進步：他自己感覺能夠稍微移動一根小腳趾。許多小兒痲痺患者都因為腳趾不再聽從命令而深感絕望，只能眼睜睜看著腳趾癱瘓在身體末端，距離熱切的大腦如此遙遠。我們的身體經常以各種方式背叛我們。隨著疾病逐漸惡化，羅斯福的腳趾已經完全喪失其最重要的能力，也就是默默回應身體的需求做出各種動作。平常腳趾的活動就像呼吸一樣可靠，我們甚至也不會加以注意，但是羅斯福身上的腳趾卻是一動也不動了。

行人穿越道

pedestrian：形容詞，〔拉丁文「pedester」，源自「pes」與「pedis」，意指腳。〕一、用腳移動；步行；亦指以步行完成的事情。

pedestrian：名詞，指走路或步行移動的人。

——《韋氏大詞典》，第二版

「我雖然老了，晚上仍是我平常散步的時間。」這句饒富趣味的話，是狄更斯《老古董店》這部小說的開場白。當時是一八四〇年，狄更斯正忙著挽救他才剛起步的期刊《亨弗瑞老爺的鐘》。這位老邁的敘事者只出現在前三章，功能是為了介紹主角小妮兒和她祖父。此外，這位敘事者也讓我們窺見了狄更斯最喜愛的休閒活動：在城市的街道裡漫步遊走。狄更斯熱愛步行，不論早晚都一定要出外走走。他在一八五四年一段困頓的時期裡，向一名朋友坦承：「如果我不能走得快，走得遠，那我一定會爆炸。」在《不圖錢財的旅行者》這部文集裡，狄更斯誇口表示：「我上一次的豐功偉業，就是辛苦了一天之後，還在凌晨兩點起床，走了三十哩路，到鄉間去吃早餐。」他沒有提到這場長途健走的起因是和太太吵架。

狄更斯的寫作風格向來精細準確，因此他也為步行提出了一項重要的分類標準：「我散步有兩種方式：一種是直接快步走到目的地，另一種則是漫無目標，隨意緩步而行。」這兩種行走方式也就大致描述了兩足行走的文化史。索爾尼在《流浪癖》這本步行史的著作裡寫道：「行走源自非洲，來自演化，出自需要，而且延伸到各地，通常是為了找尋某些東西。」所有的動物都在找尋某些東西——例如食物、棲所、對手，以及伴侶。我們和其他動物不同的地方，在於我們的祖先解放了雙手輔助行走的工作，而得以在行走的時候用手攜帶物品。兩足行走讓雙手獲得了自由。老普里尼的那句格言寫得顯然沒錯：「Ex Africa semper aliquid novi.」（非洲隨時都有新鮮事）。由現有證據來看，我們的祖先確實是在非洲發展出直立姿勢。

自從人類開始直立以來，至今已然經歷過許多發展。我們可以在紐約這樣的西方大都會裡，觀看現代女性充滿自信的兩足行走方式。她邁著大步，傳達出端莊穩重，握有權勢的形象。在過去的時代裡，女性通常不能充分展現自己的獨立自主。即便到了今天，世界上仍有許多文化禁止女性充分表達自我。賦予女性自由行走的權利，可能是建立公平社會的第一步，重要性絕不遜於言論自由。中國人綁小腳的傳統習俗，除了是一種不正常的戀物癖，迷戀女性小腳所代表的幼小形象，另一方面也是為了限制女性，讓她們無法像男人一樣自由行走。在《肉體與石頭：西方文明中的人類身體與城市》一書裡，美國文化史學家桑內特寫道，我們的兩足行走姿勢也有鞏固父權社會的作用，方法就是把一種行走方式定義為特別男性化：「筆直，平穩，大步前進：希臘文的『orthos』一詞意指「直立」，其中也帶有男性正直的意涵。」桑內特指出，在古希臘的佩利克力斯黃金時代，雅典紳士走路都必須邁出優雅的長步伐，和女性猶疑不決的小步伐明顯不同。因此，走路型態不符社會要求的男性，就被貶斥為娘娘腔。荷馬筆下的英雄人物都以自信的步伐踏行於戰場上，例如赫克特就是如此。至於女人和女神的步履，則有如膽小的鴿子。這種區別方式至今仍然存在。就連白宮賓客步入宴會廳的次序，在我們這種滿腦子階級的群居動物眼中，也具有重要意義。我們永不休息而且不負責任的大腦，把原始的步行活動扭曲成為控制他人的工具。

我們抓握鐵鎚的手掌和揮動鐵鎚的手臂，雖然是左右歷史發展的重要因素，但是承載我們的雙腿對於歷史也一樣有重大影響。新發展而成的人類雙腿，解放了我們古老的靈長類雙手，而使我們能夠抓握殺傷力強大的武器，比黑猩猩爭吵之時所丟擲的樹枝要危險得多。歷史有一大部分都是士兵踏遍世界各地燒殺擄掠的記錄。凱撒在魯比孔河前停步，跛子帖木兒拖著瘸腿攻打大馬士革，拿破崙逼近莫斯科——這些人背後都率領了一群步行大軍。英文的「army」（軍隊）顯然和「arm」（手臂）系出同源，「infantry」（步兵）也用於指稱步行打仗的士兵。在漫長的戰爭史上，總是看見詭詐的老人派遣忠心的年輕人上戰場打仗，而這當中也就隱含了「infantry」的起源。這個字眼的前身是法文的「infanterie」，最早源自「infante」。後者有兩個含意，可以指男孩，也可以指步兵，因為後期拉丁文的「infans」雖然原意為青年，後來卻也用於指稱步行打仗的人。到了第一次世界大戰期間，頻繁的國際紛爭才帶來「walking wounded」（意為只受輕傷，仍可行走的傷患）這個片語，但是這種現象其實在每場戰爭當中都存在。

所幸，行走除了用於戰爭之外，也可以是爭取和平與公義的手段。在目前這個機械運輸的時代，一大群人會聚在一起走路，只有一個原因——為了吸引注意。以平和的集體遊行方式宣揚各種理念，已經為步行這種活動賦予了高度的政治意涵，其名稱甚至還借取軍事用語：「march」（行進）。甘地領導的食鹽遊行，改變了印度的歷史。一九三〇年，他以非暴力的不合作運動違抗英國在印度對鹽的壟斷。他率領數以千計的內陸原住民遊行到海邊，堅持自行製鹽，拒絕接受英國課稅或者其他各種方式的干涉。金恩深受甘地影響，而在一九六三年於阿拉巴馬州伯明罕發起民權大遊行，接著又在同年於華盛頓特區率領另一場遊行。兩年後，數以千計的民眾由阿拉巴馬州塞爾馬遊行到蒙哥馬利，更是讓全世界都注意到非裔美國人反抗種族隔離措施的行動。一九九二年，數十萬名美國人齊聚華盛頓遊行，為女性爭取生育自由權。一九九三年，為了替同性戀與雙性戀人士爭取平等權利與解放而在華盛頓舉行的全國大遊行，吸引了將近百萬人參加。許多美國城市都定期舉行「還我們一個平安夜」的遊行活動，抗議女性所遭到的暴力行為。二〇〇二年，世界各地有數十萬人遊行抗議布希總統攻打伊拉克的計畫。這種運動自從很早以前就已經出現。一九〇三年，美國活躍人士瓊斯媽媽為了迫使大眾關注兒童在工廠裡的工作條件，於是率領童工在賓州肯辛頓鎮府前遊行示威。

金恩與甘地都是受到梭羅的啟發。他的〈論不合作運動〉一文，至今仍然鼓舞許多人士挺身抗拒不道德的國家政策。在另外一篇文章裡，梭羅探討了一種不合作運動手段的優點，而這種手段也正是後來許多奉行不合作運動的人士所採取的方式。梭羅在一八五一年寫下〈步行〉這篇講稿，幾年後把這篇文章拆成兩份講稿，直到他逝世之後才又結合為同一篇文章出版。他在一八四三年就已經出版過〈冬日漫步〉這篇抒情文，但內容主要是記述他漫步所到之處，以及他所看到的景物。〈步行〉一文則是探討步行活動本身，還有步行對個人與社會所帶來的道德意涵。梭羅在文章的開頭第一句話就高倡步行的性靈效益：「我願為自然說一句話，為絕對的自由與野性進言。相對於文明的自由與文化，我寧可把人視為自然界的住民，是大自然整體的一部分，而不是社會的一份子。」

梭羅顯然不是第一位思慮深沉的漫步者。亞里斯多德和他的弟子被人稱為「逍遙學派」，原因就是他們都在雅典的萊西昂學園裡一面散步，一面討論哲學。巴爾扎克在《步行理論》一書裡寫道：「奇特的是，人類自從踏出第一步以來，從來不曾問過自己這些問題：我為什麼行走？我用什麼方式行走？以前的人是否也會行走？我能不能走得更好？我藉由行走能達成什麼效果……這些問題與世界所關注的哲學，心理，以及政治體系，全都息息相關。」很少有作家對步行提出如此詳細確切的問題，不過倒是有許多作家稱賞步行所帶來的益處。盧梭在《獨行者的狂想》一書裡就有一段讚揚沉思漫步的著名篇章。

華滋華茨把散步當成他生活與寫作的宣言。英文的「pedestrian」一詞當成形容詞使用，最早的例子就出現在華滋華茨於一七九一年所寫的信中；至於當成名詞使用則是兩年後的事，出現在《觀察入微的行人》這部著作裡。賈維斯在《浪漫時期的寫作與步行》一書裡指出，我們在浪漫派詩人身上，可以看到步行與欣賞自然景色在當時出現了緊密的關連。舉例而言，柯立芝不但一面步行，一面撰文談論步行，他所使用的隱喻也都反映出他對漫步的喜好，例如他說自己刻意迴避「人跡雜沓的成語之路」，而寧走「青草漫生的新詞園地」。柯立芝步行時快慢不均的腳步，也讓赫茲利特等評論家聯想到他口語式的寫作風格。

珍・奧斯汀的人物都利用散步的時候談話、思考，或者建立親密關係，但有些讀者卻認為她筆下的漫步缺少了狄更斯那種詳細生動的描寫。在《傲慢與偏見》裡，伊麗莎白・班納特走了好幾哩路去照顧她生病的姐姐；在《諾桑覺修道院》裡，凱撒琳・莫蘭與提尼等人一面散步，一面談論美學的議題。在《步行・文學・英國文化》一書裡，華勒絲綜論了散步在珍・奧斯汀小說裡所佔的重要地位：

喜好步行以及對其他行人的尊重，就是珍・奧斯汀在英國地主士紳與自由佃農身上用來象徵美德的手法。不論紳士淑女，由他們對步行的愛好即可判別高下。喜好步行的角色，總是判斷力良好，富有主見，樸素節儉，愛好田園生活。此外，還具備奈特利先生所說的「英國式體貼」。

珍・奧斯汀利用行人和騎士的態度互相對比，而營造出新興中產階級在社會上地位還不確定的模樣。《艾瑪》一書的女主角也接受了她那個時代的觀念：

奈特利先生不養馬，沒有太多閒錢，卻有用不盡的健康活力，而且又能獨立自主，在艾瑪眼中，正可盡量搭乘馬車四處走動，這樣才符合他身為唐威爾主人的身分。

艾瑪和十九世紀的許多人士一樣，都對車輛運輸的可能性深感興奮——結果因此造成步行這種休閒活動的沒落。到了十九世紀晚期，美國自然作家布洛斯就在〈上路之樂〉一文裡抱怨了當前步行地位的低落。他和梭羅一樣，也極力稱揚兩足行走這種自然的遺產。他指出：「人立於雙腳之上，但在住宅或馬車裡，頂多只能算是一盆植栽而已。唯有讓鞋底與土地藉由親密的接觸而產生溝通，人才成其為人。」令人意外的是，布洛斯竟然提及我們穿著鞋子的雙腳，而沒有像希臘神話裡的安泰俄斯那樣，認為只有以赤腳接觸地面，才能保持我們與大地的聯繫。布洛斯注意到，「在目前流行的礦泉浴場，都沒有人出外走路」。他也和梭羅一樣，由此做出道德上的推論：「能夠享受步行的樂趣，代表一種高雅的狀態，而現在我們已然墮落了……實際上，如果大家星期天上教堂禮拜，都願意恢復步行來回的習慣，我認為這將可以算得上是宗教復興。」接著，布洛斯又回到鞋子的議題上。他擔心「美國人的腳掌尺寸愈來愈小，恐怕再也無法勝任步行這種充滿男子氣概的行為……小巧精緻的腳穿上舒適的靴子或護腿，就是目前的流行時尚」。

一九五一年，剛好是梭羅寫下〈步行〉這篇講稿之後的一百年，運輸型態早已完全改變，以致布萊伯利發表了一篇短篇故事，想像再過一百年後，行人將會面臨什麼樣的環境。〈行人〉一文裡只有一個角色，叫做雷納德。雷納德出外散步的時候，「總會站在十字路口的一角，在月光下轉頭眺望四條通往不同方向的街道，猶豫著該走哪一條。不過，他走哪一條路其實都沒有差別，因為他在這個二〇五三年的世界裡完全是孤獨一人，至少是和孤獨一人沒什麼兩樣」。雷納德夜間出外散步，從來不曾遇見過其他人。一到晚間，所有人都待在家裡，癱瘓在被動參與的電子娛樂當中。布萊伯利在二十世紀中葉寫下這篇故事的時候，電視早已取代了客廳裡的壁爐，成為家庭夜間生活的中心。在故事的最後，一輛自動警車停下來盤查這名行人：

「你在外面做什麼？」

「走路，」雷納德說。

「走路！」

「就是走路而已。」

這輛警車於是把雷納德送到研究退化傾向的精神中心去。這樣的諷刺也許太過強烈，但是卻頗具遠見。在布萊伯利寫下這篇故事的時候，政府官員已經開始以「徒步行人區」這樣的用語指稱行人專屬的區域。到了一九六〇年代初期，官僚體系甚至還創出了「行人化」這樣的字眼，意指有些地區在半個世紀以來遭到汽車運輸切割得零零碎碎之後，又打算重建社區意識的舉措。伊里契寫道：「這個世界已經變得難以親近，因為大家都開車。」無數的社會學家與城市規劃人員都記載了步行與社群之間的關係。索爾尼在《流浪癖》一書裡指出：「市郊的發展史，就是割裂的歷史。」薩根的巡迴演講吸引了大學聽眾的注意，他指出，如果外星人在外太空觀看著我們，一定會以為汽車是地球上主要的生命型態。我們保養汽車，維修汽車，為汽車加油，為汽車蓋車庫，還建造道路給汽車通行，卻沒有顧及我們自己步行的便利。一九三〇年代，滿口警世格言的英國威士忌製造商德瓦法官總結了二十世紀行人與車輛的關係。他說：「在當今這種橫衝直撞的汽車交通裡，只有兩種行人：要不就得走得夠快，不然就只好命喪黃泉。」

我們這個對行人不友善的社會，倒是帶來了一個意想不到的產物。目前這項產物已是西方世界的健身房裡不可或缺的設備，甚至在一般家庭裡也頗為常見：也就是跑步機，一種原地運轉的軌道，讓我們的雙腿能夠練習古老的步行天分，實際上又根本沒有移動，完全符合存在主義那種徒勞無功的虛無概念。這種機器發明於一八一八年，發明人為英國人庫比特，原本是希望藉由單調重複的動作，瓦解監獄囚犯的「冥頑個性」。不過，原本的跑步機可透過囚犯的使用而產生電力，當今的跑步機則是讓需要運動的人發洩精力。庫比特後來意外發現這種機器對囚犯的健康頗有益處，就像今天的人遭到汽車社會監禁在家裡，也只好利用跑步機維持健康。

布萊伯利那篇故事裡的其他面向也在真實世界裡實現。加州一位名為拉爾森的居民喜歡夜間在住家附近散步，卻反覆遭到警察逮捕達十五次之多，後來他終於在一九八三年向一條法令提出質疑。這條法令規定，以他的身分不得在夜間出外步行，否則就必須向盤查的員警提出有效的身分證明，但員警並不需對盤查行為提出「合理原因」。由拉爾森的經驗可見，步行的人確實有可能踏出主流社會的界線之外。他是一位非裔男性，一旦在夜間出外遊蕩，白人社會就為他貼上可疑危險的標籤。缺乏權力的族群可能威脅現狀，因此通常會遭到掌權族群限制其步行場所。

跨出界線對女性而言可能又更加困難。索爾尼指出：「種族與性別所面對的地理環境互不相同，種族群體也許會獨佔一整塊區域，性別群體卻各自隔離在自己的居住地。」一八九五年，紐約一名下層階級女性居民，只因為從阿姨家走回自己的住處，在途中向兩名男子問路，就遭到警方逮捕，而且還被迫接受檢查證明其處女之身，才得以獲釋。將近一個世紀之後的一九八〇年代初期，媒體爭相採訪「約克郡開膛手」薩特克里夫審判案，其中也不乏報導把部分過錯歸責於那群十一死六傷的受害婦女身上。執法人員與新聞媒體都有意無意地暗示指出，不但那些死者中的妓女罪有應得，其中的學生與家庭主婦也不該在沒有男人陪伴的情況下於深夜外出。從古至今，不論是塔里班政權統治下的阿富汗，還是沙烏地阿拉伯，或者是世界上其他許多地區，女性受到控制的第一步都是不得在沒有男性陪伴的情況下出外行走。

繼續向前走

行走的概念仍然經常可見，包括如履薄冰，踐踏尊嚴等詞語都是。有些企業歡迎民眾步入參觀，罷工人員則是集體出走，而新進演員則得先學走台步。在運動術語裡，英文的「walk」（行走）一詞通常代表不符常態的移動方式。棒球場上的四壞球保送叫做「walk」，籃球場上走步叫做「walk」，板球場上則是離開球場叫做「walk」。由於我們走路的時候也必須一面與人溝通，因此有了無線電的發明，而美國軍人則把這種器具暱稱為「walkie-talkie」（邊走邊講）。到了一九八一年，新力公司更推出可攜式的收音機暨音樂播放機，名稱叫做「Walkman」（走路人）。現代人借用「馬拉松」的概念，應用在各種不同活動上，從而出現了「電視馬拉松募款」，最早出現的則是「步行馬拉松」。步行馬拉松始於經濟大蕭條時代，原本意指一種競爭性的活動，後來則轉為指稱募款活動，資助者同意按照活動參與者所走的距離長短而捐贈錢財，不論抵達終點的次序為何。

不論競爭還是合作，行走都有需要協助的時候。獅身人面怪物司芬克斯向伊底帕斯提問：「早晨四足行走，中午兩足，晚上三足，猜一生物。」聰明的伊底帕斯立即猜出謎底：「人」。人類在嬰兒時期手腳並用爬行，成年後能夠以兩足直立行走，但到了老年則必須倚賴拐杖。嬰兒的學步車在美國稱為「walker」，有些人因為意外、疾病或者年紀，而退化至嬰兒的依賴狀態，所使用的助行器也稱為「walker」。英文的「ambulance」意指救護車，但同樣的字眼在法文裡卻是指野戰醫院，其前身是一個意指「巡迴」的字眼，最早則是來自拉丁文的「行走」：「ambulare」。今天，英文把醫院裡的非臥床病患稱為「ambulatory」，而父母或褓姆推著幼兒出外散步的嬰兒車則稱為「perambulator」，或簡稱「pram」。

人類這種裸猿，自然是用兩隻腳去探索世界。我們從非洲走到火地島，穿越白令海峽與巴拿馬地峽，攀過喜馬拉雅山與安地斯山。我們赤腳也能走，穿鞋也能走。我們以前行走的時候，身上背著箭筒與乳齒象的肉，現在則是帶著手機與公事包。我們和遠古的祖先一樣，或者漫步，或者踱步，或者閒步，或者奮步，或者徐步，或者信步，或者踏步，或者散步，或者款步，或者雅步，或者跨步，或者緩步，偶爾也不免拐步。我們循規蹈矩，手舞足蹈，曳踵而行，也不時出外壓馬路。人類身上這種優越的適應發展，不但在利特裡帶領南猿穿越火山灰，也讓芭蕾舞者得以在史特拉汶斯基的《火鳥》舞劇裡用腳尖站立。約翰生所說用後腿走路的行為雖有其不良後果，卻讓我們順利走遍全球。實際上，我們早已走到了地球以外。太空人阿姆斯壯指出：「在月球表面最簡單也最自然的移動方式，就是用一腳踏在另一腳前面。」我們古老的脊椎生物體還是會繼續以直立步行方式移動，就算在外太空也是一樣。我們的後代還是會把他們哺乳類動物的臉龐轉向景色或聲響，把工具抓握在他們靈長類動物的雙手中，用雙腿走在遙遠星球的瑰異地面上。

譯名對照表

馬西亞斯 Marsyas
基維克 Joseph Mankiewicz
斯哥提科蒂 scorticoti
馮・哈根斯 Gunther von Hagens
奧德賈伯 Oddjob
達內迪 Giovanni Stefano Danedi

1 身披短毛的裸猿

《我家住在四〇〇六芒果街》*The House on Mango Street*
《怪物與奇觀》*On Monsters and Marvels*
《夏夜微笑》*Smiles of a Summer Night*
《眼見深底之人》*Sha Naqba Imuru*
《賽提絲乞求朱彼得》*Jupiter and Thetis*
《驅魔經》*Vendidad*
巴蒂斯塔 Fulgencio Batista
布朗爵士 Sir Thomas Browne
吉爾伽美什 Gilgamesh
安格爾 Jean-Auguste-Dominique Ingres
米利暗 Miriam
西絲尼羅絲 Sandra Cisneros
佛斯特 Stephen Foster
克勞利 Aleister Crowley
李奧波德 Aldo Leopold
狄卡羅 Yvonne De Carlo
罕茲 David Hinds
貝維斯 Bevis
孟尼里克一世 King Menelik I

引言：完全的整體

《考利歐雷諾斯》*Coriolanus*
皮洛士 Pyrrhus
利特裡 Laetoli
沙梭斐拉托 Baldassarre Olimpo da Sassoferrato
亞奎丹的埃莉諾 Eleanor of Aquitaine
佩奧特教 peyotism
胡迪尼 Harry Houdini
馬侯 Clément Marot
漢克 Peter Handke
瑪格麗特・福克斯 Margaret Fox
瑪麗・李基 Mary Leakey
維克斯 Nancy J. Vickers
穆罕默德一世 Askia Muhammad

序曲：薄薄的皮膚

《西風與芙蘿拉》*Zephyr and Flora*
《身體邊界》*The Body's Edge*
布魯克 Mel Brooks
瓦萊里 Paul Valéry
印紐特人 Inuit
考克多 Jean Cocteau
帕克 Dorothy Parker
拉普 Marc Lappé
科拉迪尼 Antonio Corradini
席勒森 Henry Junius Schireson
馬可思・史杜克 Markus Stücker

塔法里教　Rastafarian
奧爾梅克人 Olmec
賈維 Marcus Garvey
瑪萊斯 Jean Marais
鞏薩雷斯 Petrus Gonsales
顧爾蒙 Rémy de Gourmont

2　面對面

《知覺的優越性》*The Primacy of Perception*
古爾德 Stephen Jay Gould
艾肯巴克 Joel Achenbach
岡貝 Gombe
哈代 Thomas Hardy
約伯樂 Louis Joblot
胡德 Jeffrey Hood
格拉澤 Milton Glaser
曼德斯 Sam Mendes
寇慈 Nadjeta Kohts
麥克尼斯　Louis MacNeice
麥克尼爾 Daniel McNeill
舒茲 Charles Schulz
德瓦爾 Frans de Waal
霍格蘭 Richard C. Hoagland
賽東尼亞 Cydonia
羅斯威爾 Roswell

3　機警的雙眼

《人及動物之表情》*The Expression of the Emotions in Man and Animals*
《女性之美對話錄》*Dialogo della Bellezza delle Donne*
《小人島》*Mistress Masham's Repose*
帕斯特拉納 Julia Pastrana
帕雷 Ambroise Paré
拉瑪 Hedy Lamarr
林奈 Carolus Linnaeus
波斯特 Emily Post
阿胡那・瓦伊亞 Ahuna Vairya
阿塔 Mohammed Atta
哈里 Alex Haley
柯達薩 Julio Cortázar
茅茅運動 Mau Mau uprising
迪米爾 Cecil B. DeMille
恩奇杜 Enkidu
桑莫斯 Montague Summers
烏魯克 Uruk
馬丘 Victor Mature
馬利 Bob Marley
高康大 Gargantua
勒梅爾 Nelson Rehmeyer
基庫尤人 Kikuyu
理查・彭尼曼 Richard Penniman
莫里斯 Desmond Morris
荷威爾 James Howell
麥爾坎・艾克斯 Malcolm X
麥爾坎・里托 Malcolm Little
傅雷哲 James Frazer
富拉尼人 Fulani
提維族 Tiwi
普塞爾 Rosamond Purcell
萊可 Veronica Lake
萊諾・漢普頓 Lionel Hampton
塞拉西 Haile Selassie
塔法里 Lij Tafari Makonnen

亞哈 Ahab
亞瑟倫斯基 Eugene Aserinsky
亞諾 Peter Arno
佩特羅尼烏斯 Petronius
拉格斐 Karl Lagerfeld
法揚 Fayum
阿里曼 Ahriman
威廉・鮑威爾 William Powell
柯羅斯 Frank Close
珍妮・布朗 Janet Browne
珍妮・李 Janet Leigh
珀耳修斯 Perseus
迪歇恩 Guillaume-Benjamin Duchenne de Boulogne
韋爾頓 Fay Weldon
席格 Jerome Siegel
格賴埃 Graeae
特里巴利人 Triballi
班海德 Tallulah Bankhead
馬辛 Leonide Massine
勒布倫 Charles Le Brun
培里 William Paley
崔沃・霍華 Trevor Howard
梅特林克 Maeterlinck
畢爾邦 Max Beerbohm
莎孚 Sappho
陶樂絲・丹德麗奇 Dorothy Dandridge
普瑞爾 Matthew Prior
費倫佐拉 Agnolo Firenzuola
葛勞丘・馬克斯 Grouch Marx
道金斯 Richard Dawkins
達爾 Roald Dahl
《抓雉記》*Danny the Champion of the World*
《邪惡的女人》*Wicked Women*
《表情的解剖學與哲學》*Anatomy and Philosophy of Expression*
《阿維斯陀》*Avesta*
《睡眠的生理問題》*Le Problème Physiologique du Sommeil*
《說謊者》*Pseudolus*
《攀登不可能的山》*Climbing Mount Improbable*
丁道爾 John Tyndall
戈耳工 Gorgons
卡米爾 Matt Cartmill
古德溫 Archie Goodwin
史陶德 Rex Stout
甘波 Bryant Gumbel
皮龍 Henri Pieron
伊利里亞人 Illyrians
伊席果納斯 Isigonus
伊登 Barbara Eden
伊塞伍德 Christopher Isherwood
伍爾夫 Nero Wolfe
吉爾曼 Charlotte Perkins Gilman
多恩 John Donne
米其森 Graeme Mitchison
伯恩・史杜克 Bram Stoker
克里克 Francis Crick
克萊特曼 Nathaniel Kleitman
希珀 Uriah Heep
狄門特 William Dement
里奇蒙 George Richmond
亞伯蘭斯 Mark Abrahams

《禮儀史》*The History of Manners*
《靈鼻馬丁》*Smeller Martin*
史提夫・馬丁 Steve Martin
伊麗莎白・蒙哥馬利 Elizabeth Montgomery
艾里亞斯 Norbert Elias
西里泰 Sciritai
希爾 Anita Hill
杜蘭德 Jimmy Durante
貝荷傑哈克 M. de Bergerac
奈特 Damon Knight
拉瓦特 Johann Kaspar Lavater
法拉 Jose Ferrer
柯洛帝 Carlo Collodi
席哈諾 Cyrano
特里林 Calvin Trillin
勒梅桑哲赫 Le Mésangère
培理 Matthew Perry
麥加斯梯尼 Megasthenes
勞森 Robert Lawson
費茲羅伊 Robert FitzRoy
賈貝特 George Jabet
羅斯丹 Edmond Rostand

6 古風式微笑

《小杜麗》*Little Dorrit*
《外科醫生》*M*A*S*H*
《死吻》*Kiss Me Deadly*
《巫婆的詛咒》*Ruddigore*
《我的影子在岡貝》*In the Shadow of Man*
《哈洛與瑪德》*Harold and Maude*
《毒舌》*The Poysonous Tongue*
《無所事事的藝術》*The Art of Doing Nothing*
漢那菲派 Hanafi
瑪琳・黛德麗 Marlene Dietrich
德米特里 Demetrius
魯斯克 Dean Rusk
薩波斯基 Robert M. Sapolsky
懷特 T. H. White
蘭迪 Neroccio de' Landi

4 吸血鬼的耳朵

《犯罪者論》*L'Uomo Delinquente*
《湖畔迷情》*A Month by the Lake*
《樂一通》*Looney Tunes*
伍爾納 Thomas Woolner
克羅帝斯 Claudius
貝雪 Sidney Bechet
阿雷西波 Arecibo
柏蒂龍 Alphonse Bertillon
倫柏羅索 Cesare Lombroso
特羅古斯 Pompeius Trogus
莎利文 Louis Henry Sullivan
赫吉 Hugin
赫倫娜斯 Hellenus
羯摩 Karma
墨蘭普斯 Melampus
穆寧 Munin
蕾格烈芙 Vanessa Redgrave
賽莉科 Annie Sellick

5 可笑的鼻子

《巴黎旅客》*Le Voyageur de Paris*
《兔子坡》*Rabbit Hill*
《鼻子札記》*Notes on Noses*

拉佩魯茲 Jean-Francois de la Perouse
拉嘉斯 Meg Cohen Ragas
杭伯特 Humbert Humbert
波特 Cole Porter
芭拉 Theda Bara
芭爾頓 Elizabeth Barton
阿特曼 Robert Altman
阿德力區 Robert Aldrich
哈特菲德 Anna Hatfield
哈樂黛 Billie Holliday
威瑟 George Wither
柯特 Bud Cort
柏根 Edgar Bergen
科姿勞斯琦 Karen Kozlowski
迪達勒斯 Stephen Dedalus
埃斯庫羅斯 Aeschylus
夏卡爾 Marc Chagall
海肯 Elizabeth Haiken
烏乎拉 Uhura
特林基特族 Tlingit
秦瑟迪 Chinsurdi
馬卡洛洛族 Makalolo
馬婁 Christopher Marlowe
高蒂卡絲 Biruté Galdikas
曼雷 Man Ray
寇克 Kirk
莎拉・沃恩 Sarah Vaughan
麥布 Mab
斯坦頓 Elizabeth Cady Stanton
斯奈德 Mortimer Snerd
普洛克涅 Procne
湯瑪斯・亞當斯 Thomas Adams
《傻瓜》*A Fool There Was*
《愛德大人》*Mister Ed*
《瑞典動物百科》*Faunus Suecica*
《路易斯與艾拉》*Ella and Louis*
《馴舌記》*The Taming of the Tongue*
《管制舌頭》*The Government of the Tongue*
《維納斯情結》*Venus Envy*
《蓋爾芒特家那邊》*The Guermantes Way*
《駕馭舌頭》*A Bridle for the Tongue*
《親密行為》*Intimate Behaviour*
《徽誌大全》*Collection of Emblemes*
《讀我的唇》*Read My Lips*
丹妮爾森 Jean Ford Danielson
比爾斯 Ambrose Bierce
比鐸 Wayne Biddle
卡利馬科斯 Callimachus
卡明斯 E. E. Cummings
卡達加斯 Cadaqués
卡圖盧斯 Catullus
史丹利 Henry Stanley
史提爾 Richard Steele
布朗庫西 Constantin Brancusi
皮格馬利翁 Pygmalion
米斯坦蓋 Mistinguett
艾呂雅 Paul Eluard
佛洛斯特 Robert Frost
克林姆 Gustav Klimt
李文斯頓 David Livingstone
杜利・威爾遜 Dooley Wilson
狄雅可諾娃 Elena Diakonova
亞瑪撒 Amasa
佩尼 Ed Penney

刻耳柏洛斯 Cerberus
阿里斯托克勒 Aristocles
阿爾克墨涅 Alcmene
保羅・韋斯特 Paul West
查普曼 Mark David Chapman
恩西阿達斯 Enceladus
桑道 Eugene Sandow
涅墨亞獅子 Nemean Lion
索爾尼 Rebecca Solnit
納瓦荷族 Navajo
高大衛 David Gow
斯垂努婀 Strenua
塔爾塔羅斯 Tartarus
楊恩 Friedrich Ludwig Jahn
德萊登 John Dryden

8 掌上風雲

《人體解剖學》*Anatomia Humani Corporis*
《托賓的掌心》*Tobin's Palm*
《至藍之眼》*The Bluest Eye*
《青蛙的傍晚》*Another Froggy Evening*
《指之紋》*Finger Prints*
《格雷解剖學》*Gray's Anatomy*
《素描之手》*Drawing Hands*
《論身體》*The Body in Question*
《謾罵之歌》*A Simple Desultory Philippic*
天美時 Timex
史蒂格利茲 Alfred Stieglitz
尼可拉索娃 Ksenya Nekrasova
布拉克 Antonius Block
布勞 Abram Blau
布羅克曼 Marcel Broekman
菲洛梅拉 Philomela
菲迪亞斯 Phidias
愛森史達 Alfred Eisenstaedt
瑞斯可尼科夫 Raskolnikov
葛倫 Cary Grant
葛登 Ruth Gordon
賈塞特 José Ortegay Gasset
嘉梅 Carole Jahme
瑪慈歐 Carla Mazzio
維拉 Yvonne Vera
蓋希文兄弟 George and Ira Gershwin
赫里克 Robert Herrick
嬌蘭 Guerlain
盧・貝加 Lou Bega
霍爾 Thomas Hall
蕾絲比亞 Lesbia
薩克林 John Suckling
魏訥 Veronique Vienne
忒瑞俄斯 Tereus

7 人類的手臂

《慘敗》*The Debacle*
《藝術與幻象》*Art and Illusion*
卡森 John F. Kasson
古阿斯 Gyges
伊尼亞斯 Aeneas
伏格 Steven Vogel
安喀塞斯 Anchises
安菲瑟斯 Amphissus
艾爾德 Campbell Aird
西西里亞諾 Angelo Siciliano
亞佩特斯 Iapetus

翁達傑 Michael Ondaatje
馬特拉維索 Maltravieso
馬爾皮基 Marcello Malpighi
高爾頓 Francis Galton
畢可 Stephen Biko
畢別斯可 Antoine Bibesco
畢夏普 Jim Bishop
畢德魯 Govard Bidloo
荷莉・萊特 Holly Wright
透史 Nicholas Toth
麥克麥納斯 Chris McManus
傅瑟提 Vucetich
傑米森 Kay Redfield Jamison
普爾琴 Jan Evangelista Purkyne
菲爾茲 W. C. Fields
雅攝佳 Yashica
賈德納 Erle Stanley Gardner
路易士・李基 Louis Leakey
達班提尼 Casimir Stanislas d'Arpentigny
達爾馬提亞人 Dalmatian
維克 Friedrich Wieck
赫歇耳 William Herschel
摩里森 Toni Morrison
歐塞布司 Eusebius
潘菲德 Wilder Penfield
魯斯 Raoul Ruiz
羅吉爾 Johann Bernard Logier
羅賓斯 Tom Robbins
蘭希爾 Edwin Landseer

9 哺乳聖母

《母性迷思》*The Myths of Motherhood*

伊柏特 Roger Ebert
伍德・瓊斯 Frederic Wood Jones
安泰俄斯 Antaeus
朱文納爾 Juvenal
艾賓納斯 Albinus
艾薛爾 M. C. Escher
西特韋爾 Osbert Sitwell
佛杜錫克 Frank T. Vertosick Jr.
佛萊雪 Leon Fleisher
佛德 Henry Faulds
佛羅倫斯坦 Florestan
克努特大帝 Canute
坎奇 Kanzi
貝荻托 Laura Ann Petitto
坦干伊喀 Tanganyika
尚賈克・阿諾 Jean-Jacques Annaud
帕格尼尼 Niccolò Paganini
阿佛列 Alfred
阿納薩齊印第安人 Anasazi
阿爾蓓婷 Albertine
查克・鍾斯 Chuck Jones
查第格 Zadig
胡格利 Hooghly
迪林傑 John Dillinger
韋塞克斯 Wessex
席斯科 Gene Siskel
格拉夫曼 Gary Graffman
格拉茲科夫 Nikolai Glazkov
格羅貝爾 Grauballe
特比亞 Philip Tobias
祖尼族 Zuñi
納皮爾 John Napier

斯多梅 Matthias Stomer
斯特羅菲厄姆 Strophium
普拉 Philippa Pullar
普拉克西特利斯 Praxiteles
湯姆・伍夫 Tom Wolfe
琵絲塔斯 Pistas
塞白絲塔 Lithe Sebesta
塞蒙頓 Ann Simonton
瑟爾 Shari L. Thurer
聖塔克魯茲 Santa Cruz
葛利爾 Germaine Greer
寧芙 Nymph
蒙塔納 Hubert Montagner
蓋瑞克 David Garrick
赫迪 Sarah Blaffer Hrdy
德拉克洛瓦 Eugène Delacroix
德拉馬翠斯 Filoseti dell'Amatrice
儒貝爾 Laurent Joubert
盧米娜 Rumina
戴莫斯 John Demos
韓德勒 Ruth Handler
蘿絲 Phyllis Rose

10 亞當的肚臍

《大麻吸食者》*The Hashish Eater*
《大麻瘋》*Reefer Madness*
《生命課題》*Mortal Lessons*
《醫生的信仰》*Religio Medici*
戈茲沃西 Peter Goldsworthy
戈斯 Philip Henry Gosse
卡拉布里亞的巴蘭 Barlaam the Calabrian
布里第 James Bridie
《我們的身體，我們自己》*Our Bodies, Ourselves*
《身體與性屬》*Making Sex: Body and Gender from the Greeks to Freud*
《帕洛瑪先生》*Mr. Palomar*
《芭比全記錄》*The Barbie Chronicles*
《哺食熱情》*Consuming Passions*
《常見的謬誤》*Popular Errors*
《領導民眾的自由女神》*Liberty Leading the People*
《羅馬人善舉》*Roman Charity*
古尼娜 Cunina
古芭 Cuba
史卓森 Nadine Strossen
史帝文斯 Nettie Stevens
史琵葛 Maura Spiegel
布吉歐斯 Louise Bourgeois
布里特曼 Joe Blitman
布提恩 Reinhard Beuthien
布蘭卡特 Stephanus Blankaart
朵金 Andrea Dworkin
米斯 Edwin Meese
米爾茲 Jane Mills
艾希克羅 John Ashcroft
貝維克 Johan van Beverwijck
亞芹 Susan Akin
拉克爾 Thomas Laqueur
根雷 Rudi Gernreich
馬克西穆斯 Valerius Maximus
康格里夫 William Congreve
麥金能 Catharine MacKinnon
麥唐諾 Yona Zeldis McDonough

伯頓 Richard F. Burton
呂恬絲 Mary Lutyens
佩利 Maggie Paley
佩爾斯坦 Philip Pearlstein
妮爾 Alice Neel
帕格里亞 Camille Paglia
帕特里奇 Eric Partridge
約翰・霍姆斯 John Holmes
席茲—強斯頓 Maxine Sheets-Johnstone
庫爾貝 Gustave Courbet
格魯 Nehemiah Grew
紐森 Roger M. Knutson
馬格利特 René Magritte
梅勒 Norman Mailer
梅普索普 Robert Mapplethorpe
理查・維斯特 Richard Weste
雪柏倫 Diane Schoemperlen
傑弗利・米勒 Geoffrey F. Miller
博多 Susan Bordo
喬莉 Alison Jolly
彭斯 Robert Burns
普利斯萊 J. B. Priestley
普里阿普斯 Priapus
普羅特斯 Plautus
塔吉里 Vince Tajiri
奧瑪・珈音 Omar Khayyám
溫特森 Jeanette Winterson
葛蕾 Effie Gray
詩萊 Sylvia Sleigh
維多 Gore Vidal
赫姆斯 Jesse Helms
德雷克 Frank Drake
克魯塞尼基 Karl Kruszelnicki
杜漢 Carl T. Durham
沙塞 Richard Selzer
迪恩・布朗 Dean Brown
敏斯 Forrest Mims
萊因哈特 Ad Reinhardt
費修珊 Shoshana Felman
碧提 Ann Beattie
魯德羅 Fitz Hugh Ludlow
戴昆西 De Quincey
薛法德 Gillian Shephard
蘭蒂斯 Carole Landis

11 私處

《奴隸伴隨的宮女》*Odalisque with Slave*
《利西翠妲》*Lysistrata*
《冠軍的早餐》*Breakfast of Champions*
《童言有忌》*Liam*
《超越極限》*X-treme*
《愛慾》*Anatomy of Love*
巴瑞 Dave Barry
巴爾東 Hans Baldung
比亞茲萊 Aubrey Beardsley
卡利爾・貝 Khalil Bey
古奇歐 Bob Guccione
史坦伯格 Leo Steinberg
布蘭利 Serge Bramly
安絲勒 Eve Ensler
西坡拉 Sephora
佛來曼 David M. Friedman
佛隆尼斯 Paolo Veronese
佛瑞蘭德 Lee Friedlander

拉森 Gary Larson
拉爾森 Edward Larson
杭特 Kevin Hunt
法烏努斯 Faunus
柯雷吉歐 Correggio
洛夫喬伊 Owen Lovejoy
洛培特 Phillip Lopate
席維曼 Kenneth Silverman
庫比特 William Cubitt
庫伊族 Khoi
格里夸人 Griqua
格里利 Horace Greeley
納西瑟斯 Narcissus
馬海 Étienne-Jules Marey
莎娣・巴特曼 Saartjie Baartman
麥布里吉 Eadweard Muybridge
麥基爾 Tad McGeer
凱斯・哈林 Keith Haring
凱撒琳・莫蘭 Catherine Morland
提尼 Tilney
華勒絲 Anne D. Wallace
菲利浦・鮑爾 Philip Ball
塞爾馬 Selma
奧斯本 Henry Fairfield Osborn
葛瑞菲絲 Florence Griffith Joyner
賈維斯 Robin Jarvis
達特 Raymond Dart
赫茲利特 Henry Hazlitt
鄧勒普 William Dunlop
薩迪門 Sadiman
薩特克里夫 Peter Sutcliffe
蘇克里 Margaret Suckley
魯斯金 John Ruskin
霍威 Delmas Howe
戴思蒙 Richard Desmond
薩爾茲曼 Linda Salzman
羅哲斯 Joann Ellison Rodgers
羅連 Ned Rorem

12 我們當馬騎的腿

《不圖錢財的旅行者》*The Uncommercial Traveller*
《獨行者的狂想》*Rêveries du Promeneur Solitaire*
《諾桑覺修道院》*Northanger Abbey*
《觀察入微的行人》*The Observant Pedestrian*
巴蘭欽 George Balanchine
方恩 Faun
卡里忒斯 Charites
卡諾瓦 Antonio Canova
布呂內 Michel Brunet
布洛斯 John Burroughs
布雪 François Boucher
布萊伯利 Ray Bradbury
伊里契 Ivan Illich
伊斯科維多 Alejandro Escovedo
考曼 Michael Coleman
艾克斯坦 Gustav Eckstein
艾瑞克森 Jon Erickson
克羅文 Harold Klawans
李希騰堡 Georg Christoph Lichtenberg
沃特森 Bill Watterson
沃爾波夫 Milford Wolpoff
拉克里 Martin Lockley

ReNew 021

亞當的肚臍：關於人類外貌的趣味隨想

作　　者　麥可・席姆斯
譯　　者　陳信宏
特約編輯　方怡雯
封面設計　陳瑀聲
系列主編　郭顯煒
總 經 理　陳蕙慧
發 行 人　涂玉雲

出　　版　麥田出版
城邦文化事業股份有限公司
100台北市中正區信義路二段213號11樓
電話：(02) 2356-0933　傳真：(02) 2351-9179
發　　行　英屬蓋曼群島商家庭傳媒股份有限公司城邦分公司
104台北市中山區民生東路二段141號2樓
客服服務專線：(02) 25007718；25007719
24小時傳真專線：(02) 25001990；25001991
服務時間：週一至週五上午09:00~12:00；下午13:00~17:00
讀者服務信箱：service@readingclub.com.tw
劃撥帳號：19863813　戶名：書虫股份有限公司
城邦讀書花園　http://www.cite.com.tw
麥田部落格　http://blog.yam.com/rye_field
香港發行所　城邦（香港）出版集團有限公司
地址：香港灣仔軒尼詩道235號3樓
電話：(852) 25086231　傳真：(852) 25789337
電郵：hkcite@biznetvigator.com
馬新發行所　城邦（馬新）出版集團 Cite (M) Sdn. Bhd. (458372U)
11, Jalan 30D/146, Desa Tasik, Sungai Besi,
57000 Kuala Lumpur, Malaysia
電話：(603) 90563833　傳真：(603) 90562833
印　　刷　宏玖國際有限公司
初版一刷　2007年7月

ISBN : 978-986-173-270-1
Printed in Taiwan

售價：350元

國家圖書館出版品預行編目資料

亞當的肚臍：關於人類外貌的趣味隨想／麥可・席姆斯（Michael Sims）著；陳信宏譯. -- 初版. -- 臺北市：麥田出版：家庭傳媒城邦分公司發行, 2007 [民96]
面； 公分. --（ReNew：21）
譯自：Adam's Navel: A Natural and Clutural History of the Human Form
ISBN 978-986-173-270-1（平裝）

1. 身軀

538.16　　96011277

ReNew

新視野・新觀點・新活力

ReNew

新視野 · 新觀點 · 新活力